生活因阅读而精彩

生活因阅读而精彩

公司会倾力
培养的12种人

兰 涛◎编著

中国华侨出版社

图书在版编目(CIP)数据

公司会倾力培养的 12 种人 / 兰涛编著.—北京：
中国华侨出版社,2011.8
ISBN 978-7-5113-1644-8

Ⅰ.①公… Ⅱ.①兰… Ⅲ.①企业-职工培训
Ⅳ.①G726

中国版本图书馆 CIP 数据核字(2011)第 156436 号

公司会倾力培养的 12 种人

编　　著/	兰　涛	
责任编辑/	文　筝	
责任校对/	孙　丽	
经　　销/	新华书店	
开　　本/	787×1092 毫米　1/16 开　印张/18　字数/300 千字	
印　　刷/	北京建泰印刷有限公司	
版　　次/	2011 年 9 月第 1 版　2011 年 9 月第 1 次印刷	
书　　号/	ISBN 978-7-5113-1644-8	
定　　价/	32.00 元	

中国华侨出版社　北京市朝阳区静安里 26 号通成达大厦 3 层　邮编：100028
法律顾问: 陈鹰律师事务所
编辑部:(010)64443056　　64443979
发行部:(010)64443051　　传真:(010)64439708
网址:www.oveaschin.com
E-mail:oveaschin@sina.com

前　言

　　美国某著名财经杂志经过调查，总结了众多世界知名企业最看重的 12 种员工类型，即忠诚、敬业、自动自发、善于沟通、合作、负责、注重效率、结果导向、积极进取、低调谦逊、节约以及感恩。我们不好来看看他们对相关员工的部分评价。

　　忠诚：员工如果没有忠诚，即使能力再强，本事再大，对公司也不会有太大的价值；

　　敬业：敬业带给公司的是实实在在的效益，带给员工自己的是更多的经验和机会；

　　沟通：在公司，只有善于和领导沟通，和同事沟通，和客户沟通，工作配合及合作才能得以顺利进行。员工的能力如何，90%体现在与他人沟通的能力上；

　　进取：没有一劳永逸的成功者，停下脚步，就意味着出局。唯有积极进取，才能永远跟上公司的步伐；

　　节约：除了实际工作创造的有形利润外，员工的节约则是挖掘隐藏利润，每帮公司省一分钱就是帮公司挣了一分钱；

　　……

世界顶级企业看重的 12 种员工素质，毫无疑问是我们企业发掘、培养人才的指导方向，更是员工自我成长的目标和榜样。

在市场竞争越来越激烈的今天，企业越来越认识到，优秀员工是企业生存发展的重要基础。可以说，企业稳健发展离不开优秀员工；企业做大做强，离不开优秀员工；企业克服危机重现辉煌，也离不开优秀的员工。优秀员工是企业提高核心竞争力，实现永续发展的基石。

对于企业员工而言，激烈的人才竞争环境，更是要求我们必须不断充电，提高竞争力；在精通专业业务的同时，再多掌握几项其他技能，让公司看到你更大的价值，同时也为自己增添更明显的竞争优势。

鉴于此，本书从企业角度，阐述了企业最需要发现和培养的人才类型；从员工角度，阐述了在职场中如何让自己尽快成长为一名企业最想培养、扶持的优秀员工。

本书视角独特、立场中立、观点精辟、案例丰富、方法实用，它让企业找到了实用的培训优秀员工的良方，也让员工找到了成为优秀人才的强大动力。

目　录

第一种人　忠诚
能力很重要,忠诚更重要

　　"我们需要忠诚的员工!"这是所有公司管理者共同的心声。因为他们知道,员工如果没有忠诚,即使能力再强,本事再大,对公司也不会有太大的价值。学会忠诚吧,这会让你成为公司这个铁打的营盘中最长久的兵,而且是最不会遭解雇、最有发展前景的员工。

能力很重要,忠诚更重要 ……………………………………… 2

忠于职守,做好在职每一天 ……………………………………… 4

忠诚的人从来不会怀才不遇 ……………………………………… 6

没有服从,就谈不上忠诚 ……………………………………… 9

关心公司发展,同呼吸共命运 ……………………………………… 12

忠于公司,就是忠于自己 ……………………………………… 14

对老板忠诚,但不要愚忠 ……………………………………… 16

业绩——忠诚最好的印证 ……………………………………………… 19

绝不出卖公司机密 ……………………………………………………… 22

第二种人　敬业

要比别人优秀,就要比别人多做一点

　　一个优秀员工用一句话总结了他的成功经验:"你想要比别人优秀,就必须坚持每天比别人多做一点。""比别人多做一点"是一种尽职尽责的敬业精神。敬业,带给公司的是实实在在的效益,带给自己的是更多的经验和机会,这也几乎是事业成功者高于平庸者的最大秘诀。

成以敬业,毁于浮躁 ……………………………………………………… 26

要想敬业先找到最佳位置 ……………………………………………… 29

所谓敬业,即敬重自己的工作 ………………………………………… 32

迪士尼乐园:把该做的工作做好 ……………………………………… 35

适当"模糊"上下班时间 ………………………………………………… 38

敬业的最高标准:把事情做在前面 …………………………………… 40

提供的工作价值＞报酬 ………………………………………………… 43

"敬业"更须"精业" ……………………………………………………… 45

给上司一个意外的惊喜 ………………………………………………… 48

敬业=100%合格 ………………………………………………………… 51

别怀疑,你是敬业的最大受益者 ……………………………………… 54

敬业不是一时,要始终如一 …………………………………………… 57

第三种人　自动自发
不是公司要求,是为自己做事

那些在职场中登上成功巅峰的人很早就明白,要自动自发地去工作,而不是事事要人交代。因为没有人能保证你成功,只有你自己;也没有人能阻挠你成功,只有你自己。自动自发的品格,比天才更重要;而缺乏这种品格,神童也难成大事业。

从"要我做"到"我要做" ································· 62

多做 1 盎司的奥秘 ································· 64

主动请缨,定会让你脱颖而出 ················· 66

当老板不在,你就是老板 ····················· 69

对于主动的人,问题就是机会 ················· 72

"分外"事,别拒绝 ····························· 75

如果没机会,就主动创造机会 ················· 78

比别人提早准备 5% ··························· 81

第四种人　负责
没有责任心,成果只是运气

几乎每一个优秀公司都非常强调责任的力量。责任是最基本的职业素养和商业精神。能力相同的员工中,谁的责任感强,谁的工作就更出色,谁就能脱颖而出。责任绝对没有借口。没有做不好的工作,只有不负责任的员工。

这是你的工作,这是你的责任 ·························· 86

责任场上,容不得任何借口 …………………………………… 90

能力重要,责任感更重要 …………………………………… 94

让责任的"皮球"止于你 …………………………………… 97

提高责任心,就保住了工作绩效 …………………………… 100

责任"引爆"你的潜力 ……………………………………… 103

锁定责任,是你的就是你的 ……………………………… 106

责任不分大小,工作没有小错 …………………………… 109

责任:把"不可能"变为"可能" …………………………… 113

扩大责任圈,便放大了事业圈 …………………………… 116

责任,让你完美到不可替代 ……………………………… 119

信守承诺,做职场大赢家 ………………………………… 122

第五种人　效率

在拼命工作,还是在有效工作

　　想获得公司的倾力扶持,先问自己一个简单的问题:"你是在拼命地工作还是在有效地工作?"得到老板赏识的优秀员工追求的是一种低成本、高效率的工作方式。高质高效地工作,降低使用成本,你也能成为优秀员工。

方向正确了,才能避免瞎忙 ……………………………… 126

做好工作计划,轻松应对每一天 ………………………… 129

工作时间,你在专心工作吗 ……………………………… 131

用80%的时间做20%的事 ……………………………… 134

高效率的大敌——完美主义 …………………………… 136

学会说"不",离高效更近一步 …………………………… 139

别让拖延"谋杀"你的事业 ……………………………… 141

第六种人　结果导向

没有功劳,就没资格讲苦劳

在市场经济的新时代,做任何事情都要特别强调有一个结果,工作也是一样。公司看中的不是你做了什么,而是你做成了什么;老板最重视的是你的"功劳",而不是你有多少"苦劳"。没有功劳的苦劳,只不过是徒劳;没有功劳,就没资格讲苦劳!因此,我们不光要做工作,更要把工作做好,做到位。结果是证明你能力的最有力的方式。

与其抱怨不如做出成绩 ……………………………………………… 146

"毛毛虫式"怪圈的启示:目标很重要 ……………………………… 148

"我可以做到"的力量 ……………………………………………… 151

职场沉浮,解决力说了算 …………………………………………… 154

一开始就想怎样把事情做成 ………………………………………… 157

坚持下去,你将无所不胜 …………………………………………… 159

如果没有执行,想法再好也是空谈 ………………………………… 162

第七种人　善于沟通

管理就是沟通,沟通就是效率

如果想要让别人认可你、支持你,首先要让别人了解你、理解你,而沟通是唯一的方法。在公司,只有善于和领导沟通,和同事沟通,和客户沟通,工作配合及合作才能得以顺利进行。所以说,员工的能力如何,90%体现在与他人沟通的能力上。

主动沟通,保证工作高效进行 ……………………………………… 166

说服别人的最好办法:攻心为上 169

给老板画圈,而不是让老板填空 172

既要能说,更要懂得倾听 174

善疏则通,能导则安 177

第八种人　团队
职场不是个人秀,团队赢才是真的赢

公司里没有一个完全独立的工作,各个岗位之间也都是相互依存的。职场中需要的不是单打独斗的"英雄",而是善于团结合作的人才。哪怕你再有能力、再能创造绩效,但一旦你过多关注自我、伤害到公司的团队利益,任何老板都会毫不犹豫地将你弃之不用。

从"能干的人"到"团队伙伴" 180

没有完美的个人,只有完美的团队 183

团队合作的力量:1+1＞2 186

当配角的人同样是赢家 190

步伐一致,不当公司"最短板" 193

学会分享,共赢才是真赢 195

认同!遵守!铁一般的纪律 197

第九种人　进取
只要不给自己设限,每天都能进步1%

　　这个世界没有一劳永逸的成功者,无论是职场还是市场,无论是个人还是企业,停下脚步,就意味着出局。唯有积极进取,不断充实和完善自己,让自己的工作随时保持在巅峰状态,你才能永远跟上公司的步伐,也才能成为老板眼中最具价值的员工。

革新自己,不要扼杀进取精神 …………………………………… 202

超越现状,在工作中不断提升自我 ………………………………… 204

发展自己的"比较优势" …………………………………………… 206

解除自我设限的"紧箍咒":成功永无上限 ……………………… 209

每天进步1%,让老板的眼球转向你 ……………………………… 211

向老板看齐、向老板学习 ………………………………………… 214

关注行业动态,把握市场"风向标" ……………………………… 216

反省才能进步,反省就是提升 …………………………………… 219

第十种人　谦逊
才高不必自傲,功高不能自得

　　在社会与职场中,要想保全自己,发展自己,就要放下你的架子,学会低调谦逊的姿态,时时给人留面子,让人三分利,不较一事之短长。这时,你就拥有了成功者所必须拥有的关系网,就能左右逢源,无往而不胜了。

给别人一分尊重,免吃"闭门羹" ………………………………… 224

记住!使老板成为"焦点" …………………………………… 226

把"风头"留给别人,把风采留给自己 …………………………… 228

表现得谦恭一点,离成功就会更近 ……………………………… 230

何必要处处压人一头呢 …………………………………………… 232

第十一种人 节约
创造的是有形资产,节约的是隐形利润

　　每位员工都可以为老板创造两份利润:一份是通过实际工作,直接创造出来的有形利润;另一份是在节约过程中挖掘出来的隐藏利润。你和老板之间是利益上的共同体,是互惠双赢的合作关系。把节约当做自己的事业,帮老板省钱,使其获得更多利润时,你也就有可能获得公司的倾力扶持。

节约:公司、员工的共同选择 ……………………………………… 236

帮公司节约,就是在为自己谋利 ………………………………… 239

不要小聪明,处处占公司便宜 …………………………………… 242

主动为公司节约每一分钱 ………………………………………… 245

把节俭融入工作细节中 …………………………………………… 248

不该花的坚决不花,该花的一定要花 …………………………… 251

第十二种人　感恩
感恩是做人美德,感恩是向上之力

　　你再有才,也需要公司给你一个施展自己的平台;你再能干,也不可能包揽下所有工作,离不开同事的帮助和支持;你再优秀,也同样需要磨砺、提升的机会……做一个心怀感恩的员工吧,感谢那些给予你这些机会的人。你会发现,工作得更愉快、更出色,加薪升职更容易发生在你身上。

对工作怀有感恩之情吧 …………………………………… 256

感谢对手,让竞争督促自己进步 ………………………… 259

即使明天离职,也需感激老板 …………………………… 261

请经常对同事说"谢谢" …………………………………… 264

感恩吧,感恩客户的抱怨和选择 ………………………… 267

挫折:让你一次次完成自我蜕变 ………………………… 269

第一种人

忠　诚

能力很重要,忠诚更重要

"我们需要忠诚的员工!"这是所有公司管理者共同的心声。因为他们知道,员工如果没有忠诚,即使能力再强,本事再大,对公司也不会有太大的价值。学会忠诚吧,这会让你成为公司这个铁打的营盘中最长久的兵,而且是最不会遭解雇、最有发展前景的员工。

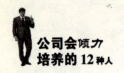

◎ 能力很重要，忠诚更重要 ◎

改变一个人的忠诚度十分困难，而能力是可以通过培养获得的。因此，公司宁愿信任一个能力一般，但忠诚度高、敬业精神强的人，也不愿重用一个朝三暮四、视忠诚为无物的人，哪怕他能力非凡。

假如你是老板，面对一个能力超强，却对工作朝三暮四、视忠诚为无物的员工，和一个能力平平、忠诚度高的员工，你会雇用谁，或者说你会给谁更多的发展和晋升的机会呢?相信大多数人会选择后者。

的确，如今公司普遍的用人要求是:忠诚第一，能力第二。因为不忠诚的员工总是对自己的利益严防死守，生怕损失一丝一毫;更有甚者会为了谋取私利而出卖公司，这样的人有哪个公司敢用呢?

马斌是一个足智多谋，敢想敢做的年轻人，毕业两年后就在一家公司坐上了业务部副经理的位置，这样的成绩也算是表现不俗了。然而，一个月前，他却悄悄离开了公司，没有人知道他为什么离开。

不久，公司一个关系不错的同事邀马斌出来喝酒。马斌喝得烂醉，他对同事说:"你知道我为什么离开吗?我非常喜欢这份工作，但是我犯了一个错误，失去了作为公司职员最重要的东西。"

同事不解地问:"工作错误?我怎么不知道?再说你这么有能力，又对公司作了那么多贡献，就算真犯点错误，我相信总经理也会原谅的。还有，公司职员最重要的东西?你指什么?"

经过马斌一番叙述,这位同事才了解到马斌在担任业务部副经理时,曾经私底下半推半就地收过客户一笔款,但是总经理发现了这件事情。马斌流着泪说道:"我被总经理开除了,为了保全我的面子他没有公开这件事情。"

同事看着马斌痛苦的神情,知道马斌一定很后悔,但是有些东西失去了是很难弥补回来的。马斌失去的是对公司的忠诚,这是如此低级的错误,即便他再有能力又怎能奢望公司留他呢!

哪怕一个人有多么非凡的能力,哪怕他多么的才华横溢,只要他没有忠诚,就会失去公司最根本的信任。老板不会对他百分之百的放心,不会交给他重大事情,如此他也就很难受到重视和提拔了。

改变一个人的忠诚度十分困难,而能力是可以通过培养获得的。因此,公司宁愿信任一个能力一般,但忠诚度高、敬业精神强的人,也不愿重用一个朝三暮四、视忠诚为无物的人,哪怕他能力非凡。

因此,你要想得到公司的倾力扶持,首先就要忠诚于公司。即使你的能力稍微差一些,老板也会认为你是一个可以重点培养的人,乐意在你身上投资,给你培训的机会,提高你的技能。

现在,让我们来看看这样一个故事。

一名公司经理要出远门洽谈业务,出发之前,他把公司里的大小事情交给了手下的两名员工,并各自给了他们1万元,嘱咐他们完全可以按照自己的方法保管、经营这些钱,到时所得余钱归己。

一个月后,经理回来了,两名员工上报他们各自的情况。第一个员工说:"我已用它赚了800元。"经理很高兴,赞赏道:"聪明的员工,你很有商业头脑,这么会赚钱,以后我要交给你更多的钱,让你做更多的买卖。"

"那么,你呢?"经理问第二个员工。只见第二个员工打开包得整整齐齐的包袱,说:"您交给我的1万元都在这里,一分也没有少,一分也没有多。您走以后,我把钱锁在了保险柜,等您回来了我又取了出来。"

经理沉默了一会儿,对第二个员工说道:"虽然你没有让财富增值的聪明才智,

但是你把我交给你的钱保管得很好,这说明你对我很忠心,不会用我的钱做自己的事,你正是我所需要的,我决定让你做我的财务主管。"

由此可见,忠诚不仅有道德价值,而且还蕴涵着巨大的经济价值和社会价值。如果你在工作中一直坚持忠诚的原则,忠于公司,你必将给公司以信赖感,让公司乐于接纳,进而获得重用和提拔,创造和实现自我价值。

这正如阿尔伯特·哈伯德所说的:"一盎司的忠诚胜过一磅的智慧。"意思是说,如果你对公司是忠诚的,那么,你的 1 分忠诚就相当于你工作中所表现出来的 16 分的智慧,足见忠诚的宝贵价值。

要想成功,一切始于忠诚!

◎ 忠于职守,做好在职每一天 ◎

忠诚的员工,身上有一股强烈的责任感和使命感。他们热爱自己的工作,无论岗位多么平凡,工作多么卑微,他们都会始终如一地坚守自己的岗位,完美履行日常工作职责,从而渐渐提高自身价值,赢得被公司扶持的资本。

"一屋不扫何以扫天下"、"万丈高楼平地起",一个公司的成功来自于每一个岗位的成功,因此,我们只有先忠于自己最本职的工作,才能让自身价值得到提升,从而赢得被公司扶持的资本。

工作虽有岗位之分,但忠诚没有岗位之分。

忠于职守,这是每一个员工的职业道德准则,它不仅要求员工必须对自己所负责的工作尽到应尽的责任,而且还要求员工在做事情的时候不能敷衍了事,忠实履行日常工作职责,尽心尽力。

在职场上,总有一些员工自命清高、眼高手低,做事情喜欢挑肥拣瘦,拈轻怕重,对待工作敷衍了事、三心二意、得过且过,这明显不是工作能力的问题,而是对待工作的态度问题,说到底是忠诚度不够的一种外在表现。

由于公司近期经营不景气,要准备裁员了。小王和小刘都上了解雇名单,被通知一个月之后离职。两个人都在公司待了十多年了,之所以被裁一是两人学历比较低,二是两人年纪较大了。

在得知要被裁之后,小王逢人就大吐冤情:"我在公司待了这么多年,没有功劳也有苦劳,凭什么解雇我呢?"她仿佛自己被人陷害了似的,对谁都没有好脸色,还把气发泄在工作上,敷衍了事。

相同遭遇的小刘也很难过,但她的态度和小王截然不同。在工作上,小刘的想法是:"既然只有一个月时间了,在岗一天就应该负责一天。"于是,她更加认真负责地对待工作。而且,为了给大家留个好印象,她还逢人就道别。大家反而比以前更亲近她了。

一个月很快到了,小王工作做得很糟糕,如期离职;小刘却被老板留了下来,还被提拔为助理。老板说:"像小刘这样忠于职守,对工作认真负责的员工,正是公司需要的。我怎么舍得她离开呢?"

小刘工作认真,不敷衍了事,被经理提拔为助理。相反,那位糊弄工作的小王失去了工作。可见,对工作不重视、不认真、不负责任,是对公司不忠诚的一种表现。长此以往,你将会失去公司对你的信任,甚至有可能丢掉自己的工作。

而忠诚的员工身上有一股强烈的责任感和使命感,他们热爱自己的工作,无论岗位多么平凡,工作多么卑微,他们都会始终如一地坚守自己的岗位,完美履行日常工作职责。试问,假如你是公司上司,这样的员工你能不喜欢吗?

杜峰和表哥杜亮同在一个货运公司当仓管员。杜峰能吃苦耐劳,不管是平常工作日还是周末,不管是刮风还是下雨,他每天都坚持上班,做工作也非常认真负责,好像这公司是他自己开的一样。

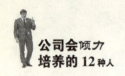

一天半夜,一场暴风雨突然来临。杜峰惊醒后立即从床上爬起来,说要去看看公司仓库安不安全。杜亮劝他说,"外面雨这么大,多危险呀"。"既然我们是仓管,就要保证仓管货物的安全。"说完,杜峰披上衣服,拿着手电筒冲进大风大雨中,直奔仓库。他察看了一个又一个仓库窗户,并加固了仓库门。

这时候,老板也来到仓库,看到了被雨淋得全身湿透了的杜峰。看着完好无损的货物,老板非常感动。杜峰没有豪言壮语,也没有惊天动地的行为,只是默默无闻,任劳任怨。几年后,他成了这家公司的部门经理,表哥却依然做着仓管员。

由此可见,公司最欣赏那些忠诚对待自己工作的员工。对于老板来说,这样的员工是一笔最宝贵的财富,是推动公司不断发展壮大的中坚力量,无疑他会愿意给予你最大的发展空间和更多的晋升机会。

忠于职守,做好在职每一天,成功近在咫尺!

◎ 忠诚的人从来不会怀才不遇 ◎

跳槽是员工忠诚度不够的一种外在表现。如果一个员工忠于自己的公司,那他就不可能轻易跳槽,他会把公司当成我们生存与发展的平台,提高自身的能力和素质,进而得到公司的青睐和重用。

"我怀才不遇,在工作岗位上无法实现个人价值和职业理想。"这句话是不少员工跳槽时最常挂在嘴边的话。

真的是这样吗?

事实上,如果一个员工热爱自己的公司,那他就不可能轻易跳槽。员工之所以会产生跳槽的想法,很大程度上是因为员工本身对于公司的忠诚度不高。一旦他对公司产生了不忠的想法,跳槽念头便很可能在他的内心生根发芽。因此,我们说跳槽是员工忠诚度不够的一种外在表现。

一家著名公司的人力资源部经理曾这样说:"当我看到应聘者的简历上写着一连串的工作经历,而且是在短短的时间内,我的第一感觉就是他是一个不忠诚的员工,因为一个忠诚的人是不会如此频繁跳槽的。"

王宏是一位名副其实的"海龟",他先是在美国某知名大学修了市场营销课程,又在德国一知名大学修了工程管理课程,可谓是才华出众的"双料博士"。他毕业回国后,几乎周围所有人都看好他的未来,但事实并非如此。

为什么呢?原来,王宏回国后,先是去了一家商品贸易公司。凭借自己的才华,工作刚有些起色了,但他觉得待遇太差,就跳槽到一家私企,并很快就坐到了市场营销经理的位置,但后来他又以发展空间太小跳槽了。

就这样,王宏先后"背叛"了不下5家公司,直到最后他才发现,受损最严重的是他自己,因为他被贴上了"不忠诚"的标签,被多个行业的公司列入了黑名单,几乎每一个了解他情况的老板都明确表示绝对不会聘用他。

如此优秀的人才,理应工作顺利、飞黄腾达,却一直抱怨怀才不遇,找不到工作,这不是别的原因,就在于他缺乏对公司的忠诚。聘用一个被贴上"不忠诚"标签的人,给公司带来的损失可能会比他能创造的价值还大,相信没有公司愿意冒这个险。

知识需要积累,生活体验也需要积累,成功也离不开积累,而积累总是在一定的时期内才能完成的。对许多就业者来说,在一个公司待上3~4个月,对公司才刚刚了解,岗位技能也才刚刚上手,这时候跳槽,对个人来说,是一种时间和精力的浪费,对公司来说,则是一种不忠诚。

实际上,频繁跳槽并不能从实质上改变一个人的境遇,因为一个人如果没有忠诚,换一个工作,到了一个新的岗位之后,跳槽的思想还会萌发,会如此恶性循环下去。试想,这样的员工,有哪个公司愿意扶持呢?

因此,我们只有真正忠于公司,把公司当做我们的家,当成我们生存与发展的平

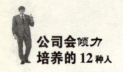
台,发自内心地爱它、尊重它、认同它的价值,才有可能提高自身的能力和素质,进而赢得公司的青睐和重用。

大学毕业后,漂亮大方、气质优雅的徐蕾顺利地进入了一家公司担任秘书。刚开始上班时,她还有一股新鲜劲儿,可随着日子一天天过去,整天做的就是打扫卫生、来客端茶、会议纪要等枯燥的工作,加上刚来对公司不熟悉,上司也不怎么信任,徐蕾渐渐产生了辞职跳槽到其他公司的想法。

徐蕾将自己的想法告诉了爸爸,爸爸思考了片刻,问徐蕾:"你刚在这家公司工作一个多月就想跳槽不太好,而且你认为跳槽后能找到比这更好的公司吗?要知道,你所在的公司也算小有名气。"徐蕾想了一会儿,摇了摇头。

"那么",爸爸建议道,"你别急着跳槽,先熟悉公司的各种管理制度、管理方式,多学点东西,如怎样写公文、怎样操作和修理传真机等。等你学到了真本事再跳槽也不迟,那时有了经验,身价也会有所提高。"

徐蕾听了爸爸的建议。一年后,爸爸再次问徐蕾是否决定要跳槽时,徐蕾想也没想地就说道:"不!不!我在这家公司干得好好的。现在上司器重我,委以重任,工资提高了,福利也好了,我干嘛要跳槽?"

徐蕾的故事让我们明白:与其跳槽不如从价值观上和公司保持一致,由衷地认可、学习目前的工作。待你以如此忠诚的态度对待工作时,公司自然就会信任你,你才会被委以重任,进而做出一番事业。在这样的良性循环下,有谁会怀才不遇呢?

◎ 没有服从,就谈不上忠诚 ◎

没有服从,就谈不上忠诚。只有服从上级的工作安排,严格遵照指示做事,忠诚于每一项工作的员工,才能确保公司的战略和设想被执行下去。如此他就能获得公司的青睐和重视,也更容易成功。

"员工的天职就是服从",这是镌刻在美国 UBC 公司培训室中最醒目的警言!每一位员工都必须服从上级的安排,就如同每一个军人都必须服从上司的指挥一样,因为这是"忠诚度"的有效证明。

服从,意味着每一位员工都必须服从公司的整体利益,在这个大局的协调下,服从上级的具体工作安排,严格遵照指示做事。因为只有这样,公司的战略和设想才能确保被执行下去,业务流程得以正常运转。

但是在职场上,总有一些员工自命清高、眼高手低,往往只找简单、轻松的工作来做,而对上级安排的那些苦、累、难、险的工作推三阻四,不愿服从,这不只是个人心态的问题,说到底是忠诚度不够。

毕业于一所名牌大学的刘芸芸如愿以偿地被一家著名的外企录用。待她信心十足地准备开始自己的职场生涯时,却被告之新员工必须要到厂房车间去实习一个月,通过试用期后方可转正。

刘芸芸一心想象的工作环境是窗户明净、幽雅别致的办公室,工作之余悠闲地喝杯咖啡,所以听到公司这个安排时很受打击,心想:"我堂堂名牌大学毕业生怎么刚一工作就要去厂房干活呢?"但为了保住这份工作,她还是听从了安排,下了车间。

就这样，刘芸芸开始了真正的车间工作。这些工作很简单，她做得还算得心应手，但由于每天都要重复同一个动作，时间长了她就对这份工作厌倦了，于是找到车间主任说这个工作强度有点大，自己身体不太好，能不能换一个比较轻松一点的活。

车间主任信以为真，很体谅地把刘芸芸换到了一个相对轻松的岗位。但是没多久，刘芸芸对这份工作已经彻底厌倦了，还是觉得很累，她又找到车间主任，要求再换一个岗位，主任还是很痛快地答应了她。

半个月下来，刘芸芸基本上尝试了车间里所有的岗位，但即使是最简单、最轻松的岗位，她也觉得累，开始对工作不认真，有时还偷懒……

第三个星期，主任叫刘芸芸到办公室，通知她被解雇了，并说出了自己的理由："车间工作是公司最基层、最简单的工作，你却总是不服从上级安排，对工作挑肥拣瘦，一点也没有服从意识，所以公司无法录用你。"

由此可见，只愿意做自己最喜欢的、最舒服的、最开心的工作，却不愿意做苦、累、难、险的工作，这也许只是个人心态的问题，但是对于公司、老板而言却是考验一个人是否忠诚的问题。

这是因为，忠诚决定着一个人的工作态度。如果一个员工总是频繁要求换岗，对工作挑肥拣瘦，就会给老板留下不服从公司安排的印象，又怎能让老板放心地将工作交给他，对其委以重任呢？

所以，无论对待什么样的工作，员工都要有一个正确的态度，服从工作分配，吃苦耐劳，对工作忠诚，对公司忠诚。在老板看来，这样的员工"考虑事情周到，能吃苦，工作扎实"，他便会乐意倾力扶持。

任何一个公司都不可避免地存在着一些工作环境脏、工作强度大、待遇差的工作，众人只想暗自祈祷这差事别落到自己的头上。这个时候如果你愿意去做，不但能够得到老板的认同，而且能赢得同事的尊敬。如此一来，你的职业道路将越走越宽阔。

不过需要注意的是，有一种情况是老板分配给你的工作确实是你不能够轻松完成的，难度很大，这个时候你一定不要退缩不前，而是要坚定自己的信念，勇往直前，敢于挑战困难,尽最大努力去完成。

要知道,只有挑战才会有成就。一旦你成功了,不仅能赢得老板和同事的赞许,还能让自己的能力有了一个突飞猛进的提高,这种认同感和成就感不正是你所追求的吗?

大学毕业后,小王和小马同时任职于一家大型的音像公司,担任技术专员。刚开始,两个人的工作表现没有太大的差别,可是半年后,小王晋升为组长,小马却被老板辞退了。这是为什么呢?

有一次,公司从德国进口了一套先进的采编设备,比公司现用的老式采编设备要高好几个档次。老板把小王叫到办公室,告诉他:"我们公司新引进了一套数字采编系统,我希望你能好好研究一下。"

小王一看说明书都是德文的,连忙推诿说:"我刚毕业没有经验,我觉得不太合适。一方面我对德语一窍不通,连说明书都看不懂;另一方面,我怕把设备搞出毛病来。您过段时间再给我,好吗?"老板很失望,于是又叫来了小马,没想到小马很爽快地答应了。

接下任务后,小马就夜以继日地忙碌起来。他对德文也是一窍不通,于是就通过请教大学老师、在网上查阅资料等方法将其翻译成中文;在摸索新设备的过程中,他有很多不明白的地方,但他通过电子邮件向德国厂家的技术专家请教。短短一个月下来,他已经熟练掌握了新采编设备的使用方法。在他的指导下,同事们也都很快学会了。

知道小马不会让自己失望,因此老板总是把重要的、难度大的工作交给小马完成,而把一些无关紧要的工作交给小王。小马做得多、学得多,成为公司离不开的人;而小王做得少、学得少,自然成了多余的人,被开除在所难免。

总之,忠诚的员工不会对工作挑肥拣瘦,无论困难还是简单,他们都会坚决服从上级的指令,积极主动地完成工作。

服从分配,忠诚于每一项工作的员工更能获得公司的青睐和重视,同样也更容易成功。

公司会倾力培养的12种人

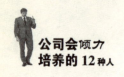
◎ 关心公司发展,同呼吸共命运 ◎

> 公司是一艘船,员工是船员,无论是风平浪静还是波涛汹涌,都是人在船
> 在、船在人在。忠诚的员工任何时候都不会弃船而逃,而是与公司同呼吸、共命
> 运,同舟共济,乘风破浪,最终驶向成功的目标。

就像每个人的成长过程都不是一帆风顺的一样,在竞争形势极其严重的现代社
会中,也不会存在绝对保险的行业,任何一家公司都有可能面临困境,遭遇坎坷。这
时候,你会怎么办呢?

如果说公司是一艘船,那么公司中的每位员工就是船员,忠诚的员工能经受住
任何考验,无论是在海上遭遇狂风巨浪,还是遭遇敌人的猛烈进攻,他都不会弃船而
逃,而是与公司同呼吸、共命运,同舟共济。

所谓患难见真情,公司面临危机之际,正是检验员工忠诚度之时。

小魏在一家纺织公司供职。不幸的是,一场经济危机对公司造成了巨大的冲击,
更为不幸的是公司又遭遇到了突如其来的火灾,绝大部分财产在大火中化为灰烬。
这对公司是一次沉重的打击,使其面临破产危机。

深知公司要想东山再起会很困难,不少员工纷纷提出了辞职,开始寻找自己的
出路,小魏却一直留了下来。他义务清理废墟,擦拭机器,还主动去联络一度中断的
货源,恨不得一下把所有的工作都做完,能为公司尽最大的努力。

经过几个月的努力,这家公司从垂死的边缘缓了过来,公司不但没有倒闭,而且
重新运转起来,比原来做得更强大了。这时候,老板把小魏叫进了办公室,问道:"你

知道我为什么能支撑下来吗?"

小魏说:"因为你是打不垮的,否则我也不会留下来的。"

老板却说:"不,是你这双忠诚的手在拽着我走过来的。其实当人们纷纷离我而去的时候,我就想关门了,可是你让我找回了信心。我想只要有一个人留下,就证明我还有希望。如果没有你,我肯定崩溃了!感谢你!"

为了感激小魏,在公司扩大规模的时候,老板重用了他,将他提拔为分公司的经理。老板这样说:"我要感谢那次危机,因为它让我发现了一个对公司忠心耿耿的员工。我明白了什么样的员工才是公司真正需要的,什么样的员工才是公司的顶梁柱。"

由此可见,在公司面临困境、遭遇挫折时,如果你能留下来勇敢地去为公司承担困难,替公司出主意、想办法,和公司一起渡过难关,那么老板会非常信任你,进而将重任交给你,这对你日后的发展有很大的帮助。

相反,如果你此时放弃对公司的忠诚,选择离开公司,那么结果也不会好到哪里去。试想,船员弃船而逃,那么这艘船或者会葬身海底,或者会被敌人俘获,船员又怎么可能容易地逃到安全地带呢。

俗话说"人在船在,船在人在",员工的忠诚有时候能够左右公司的命运,而公司的命运同样可以影响员工的命运。因此,聪明的员工要懂得与公司同呼吸、共命运,同舟共济,乘风破浪,并最终驶向成功的目标。

既然员工与公司是同呼吸、共命运的关系,那么在公司前进过程中,遇到困难时,你就更要做好"舵手"工作,把忠诚视为最大责任,时刻关心公司的未来发展,为了公司的利益而不遗余力地执行任务。

随着眼镜市场竞争的白热化,席拉所在公司的经营情况令人忧心,公司里大部分的员工们已经是人心惶惶,大家的心思根本就没有放在工作上,而是关心能不能拿到工资。

看到这种情况,席拉十分痛心,她清楚公司照这样下去迟早会走入"死胡同",而自己的工作也难保。几天来,她一方面兢兢业业地工作,另一方面则一直考虑"公司的未来发展在哪里"这个问题。

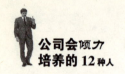

一天,席拉忽然想到了自己读大学时的一位老教授,于是,她很快找到了产品研发部经理,并带着他来到了那位老教授的家里。通过磋商,那位老教授答应和他们公司合作开发一种更加高科技的新眼镜。

几个月之后,公司和老教授合作开发的新眼镜成功上市了。这种新眼镜受到了人们的热烈欢迎,竞争对手们对此措手不及。席拉因为帮助公司杀出"重围",开辟了新市场,被总经理提拔为公司的营销总监。

如果你现在还没有引起老板的注意,如果你现在迟迟得不到公司的重视,那么,请先问问自己:"我具备席拉这种对公司高度负责的忠诚吗?"

无论是风平浪静,还是狂风巨浪,一个忠诚的员工始终都能与公司同呼吸、共命运,同舟共济,不抛弃、不放弃。相信,待公司这艘船登上成功彼岸的时候,也必是忠诚员工成功之时。

◎ 忠于公司,就是忠于自己 ◎

将忠诚投入你的岗位,将忠诚投入你所在的公司,你就一定能够得到相应的利益,而且它所带来的利益是最为丰厚的!归根结底,对公司忠诚就是忠于你自己。

很多人都认为,选择了忠诚公司、忠诚老板,就意味着无私奉献,意味着放弃自己的利益,因此不少人会说:"对公司忠诚有什么用?我能得到什么好处?"其实,这是一种狭隘的忠诚,甚至可以说是一种错误的忠诚!

事实上,只要我们将忠诚投入我们的岗位,将忠诚投入我们的公司,我们就一定能够得到相应的利益,而且它所带来的利益是最为丰厚的!归根结底,对公司忠诚就是忠于我们自己。

关于这一点,曾有学者对上百家公司进行深入的调查研究。在调研中,学者把公司形同于一个"同心圆",圆心是公司,不同程度忠诚于公司的人,分布于离"圆心"不同远近的外圆上。结果发现,忠诚度越高的人离"圆心"越近,而且在公司中也往往升职最快。

事实真的是这样吗?不妨看一个事例。

众所周知,谭丁是沃尔玛中国的总商品经理。1995年,沃尔玛中国开始筹备的时候,刚刚从上海交通大学毕业的谭丁就加入了这家公司。由于对采购工作没有任何经验,他必须要从一点一滴开始学起,工作进行得极其艰难。但他始终坚持一个原则,那就是时刻都要忠诚于公司。

正是有了这种忠于公司的心态,谭丁以一名学徒的工作作风,认真进取,从没有一天松懈过。他在工作中不断学习并逐渐积累经验,掌握了谈判的要诀和技巧,一步步融入自己的工作中。就这样,谭丁终于为自己打开了采购工作的局面。

谭丁对沃尔玛忠诚不移,时时刻刻以主人翁的精神默默奉献,最终他得到了沃尔玛公司的肯定。在以后的几年时间中,他由一名普通的采购员晋升为助理采购经理,再到采购经理,后来成为总商品经理。

面对职位的提升及由此带来的高薪生活,谭丁并没有沾沾自喜,而是认为自己肩上的担子重了,对忠诚度的要求也要随之提高。他不断深入学习管理知识,不断提升自我技能,把生意搞得红红火火。他的前途无量。

因为忠诚,谭丁将自己充分融入工作中去,不断摸索、不断钻研,积累了丰富的工作经验和高超的工作能力;也是因为忠诚,谭丁得到了上司的赏识和厚爱,为自己赢得了无限量的发展空间,这就是忠诚的回报。

因此,你若想得到公司的倾力扶持,更好地实现自己的人生价值,首先必须忠诚于自己所任职的公司,忠诚于自己的老板,而公司必然也会给予你丰厚的回报,这就是忠诚的双赢效应。

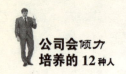

总之,忠诚决定了一个人在公司的地位。能否在事业上有所成就,平步青云,就在于你是否忠诚于你的老板或者公司。明白了这些,以后别再问"对公司忠诚有什么用?我能得到什么好处?"的傻问题啦!

◎ 对老板忠诚,但不要愚忠 ◎

忠诚是需要动脑子的,不是盲目的、绝对的愚忠。当老板出现错误的时候,身为公司的一员,你有责任站出来指出其中的不妥之处。这既展示了你的知识、智慧、能力,也表现了你对老板、对公司的忠诚。

对于一个员工而言,不管你身处什么样的职位,能力有多强,地位有多高,你必须忠诚于公司,忠诚于老板,这是一种必需的职业道德,也是你取得老板信任并被委以重任的主要途径。

当然,我们所说的忠诚绝不是不动脑子的愚忠。不过,在现实生活中,把愚忠当做忠诚的人不少。这些人的观点是:忠诚就是向老板效忠,并且是无条件地效忠;忠诚于老板就是绝对听老板的话,老板说一就跟着说一,老板说二就跟着说二,不管对错。

这种"忠诚"是要不得的!老板做出的每一个决定都直接影响到公司的发展,但老板也是人,难免会犯这样或那样的错误。当老板决策错了,员工却一声不吭时,其后果更是不可想象的,有可能让整个公司掉入深渊。此时,公司凭什么相信你,凭什么倾力扶持你?

因此,当老板出现错误的时候,身为公司的一员,你就有责任站出来指出其中的不妥之处。这既展示了你的知识、智慧、能力，也表现了你对老板、对公司的忠诚，你被公司扶持的可能性更大。

在西部某省一个山区，马老板经营着一家乡镇公司，公司主要是经营水果。作为公司的董事长，马老板一向高瞻远瞩，敢想敢做，干练敬业，将生意做得如火如荼，深受员工们的尊重。

有一段时间，马老板认为地区水果产量比较丰富，便想拓展一下公司业务，准备上马一个果汁生产项目。这一决议得到了公司中层管理者的普遍认可，但投资部门的刘华却持否定意见。

刘华说道："我认为目前做果汁生产项目还不合适，一是我们的技术尚未达到做优质果汁的标准，保质期太短；二是我们的经销商目前的水果生意还不错，他们估计不愿意冒险经销果汁，产品推销不出去怎么办？"

马老板本以为自己的决议会赢得满堂喝彩，却不料被一个刚进公司不到两年的年轻小伙子如此反对，他有些不高兴。但刘华坚持己见，还游说几个副总一起否决了这个项目。

为了证明自己是正确的，马老板对市场各方面做了详细调研，结果不无庆幸地说："幸好当初没有上那个果汁项目！邻县的一家公司上了这个项目，现在弄得是血本无归，已经濒临破产了。"最后，刘华不但没有被开除，还被提拔为投资部门的经理。

面对老板提出的公司决策时，刘华没有盲目地听从老板的意见，而是通过认真分析，形成了自己的看法，并对老板的决策提出了否定意见。如果说是刘华的反对意见拯救了整个公司，这个提法并不夸张，他虽然没有听从老板，但谁能说这不是源自于对公司、对老板的忠诚呢？

所以，忠诚是一种准则，是要用行动来证明的，而不是伪装出忠诚的面孔阿谀奉承，谄媚献好。老板之所以能成就一番事业，也是一步步从基层做起的。他看人的眼光是很独特的，想要以一时来蒙蔽可能会过关，但是不可能长久，很快会被淘汰。

现在再想一下，当老板犯错时，为什么你虽然有自己的看法，但不敢和老板说出来，甚至大呼老板伟大、老板英明呢？这大多是因为你害怕"触犯"威严，害怕往后老

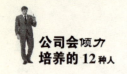
板会对自己做出不利的举动。

实际上，这种害怕说明你没有了解老板的性格。许多公司的老板时常会体会到个人能力的欠缺，而员工能够鼎力辅助自己，这是任何一位有作为的老板都希望看到的，他们也将之视为忠诚之举。因此，不要一味地愚忠，当老板出现错误时，你要勇敢地站出来提醒，以表达自己的忠诚。

如果老板果真脾性暴躁、刚愎自用，你就要采取比较含蓄的方法说明你的看法了，比如发邮件、发短信或写字条的方式都可以。这会让老板感觉到你既有创造性地干好本职工作的能力，又有为公司分忧解难的本领；既看到你的好品质，又认识到你的高才能，倾力扶持你也是迟早的事情。

当然了，我们所讲的忠诚于老板，是指你的老板值得你去忠诚于他。如果说一个没有信义、没有道德的人是你的老板，如果他所要你做的是缺乏诚信道德的事，那你就应该果断地拒绝或者选择离开。当然，这种情况极其个别。

这时候，如果你为了表忠，宁愿违背道德规范，也要"忠"于老板的话，那么事情一旦暴露，则是害人害己。有这样一个真实的案例，就是盲目服从老板，结果自毁前程，希望你以此为借鉴。

有一段时间，全国遭遇"禽流感"。为了防止"禽流感"传染，卫生部宣布只要一有疑似病例，就会隔离周围的很多人。一时间，人们谈"禽"色变，人心惶惶，社会气氛紧张无比。

这时候，有一家公司的老板想乘此机会报复一下竞争对手。他找来了一名自己的下属，让下属给防治"禽流感"中心打电话，谎称竞争对手公司里发现了多名"禽流感"疑似患者。这名下属一向对老板忠心耿耿，接到老板的命令后，他遵照执行。

正是由于这个电话，对方公司的不少人都被强制隔离观察，公司不得不放长假。结果没有几天，医务人员发现这些人均非"禽流感"患者，便将他们放了出来。鉴于这严重影响了社会秩序，医务人员报了警。

经过多方调查，警方查到了那个下属那里，在警方讯问人员的强大攻势下，那名下属交代自己是受老板指使的。可是，这时老板为了自保，却说自己并不知道这件事,还指责下属居然干这样的蠢事,将其开除。

就这样,这名下属对老板盲目地服从,最后却是引火烧身,自己倒霉,毁掉了自己的前程。

总之,当老板向你下达指令时,你一定要学会分辨是非,学会冷静思考问题,不要因为老板的威严就吓倒,更不要"忠"于违背道德规范的老板。记住,忠诚是需要动脑子的,不是盲目的、绝对的愚忠。

◎ 业绩——忠诚最好的印证 ◎

对于公司来说,它们需要忠诚的员工,更需要这些忠诚的员工创造出辉煌的业绩。员工不能总是强调自己的忠心,更应该积极为公司创造良好的效益,这是向老板证明自己忠诚于公司的最有说服力的方式。

现代社会是一个务实的社会,公司若想在这个竞争激烈的社会中维持生存与发展,为自己争得一席之地,必须依靠良好的效益,因此对于公司来说,它们需要忠诚的员工,更需要这些忠诚的员工创造出辉煌的业绩。

所谓业绩,是指员工工作中取得的成绩、成就,是员工履行岗位责任的成果,是员工一定时间内工作目标的实现程度,是员工在具体岗位上,做出与之相称的工作业绩的最起码要求。

无论你多么忠诚于公司,也不管你做了多大努力,只要你拿不出工作业绩,或者取得的工作业绩微乎其微,给公司创造的效益少之又少,那么你迟早是一枚被公司弃用的"棋子"。因为没有任何一个公司愿意白养一个空谈忠诚的闲人。

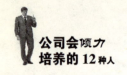

徐星是一家家电公司的销售经理,想当年他与老板白手起家,辛辛苦苦奋斗了四五年才创办了这家公司。为了表达自己的感激之情,老板曾对徐星许诺,"只要你愿意留在公司,销售经理的位子就一直是你的"。

但是,这个诺言很快就被老板毁弃了。原来,在经济危机的影响下,公司的效益一日不如一日,老板决定要实行裁员了。徐星自凭对公司忠心耿耿,与经理是"铁哥们",认为被裁的可能永远不会落到自己身上,但结果大跌眼镜。

徐星又羞又怒地找到老板,努力说自己对工作是如何忠诚,对老板是如何的忠诚,又有怎样的销售经验,怎么能够如此不公地对待自己。"难道您不认可我对工作的忠诚和销售经验吗?"他质疑道。

老板沉默了一会儿,直视着徐星回答:"我认可你对工作的忠诚和销售经验,我承认那是非常宝贵的,但你想过没有,这一年来你的工作业绩不是很好,甚至有些新员工都超过了你。空谈忠诚是没有用的!因为公司要发展,不能让任何人拖后腿。"

还能说什么呢?徐星只有黯然地离开了公司。

徐星的事例告诉我们:只用嘴说自己的忠诚,却没有给公司创造出业绩的员工,对于公司而言是没有任何用处的。因为没有业绩,公司就没有利润;没有利润,公司就难以生存,一切都是空中楼阁。

因此,员工不能总是强调自己的忠心,更应该积极为公司创造良好的效益,给公司以实实在在的回报。要知道,良好的业绩,是员工向老板证明自己忠诚于公司的最有说服力的方式。

蒙牛深圳乌日娜贸易有限公司的董事长乌日娜就是一个将忠诚与业绩紧密联系在一起,用业绩完美阐释忠诚,最终取得蒙牛集团认可和重用的典型例子,现在我们就来看一下她的故事。

乌日娜,一个在深圳叱咤风云的商界女精英,任蒙牛深圳乌日娜贸易有限公司的董事长,蒙牛集团旗下的重要分销商之一。事业起步时,乌日娜连"分销"的概念都不知道,她能走到今日这地步靠的正是业绩!

1999年,蒙牛刚开始开辟市场时,乌日娜坚定地对蒙牛董事长牛根生说:"我忠诚于蒙牛,相信我吧,我一定能干好!"表完忠心后,她并没有就此停止,而是开始了艰苦的创造业绩的历程。

当时,乌日娜连"分销"的概念都不知道,她做的是简单的促销工作,自己做T恤衫,登报纸广告,印宣传单,穿蒙古袍促销……俗话说"万事开头难",当时的订单少得可怜,用货车送货很破费,乌日娜就干脆坚持一次次亲自送货上门,为公司节约运输费。

渐渐地,乌日娜的订单多了起来,她正式做起了分销商,常年在外跑业务。由于南方雨水多,乌日娜鞋里常浸满了水,结果导致她脚趾变形,还得了类风湿;乌日娜父亲去世时,她却被台风堵在机场……

乌日娜想尽一切办法为公司创造业绩,第一年下来,300万元的合同她完成了600万元,获得了蒙牛上下的一致表扬。正是有了一批像乌日娜这样忠诚的员工,蒙牛才能在牛奶市场上取得一席之地。当然,这些业绩也为乌日娜带来了实实在在的好处。

如果你对自己的公司足够忠诚,那么就焕发出无与伦比的工作热情,为公司创造良好的业绩吧!你的业绩越好,越凸显你的忠诚,如此你也就为自己增加了砝码,更容易得到公司的倾力扶持,更接近成功!

◎ 绝不出卖公司机密 ◎

破坏忠诚的道德底线，将公司的机密出卖给其他人，这是背叛公司、背叛老板的不忠行为，其实也是背叛自己，最终伤害的是自身的名誉和切身利益，也就是搬起石头砸自己的脚！

我们每一个人都希望有属于自己的隐私，公司也一样，公司的机密就是公司的隐私。现在市场竞争日趋白热化，公司对机密安全性越来越重视，因为一不留神，就会给竞争对手以可乘之机，或多或少地给公司造成不可挽回的损失。

因此，每一个员工必须具备保守公司机密的职业道德。不该问的不问，不该说的不说，不可以随便张扬公司的各种事务，更不能出卖公司任何商业机密，这也是一个忠诚的人起码的标准。

约瑟夫是一家IT公司的技术骨干，由于公司准备改变发展方向，约瑟夫觉得公司不再适合自己，他准备换一份工作。以自己在行业上的影响力以及自身的能力，约瑟夫决定去本市最大的一家IT公司应聘。

负责面试约瑟夫的是该公司负责技术的副总经理，他对约瑟夫的资历和能力没有任何挑剔，他甚至很早以前就主动邀请过约瑟夫，但是都没有成功。这次约瑟夫主动前来，他自然是十分欢迎，给出了很优厚的条件。

但是，这名副总经理提了一个让约瑟夫很失望的问题："我听说你原来的公司正在研究一种新软件，听说你也参与了这项技术的研发，你能把研究的进展情况和取得的成果告诉我们吗？你知道这对我们公司意味着什么，这也是我多次前去聘请你

22

来我们公司的原因。"

尽管约瑟夫对这家公司的影响力和实力都很满意，但他断然拒绝了这份工作，且态度坚决地说："我不能答应你的要求，因为我有责任忠诚于我的公司。尽管我已经离开它了，但任何时候我都会这么做，因为信守忠诚比获得一份工作重要得多。"

约瑟夫身边的人都为他的回答感到惋惜，但就在当天晚上，那位副总经理给约瑟夫来了电话，他这么说道："约瑟夫先生，你被录取了，并且是做我的助手，不仅是因为你的能力，更因为你时时刻刻都想着为自己的公司保守商业机密。你是好样的!"

每个公司都需要像约瑟夫这样的职员，当公司与个人利益发生冲突时，绝不出卖公司机密，要为公司争取利益，而不是为你自己争利益。只要成为这样的人，无论在哪个公司，你都能受到公司的重用。

遗憾的是，现实中总会出现一些泄露自己公司商业机密的情况。大致有3种情况，第一种，由于员工粗心大意导致失密；第二种，由于员工缺乏商业秘密的相关知识而在无意中泄密；第三种，由于员工经不起种种诱惑而恶意出卖公司秘密。

如果是前两种情况的话，还情有可原，但要是第三种的话，则关系到员工的职业操守，员工对公司的忠诚问题。无论哪个公司的老板都不希望看到这样的员工出现在自己的公司，更不会器重这样的员工。

事实上，失去忠诚，失去做人的原则，把公司利益置之度外，出卖公司机密，背叛公司、背叛老板的不忠行为，其实也就是背叛自己，最终伤害的是自身的名誉和切身利益，也就是搬起石头砸自己的脚!

某公司主管马先生自从和总经理产生意见冲突后，双方一直未能妥善处理，为此马主管一直耿耿于怀。就在这时，竞争对手公司接近了马先生，出高价让其暗中出卖本公司的商业机密。

利令智昏，再加上报复心的驱使，马先生想尽了一切办法把公司的机密文件和库存数量、货品结构、价格策略弄到了手，并一一透露给了竞争对手公司。几经交手，原先生意红火的公司蒙受了巨大的经济损失，节节败退，最后元气大伤而濒临倒闭。

达到目的后，马先生立马辞职，准备前去竞争对手公司。他认为自己也算是这家

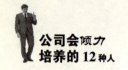

公司的功臣,一定会讨个主管、经理的中层管理层的工作。岂料,他却遭受了一番冷遇。原来,这家公司见马先生如此对待老东家,自然会想到他以后也会如法炮制,如此一想,便不敢雇用他了。

最后,马先生不仅丢了工作,还落了个背信弃义的骂名。

马先生的行为显然是一种背叛。而且他身居要职,曾参与公司的经营决策,了解公司的商业秘密,这种人一旦对公司不忠是相当可怕的,甚至可能直接决定公司的生存与发展。因此职位越高的员工,越应该忠诚于公司!

总之,当你忠诚于你的公司时,你所得到的不仅仅是公司对你的更大的信任,还有更多的收益。当你不忠诚你的公司,将公司的机密出卖给其他人,即使能获得一时利益,但长期下来将损害自己的职业声誉和前途。

所以,无论何时,身为员工一定要牢记祸从口出的道理,绝对不要出卖公司秘密,谨守这条道德底线,对你的老板忠诚,对你的公司忠诚,对你的职业忠诚,更对你自己的良心忠诚!

第二种人

敬 业

要比别人优秀,就要比别人多做一点

一个优秀员工用一句话总结了他的成功经验:"你想要比别人优秀,就必须坚持每天比别人多做一点。""比别人多做一点"是一种尽职尽责的敬业精神。敬业,带给公司的是实实在在的效益,带给自己的是更多的经验和机会,这也几乎是事业成功者高于平庸者的最大秘诀。

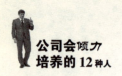
◎ 成以敬业,毁于浮躁 ◎

"成以敬业,毁于浮躁",员工一旦被浮躁控制,工作将失去条理,混乱至极,无所作为,老板时刻会想着辞掉这种员工。因此,我们必须克服浮躁的心态,扎扎实实地干好手头的工作,从而保持对工作的绝对掌控。

我们每一个人都有自己的工作,每天都在努力地工作,但是,为什么取得的工作效果和预期的工作完成情况常常存在差距呢?究其原因,在于有些员工没有保持良好的敬业精神,过于浮躁。

员工浮躁的表现形式多种多样,概括起来大致有以下几种:不切实际,好高骛远,这山望着那山高;不思进取,对工作不求有功,但求无过;眼高手低,满脑子打算,无一处良策;急于求成,凡事浅尝辄止,满足于一知半解;认为自己没有成就,不是主观不努力,而是岗位不合适等。

浮躁的表现形式不同,但其带来的后果一致,即员工一旦被浮躁控制,不管他的工作条件多么好,交付他的工作多么简单,他也很难全心全意投入工作,东一棒槌西一榔头,工作看似也忙忙碌碌,实则混乱至极,难以圆满完成,无疑这是一种失职行为。对这种员工,老板会时刻准备辞掉他。

俗话说"成以敬业,毁于浮躁",作为一名员工,要想顺利地在既定时间内完成相关工作目标,想得到老板的肯定和欣赏,赢得公司的倾力扶持,实现人生的价值,你就必须杜绝浮躁。

下面的故事或许能让大家有所启发。

三伏天里,禅院的草地成片成片地枯黄了,小和尚对老和尚说:"师傅,快撒点草种吧!禅院里好难看哪!"老和尚挥挥手说:"等天凉了,随时!"中秋了,老和尚买了一包草籽,叫小和尚去播种。

秋风突起,撒下的草种被吹得满天飞散,小和尚既着急又苦恼地跑去对老和尚说:"师傅,草种被风都吹走了。"老和尚回答:"没关系,被风吹走的都是空的,即便撒下去也发不了芽。担什么心呢?随性!"

草籽撒上了,一群小鸟飞来了,在地上专挑饱满的草籽吃。小和尚看见了,大喊道:"不好了,撒下的草籽都被小鸟吃了!"老和尚慢悠悠地说道:"没关系,草籽多,小鸟是吃不完的,随遇!"

半夜一场大雨,小和尚冲进禅房,大喊道:"师傅,不好了,草籽被雨冲走了,这下完了。"老和尚正在打坐,眼皮抬都没抬地说:"不用着急,草籽冲到哪里就会在哪里发芽,随缘吧。"

不久,许多青翠的草苗破土而出,原来没有撒到的一些角落里居然也泛出绿意。小和尚高兴地直拍手跳高。老和尚站在禅房前,面不改色地点点头,说道:"嗯,随喜"。

在这个故事中,小和尚的心态是浮躁的,常常为事物的表象所左右;而老和尚的平常心看似随意,其实却是排除浮躁、淡薄利害、心境空明,不为繁杂的表象迷惑,不为虚荣的假象蒙蔽的豁然开朗。

因此,我们必须克服浮躁的心态,使自己的心态保持在明澈淡然的境界,真正沉下心来,扑下身子,扎扎实实地干好手头的每一项工作,从而时刻保持对工作的绝对掌控,真正做到敬业。

在这个充满诱惑的时代,人人急于求成,贪大求全。老板们从来没有什么时候像今天这样青睐和欣赏那些不为外界纷争所扰,能用心做好手头工作的员工,并愿意给予他们更好的待遇、更多的机会。

年轻的洛克菲勒在一家石油公司找到了工作。他学历不高,也不会什么技术,他的工作很简单,甚至连小孩儿都能胜任。在生产车库,装满石油的桶罐通过传送带输送至旋转台上;焊接剂从上方自动滴下,沿着盖子滴转一圈,作业就算结束;油罐下

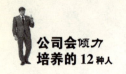
线入库。

洛克菲勒的工作就是注视这道工序,查看生产线上的石油罐盖是否自动焊接封好。从清晨到黄昏,他过目几百罐石油,每天如此。很多人都劝说洛克菲勒应该换一个工作,毕竟这份工作太枯燥无聊了。

不过,洛克菲勒并不那么想,他每天都认认真真、全心全意地工作,干得不亦乐乎。时间长了,他还发现罐子旋转一周,焊接剂共滴落39滴,焊接工作即告结束。洛克菲勒开始思考了:"是否有什么可以改进的地方?如果能把焊接剂减少一二滴,是不是会节省生产成本呢?"

说干便干,一番试验之后,洛克菲勒研制出了一款37滴型焊接机。但是该机焊出来的石油罐偶尔会漏油,质量缺乏保障,公司没有肯定洛克菲勒。洛克菲勒没有灰心,经过再一次的分析研究之后,他又研制出了一款38滴型焊接机。这次公司非常满意。

不久,公司大量生产出这种38滴型焊接机,虽然只是一滴焊接剂,但每年却为公司节省了5亿美元的开支。渐渐地,洛克菲勒成为这家公司的高管,并成为美国第一代亿万富翁。

尽管工作相当枯燥无聊,又极其简单,但洛克菲勒没有灰心失望、急于求成,能应付就应付,能推诿就推诿,而是用心做好手头工作。正是因为这种敬业,洛克菲勒做出了不俗的成绩,得到了公司的重用。

洛克菲勒的成功经验,再一次向我们证明了"成以敬业,毁于浮躁"的道理。任何人要想脱颖而出,赢得公司的倾力扶持,就要下决心遏制和摒弃"浮躁情绪",大力倡导和弘扬"敬业精神"。

◎ 要想敬业先找到最佳位置 ◎

敬业的关键在于先找到你的最佳位置，也就是说，要找到那个最适合自己、最能发挥自己长处的工作岗位。因为只有这样，你才能充分地发挥自己的优势和潜力，尽职尽责地完成本职工作。

在实际工作中，很多人面临过这样一个困惑：同样一份工作，为什么别人做得顺舟顺水，自己却步履维艰，甚至难以尽到该尽的工作职责？在寻找这个问题的答案之前，请你先问问自己："你找到自己的最佳位置了吗？"

何为找到自己的最佳位置？最佳位置不是最高的，而是最适合你的。说白了，最能发挥你个人长处、最能体现你自我价值的工作岗位，对你来说才是最佳的工作位置，这是能否敬业的关键。

在这个世界上，人与人之间的差异是非常明显的。工作不是随便找个就行，因为适合别人的并不一定适合你。世界上有一半的人都从事着与自己的天性格格不入的职业。他们的得到始终会少于付出，敬业度也会大打折扣。

有这样一个寓言故事。

蜻蜓、青蛙、壁虎和蜘蛛是大庄园主蜥蜴的仆人。某个夏夜，蜥蜴准备好好睡觉，却被周围讨厌的蚊子吵得无法入眠。见此，蜻蜓、青蛙、壁虎和蜘蛛聚集在一起，商讨如何捕捉蚊子。很快它们分了工，壁虎和蜘蛛捉院子池塘边的蚊子，蜻蜓和青蛙负责处理卧室的蚊子。

壁虎和蜘蛛来到院子里的池塘边上，壁虎一看到水就晕，生怕自己掉进水里淹

死了;蜘蛛刚在水边结上网,哪知没过一会儿就被水泡坏了。看着那么多蚊子在池塘边上狂欢,壁虎和蜘蛛只能干瞪眼。

此刻,蜻蜓和青蛙做得也很辛苦,虽然两人一上一下,可是蚊子很聪明,它们聚集在房顶的角落里,青蛙够不到,蜻蜓捉不着。蜻蜓飞来飞去,青蛙跳上跳下,两人把卧室里弄得噼里啪啦响,但还是捉不住蚊子。

蜥蜴本来就恼火,看到蜻蜓、青蛙、壁虎和蜘蛛捉不住蚊子,便将它们大骂了一顿,赶出了庄园。被开除的蜻蜓、青蛙、壁虎和蜘蛛想不明白自己忠心耿耿地为主人捉蚊子,怎么反而被责骂呢。

通过这个寓言故事,我们可以看出,蜻蜓、青蛙、壁虎和蜘蛛之所以捉不住蚊子,惨遭主人开除,并不是它们没有认真工作,而是因为它们事先没有找到自己的最佳工作位置,能攀壁的壁虎和会织网的蜘蛛负责池塘,而会飞的蜻蜓和会水的青蛙则被留在了卧室。

反观此道理,我们可以得出结论:员工要想做到敬业,最好的办法就是找到适合自己的工作岗位。只有职业与自己的才能相匹配,工作起来才精力充沛、完美胜任,迅速地进步,最终得到公司的扶持。

杨婵是某一外贸公司的秘书。她善解人意,为人随和,对待工作也是尽心尽力,但她非常不喜欢坐办公室,在办公室超过一个小时她就如坐针毡,因此她深感做秘书工作的不快和吃力。

这样过了一段时间后,身心俱惫的杨婵打算向老总提出辞职请求。但是她想到这家公司在业界非常有威望,而且自己当初是经过层层面试才进来的,要是这么走掉就太可惜了。想来想去,她决定调换一个新工作。

做什么好呢?杨婵开始有意识地留意自己的能力,她发现自己思维缜密、善于分析,而且乐于与人交往,便大胆地请求老总将自己调到了销售部。果然,杨婵应付自如,工作做得非常出色,赢得不少顾客的称赞,她的职位和薪水均得到了提高。

作为一名员工,无论你干什么工作,是做保安、专业技术人员,还是做中层管理工作,不论职位高低、轻重、贵贱,你都要找准自己的位置,这是你高质高效做好工作,得到公司认可和赏识的重要捷径。

那么,如何确定自己工作位置是否最佳呢?这就需要你按照一定的逻辑步骤来衡量。一般来说,大体需要以下两个步骤。

1.了解和发掘自己

为了更好地明确自己的最佳工作位置,你首先需要全面、深入地了解和发掘自己,也就是认识你的兴趣爱好、优势和不足,个人能力以及满足哪种工作岗位的要求等。盲目跟风或者是跟着感觉走,这都是绝对不行的。

为此,你可以拿出一张纸,仔细思考以下问题,并将要点记录在纸上:

你毕业后第一个工作是什么,你希望从中获取什么?

工作中哪些情况下你最喜欢或最不喜欢?

你最擅长处理哪些问题?最不擅长处理哪些问题?

你是否回绝过调动或提升,为什么?

……

正如许多分类一样,以上的分类也无好坏之分,之所以将其提出是为了帮助你清楚地认识和了解自己,并据此重新思考自己的职业生涯,把注意力集中在自认为适合及可能的工作上,设定切实可行的目标。

2.与行业寻求契合点

根据了解和发掘自己,找到职业发展的方向后,你就需要寻找目标工作与你之间的契合点了。为此,你要尽可能多地收集候选工作的信息,比如这项工作是否适合自己,有利于发挥自己的优势;它对员工的工作能力、工作经验等有什么要求;另外你还要了解它的现状和前景等,尽量选择有发展前途的工作。

一般来说,做完以上这两点,许多人将能够选择出最适合自己的工作,找到正确的工作位置。如果你还是不太清楚,那么不妨借助一些专业职业规划咨询机构的专家力量的帮助再做决定。

总之,只有找到自己的最佳工作位置,你才能最大限度地发挥自己的优势和潜力,才能有利于取得高效的工作效率和工作效果。这是敬业非常关键的一步,又何尝

不是它的最好表现呢?

◎ 所谓敬业,即敬重自己的工作 ◎

衡量员工能力的大小:知识占20%,技能占40%,态度占40%,而最重要的态度之一就是敬业。一个人无论从事何种职业,无论在什么工作岗位上,都应该敬重自己的工作,唯有如此,才能得到公司的倾力扶持,成为一位有成就的职业人。

衡量员工能力的大小:知识占20%,技能占40%,态度占40%,而最重要的态度之一就是敬业。难怪通用电气公司的总裁杰克·韦尔奇说:"任何一家想靠竞争取胜的公司必须使每个员工敬业。"

所谓敬业,首先就是敬重所做的工作,其具体表现为忠于职守、尽职尽责、认真负责、一丝不苟、一心一意、任劳任怨、精益求精、善始善终等,这是每一名员工所应具备的起码的工作态度。

如何做到敬重工作呢?

首先,这必须从珍惜自己的岗位做起,这实际上表现的就是一种敬业精神。因为珍惜岗位的员工,懂得尽职尽责、踏踏实实地工作。一个公司的发展和壮大最需要这样的员工作保障,他们也是公司尽力扶持的对象。

相反,如果员工不珍惜自己的岗位,对工作总是漫不经心、敷衍了事,做一天和尚撞一天钟,是不会得到公司任何嘉奖和升迁的,到头来只会一事无成,也会因此而丢掉手中的饭碗,到时候恐怕会后悔莫及!

王力在一家化工企业做人力资源主管,一直负责企业的绩效管理。他每天来公司上班就仿佛只是人来了心没来，做起事来不是无精打采，就是心不在焉，或者经常拿着个电话说个没完。

这种不敬业的态度严重地影响到了王力的工作质量。比如，每次考核员工绩效时，王力为了图省事方便，总是简单地将考核表发到各部门的负责人手里，待考核结果交上来后，他不管是否属实，粗略做一下统计后就完。

后来，有不少员工亲自去向厂长反映绩效考核不切合实际。经过调查后，原来有一位部门负责人收受个别员工贿赂谎报了绩效。厂长一怒之下开除了那位负责人，王力自然也挨了批评。

王力原本是某著名大学的人力资源专业的高才生，但是由于他欠缺敬业精神，厂长始终没有提拔他。而王力得不到嘉奖和升迁，于是变本加厉地不敬业，郁闷之余竟然开始在上班时间炒股，结果被发现后惨遭开除。

其次，敬重工作要从热爱这份工作做起，要产生一种一定要完成任务的强烈愿望，并且为完成任务和达到既定目标，可以付出各种的努力，而不抱怨现时的工作条件和遇到的各种困难。

大学毕业后，文敏没有找到合适的工作，暂且在一家保险公司当了业务员。刚到公司上班，文敏就发现公司里大部分人不敬业，对本职工作不认真。他们不是抱怨工作难做、待遇太低，就是利用办公时间打私人电话……

的确，这是一份让人很头痛、很难做的工作，文敏的工作开展起来也很困难。第一个月她拿到的只是最基本的底薪。虽然工资低、职位低，但她知道必须要敬重自己的工作，再难也要上。

于是，文敏一头扎进工作中，更加努力地工作。怎么样做才能让人们愿意接受保险业务员呢？为此，文敏在社区里举办了一场场"保险小常识"讲座，免费为社区居民讲解保险方面的常识。

渐渐地，社区居民们对保险产生了兴趣。文敏接下来的工作进行得顺利多了，业绩突飞猛进，很快便受到经理的重用。时间一长，文敏成了公司里的"顶梁柱"，而其他同事还在原地踏步。

面对工作上的困难,文敏本着敬重自己工作的精神,没有做任何的退缩或放弃,而是主动一头扎进工作中,更加努力地工作。正是因为这种敬业精神,她做出了不俗的成绩,也最终得到了公司的扶持。

无论工作多么平凡,多么低微,你都应该敬重自己的工作。没有平凡的岗位,只有平庸的员工。岗位再平凡,再低微,只要具有强烈的实干敬业精神,你也照样能得到公司的重视,得到扶持,获得工作上的成功。

关于这一点,远东大饭店餐饮部门的经理王琦玉就给我们树立了一个良好的典范。

1999年,王琦玉刚加入远东大饭店的时候,职位很低,只是一名大堂服务员总管,主要负责巡视餐厅,招呼客人等工作,但他非常敬重自己的工作,并将这种敬业完全表现在工作之中。

到远东大饭店用餐的顾客常常会碰到王琦玉在餐厅里四处巡视,招呼客人,帮同事上菜。在几乎所有顾客的眼里,王琦玉给人的第一印象就是"快乐、乐观,声音洪亮,笑容迷人"。

有人问王琦玉:"你总是笑口常开,是不是非常喜欢这份工作?"

王琦玉微笑着说:"我不只喜欢这份工作,我还敬重这份工作。"

这种敬重工作的精神,使王琦玉获得了真正的快乐,也给了他很大的发挥空间。他将工作做得非常出色,很快他就得到了远东大饭店经理的欣赏,最终成为远东大饭店餐饮部门的经理。

总之,一个人无论从事何种职业,无论在什么工作岗位上,都应该敬重自己的工作,全身心投入工作,尽自己的最大努力。唯有如此,你才能有可能做出成绩,才能够得到更多嘉奖和升迁机会,最终生活在众人羡慕的目光之中。

◎ 迪士尼乐园：把该做的工作做好 ◎

有人曾请教一位成功人士："你成功的秘诀是什么？"

成功人士回答："很简单，把该做好的工作做好。"

　　到东京迪士尼去游玩时，游客碰到最多的是扫地的清洁工。这些清洁工很不一般，应聘者需要进行3天非常专业、非常严格的培训。即便有些员工是暑假工作的学生，他们只扫两个月时间，也要如此。这些培训包括什么呢？

　　第一天，培训如何扫地。如怎样扫树叶，才不会让树叶飞起来？怎样刮纸屑，才能把纸屑刮得很好？怎样掸灰，才不会让灰尘飘起来？而且扫地时还另有规定：开门时、关门时、中午吃饭时、距离客人15米以内等情况下都不能扫，要避开游人的脚，等等。

　　第二天，要熟记游乐园内所有游乐设施和公共设施的位置，如果有游客问你，要在第一时间告之；学习修理轮椅、童车，清洁工随身配发简单修理工具，及时帮助游客修理；要学会各种相机的使用方法，当游客一家人要合影时，要做最好的帮手。

　　第三天，要学会怎么给小孩子包尿布、抱小孩的正确动作，当妈妈们想去卫生间时员工要帮忙抱一下小孩，做妈妈们"可信赖的人"；学习简单的手语，必要时能帮助聋哑人。

　　训练3天合格后，清洁工才能正式开始上班。正是因为这样，一批经过训练的具有高度敬业精神的员工，东京迪士尼乐园的参观人数最高纪录一年可以达到1700万人，而且有超过90%的回头客。

　　迪士尼乐园的成功告诉我们这样一个道理，不管在哪个岗位上，都要把该做的

工作做好。俗话说"在其位,谋其政",能否把该做的工作做好,这是衡量员工是否具备敬业精神的重要标准。

把该做的工作做好,就是要忠于工作岗位,自觉履行各项工作职责;在具体的工作中,脚踏实地,倾尽全力,无私奉献。

但在实际工作中,真正做到"在其位谋其政"的人少之又少,很多人是"身在其位,心谋他政",心思不在工作上,不能做好自己该做的工作,结果耽误了工作不说,还一事无成,这样的员工是不称职的。

有人曾请教一位成功人士:"你成功的秘诀是什么?"

成功人士这样回答:"很简单,把该做好的工作做好。"

要么敬业,要么走人。留心观察那些能获得公司倾力扶持、成就职业梦想的人,不难发现这样一点:无论是做什么样的工作,他们都是"身在其位,心谋其政",努力把该做的工作做好。

读四年级的时候,比尔·盖茨曾在西雅景岭学校图书馆担任管理员卡菲瑞先生的小助理。他的主要工作是把已归还却放错位置的图书放回原处,这种工作看似简单做起来却很费神。每天,盖茨需要认真地核实归还图书的具体位置,然后在几十排书架的迷宫中穿来穿去。

过了两个多星期,盖茨的父母邀请卡菲瑞先生去家里做客。吃晚餐时,盖茨的母亲告诉卡菲瑞先生他们要搬到较远的一个小区居住,盖茨也要转校了。盖茨听说要转校,担心地问:"我走了,谁来整理那些站错队的书呢?我不能转学,这是我的工作,我必须做好!"

在盖茨的坚持下,全家虽然搬了家,但盖茨依然留在了西雅景岭学校,并在图书馆继续做他的助理工作,每天由爸爸用车接送。盖茨告诉卡菲瑞先生:"您不用担心,我一定会把这份工作做好的,如果爸爸不带我来,我就走路来。"

虽然只是从事图书馆的助理工作,但小小的比尔·盖茨"在其位,谋其政",坚决要把自己该做的工作做好,表现出了一种非常可贵的敬业精神。难怪他能在信息时代叱咤风云,成为世界首富。

对一部分员工来说,他们不能把该做的工作做好的一个重要原因是对自己的工作没有兴趣或者是不满意。但如果工作仅凭自己的兴趣,对老板交代的自己不喜欢的工作不做或应付,迟早会栽跟头的。

刘平的经历就是这方面的一个典型例子。

刘平是某名牌大学中文系的高才生,他思维敏捷,才华出众,又很自信,毕业后被分配到了一家省级出版社工作。刘平一直想当一名针砭时弊、实事求是的记者,可一开始上司只分配他校对文稿。

校对文稿整天待在办公室,又需要非常认真和耐心,这让一心想干一番大事业的刘平感到非常的不爽。他终日提不起精神,对工作毫不认真,敷衍了事,结果经他校对的文稿错误百出。

上司原本认可刘平的才学,之所以让他先做校队文稿,是有意锻炼他的耐心与毅力。现在,他见刘平连文稿都校对不好便失望了,心想连最简单的工作都做不好,还能干什么重要的工作呢?于是他就将刘平辞退了。

由此可见,面对自己没有兴趣或者是不满意的工作,就不能沉下心来好好做,这怎么能称得上对公司尽职尽责呢?这样的人,即使是个杰出人才,也难以得到更大的舞台,公司对他也只能是敬而远之。

相反,这个时候,员工如果能够及时摆正心态,本着对工作尽职尽责的精神,努力让自己去做自己不喜欢或不感兴趣的工作,并努力做到最好,这才是能够赢得重视、得以晋升的唯一途径。

现在就思考一下:

你把自己该做的工作做好了吗?

你是否因为不敬业而失去了一些宝贵的晋升机会?

◎ 适当"模糊"上下班时间 ◎

早晨第一个到办公室,晚上最后一个离开,这种模糊上班时间和下班时间
的行为是一种积极的工作态度,使人更专注于工作,能在工作中掌握更多的主动
性,并且一直走在别人的前面。

要想成为公司倾力扶持的员工,就不能特别在意能否准时下班,也不要认为早
到公司晚回家是一件吃亏的事情。优秀员工成功秘诀十有八九正是这样一句话:"早
晨第一个到办公室,晚上最后一个离开。"

模糊上下班时间,提前上班,推后下班,别以为没人注意到,老板可是睁大眼睛
在瞧着呢?

道尼斯最初在杜兰特先生手下工作时,职务很低,现在他已成为杜兰特先生的
左膀右臂,担任其下属一家公司的总裁。拿破仑·希尔前去访问道尼斯,询问他快速
升迁的秘密。道尼斯说:"我总是最后一个下班。"

原来,刚开始工作的时候,道尼斯注意到,每天下班后所有的人都回家了,但杜
兰特先生仍然留在办公室。一种敬业精神促使他也决定在下班后留在办公室内,以
便随时准备为杜兰特先生提供任何服务。

当然,杜兰特先生有时的确是需要帮助的,这时候他环顾办公室只有道尼斯一
个人留在办公室,他自然地就会呼叫道尼斯,请道尼斯协助自己做一些找文件、打印
材料之类的工作。

就这样,杜兰特先生就养成了呼唤道尼斯的习惯,包括在正常的上班时间。道尼

斯获得了一个个表现自己的好机会,也获得了具有绝对权力提升自己的老板杜兰特先生的赏识和重用。

当然,模糊上下班时间的意义并非引起老板的注意这么简单,实际上这还是敬业精神的一个重要前提。这是因为,"模糊上下班时间"是一种积极的工作态度,能够使你真正成为工作的主人,而不是奴隶。

1.提前上班的好处

每天早上,进入公司办公室后,你是不是都有回应不完的 E-mail、看不完的公文,以及处理不完的繁杂琐事呢?这些事情甚至导致你没有足够的时间思考与工作密切相关的重要事项?要想解决这些问题,你只需要提前上班。

在上班时间前到达公司,此时的办公室即使不是空无一人,也是非常安静的。你大可以利用这种没有人打扰的时间,好好思考工作上的事情,给白天的工作做个规划,这样一到上班时间就能立即进入工作状态。如此,你就走在了别人前面!

2.延后下班的好处

在你没有完成任务的时候离开办公室,这样容易耽误公司的总体计划,也会影响你明天的工作安排,这是非常不敬业的行为。为什么不选择在下班之后赶一赶工作进度,始终保持在"今日事今日毕"的状态中呢?

现在的公司大多属于开放型公司,一般容许员工在下班之后留在公司加班。你还可以把这段时间用于学习公司的各种产品知识、运营流程上,进一步提高自己的能力,以保证能够更好地完成工作。

李华工作很出色,但他经常早上迟到,下班比谁都走得早。老板看在他工作出色的分儿上,没有说他什么。

有一次,李华来到老板面前,请求把工作的最后期限延后几天,原因是他无法按期完成任务。老板沉默了一会儿,问道:"你每天只工作8个小时,是不是?每个星期只工作5天,是不是?"

李华点了点头。老板接着说:"上班你迟到,下班你积极,一天没有工作10个时以上,一个星期没有工作7天,完不成工作任务是你没有尽全力,是你不敬业。对不

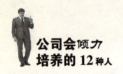

起,你被辞退了。"

这位老板的话听上去有些不近人情,但我们仔细想一想,又何尝没有道理呢?每天只满足于上班来公司,下班就离开公司,即使工作没能做好也不肯多留几分钟,这怎能谈得上敬业呢?哪个老板会喜欢?

总之,适当"模糊"上下班时间可以让你更专注于工作。工作的热情可以激发潜能,使你真正成为工作的主人,而不是奴隶。如果你可以始终保持在"今日事今日毕"的状态中,那么你就会逐渐从平凡走向卓越。

◎ 敬业的最高标准:把事情做在前面 ◎

所做的事情是在别人之前,还是之后,优秀员工与普通员工最大的差别就在这里。老板考察一个员工是否敬业,最高的评判标准也在这里。意识到这一点,你就掌握了获得公司倾力扶持的秘诀。

有不少人认为,员工只要完成老板交代的任务就是敬业。告诉你,这种认识是错误的。实际上,评价一个员工是否敬业的关键标准是他所做的事情是在别人之前,还是之后,而敬业的最高标准是:把事情做在前面。

有一位人力资源管理专家对敬业的标准做了一个量化:

10分=创造者或者把事情做在前面的人

5分=努力认真地做好本职工作

1分=我已经超负荷工作了

由此可见,员工能否获得被公司提拔以及更多薪水和奖金的机会,与其说决定权在老板手里,还不如说掌握在自己手里。此处的关键点,在于你不能局限于自己的任务,要把事情做在前面。

华中理工大学少年班的李一男毕业后直接进入华为,十几天后就晋升主任工程师,两年被提拔为华为公司总工程师,27岁坐上了华为公司的副总裁宝座。他的成功来源于把事情做在前面。

作为技术天才,李一男几乎将全部的精力投入技术开发工作。他总是能提前为所开发的技术项目解决难题,而且他对通讯和IT行业的发展趋势非常敏感,总能够给华为总裁任正非提供许多有建设性、前瞻性的建议。当任正非考虑到某些问题时,他总是发现李一男早就开始着手解决了;当别的员工还在为一个产品在市场中的成功而陶醉时,李一男已经给任正非提出新的建议并着手开发下一代产品了。

在李一男核心决策层的带领下,华为制造了程控交换机、几十个G的波分传输、代表未来的数据通信、通信技术的皇冠GSM与CDMA、全球性的市场扩张战略的拍板等,华为资产超过了200亿元大关。

本事例中的李一男不仅尽职尽责地完成自己的工作任务,还善于去发现契机,更重要的是他能在别人行动之前抓住契机,做好事情。这样敬业的员工无论在哪个公司都会受到老板的青睐。

如果有一天,部门经理提醒你,要注意某某问题,你回答说"我已经查过了,情况是……";如果有一天,你开始对老板提出并实施有益于公司发展的项目和业务:"我认为公司应该……",那么我恭喜你,你已经是老板心目中最佳敬业员工的不二人选了,那么他自然会倾力扶持你,给你更多的表现机会。

需要注意的是,这里的别人不仅仅包括公司同事、主管、老板,而且也包括公司的合作伙伴、竞争对手等。而且,比较对象的地位越高,级别越高,越对公司的发展有影响力,那么你的敬业含金量就越高。

日本汽车工业起步很晚,在20世纪40年代,比西方的德国、英国等晚了整整半个世纪,但日本后来居上,是全世界销售第一的汽车大厂,而这正源于日本一位汽车设计师将工作做在了前面。

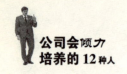

20世纪70年代,在世界范围内发生了一场石油危机,油价从每桶18美元猛增为32美元。西方大国许多耗能源企业因成本费太高,或缩小生产规模,或停业,或倒闭,经营陷入一片混乱。

面对这种情况,日本某公司的一位汽车设计师敏感地意识了这对汽车行业也是一种冲击,他审时度势地向所在的公司,提出了这样一个前瞻性的决策:生产体积小的省油汽车,以占领汽车市场。

果然,油价一直没有明显下降的趋势。一段时间后,为了节约用油开支,消费者们急需体积小又省油的汽车。就这样,日本推出的省油汽车一经推出市场,就大受欢迎,迅速占领了汽车市场。

由于这位设计师把事情做在前面,为该公司汽车占领市场赢得了巨大的先机,不久他便被董事会提升为技术部经理。

所做的事情是在别人之前,还是之后,优秀员工与普通员工最大的差别就在这里,老板考察一个员工是否敬业最高的评判标准也在这里。意识到这一点,你就掌握了获得公司倾力扶持的秘诀。当然,你要保证自己所做的这些事情,是以不破坏公司各种秩序为前提的,比如不能擅自越权处理,不能干扰到其他人的工作。

任何成功都不是一件简单的事情,对于每位员工来说,要想在公司里把握住"把事情做在前面"的机会,也不是一件轻松简单的事。这需要你必须不断学习、不断思考,有洞察事物本质的能力,有广阔的视野和敏锐的感觉,看到一般人所看不到的东西。

只要你做到了,你就是最棒的!

◎ 提供的工作价值＞报酬 ◎

这个世界是公平的，但是只有你先"给予"才能后"获取"。要想成为一个受公司倾力扶持的员工，你就应该有一种为公司提供超出报酬的服务的想法，这也是敬业精神的一种直接体现。

所谓的敬业，就是尽心尽力履行自己的工作职责就够了，这是不少员工的想法，但却是大大错误的。因为做好本职工作是一个工作完成得一般化的代名词，老板会承认你的价值，但永远不可能倾力支持你。

事实上，真正的敬业不仅仅是做好本职工作，还要提供超过你报酬价值的工作价值。只有这样，你才能真正地引起老板的注意和欣赏，得到公司的倾力扶持，进而充分发挥自己的才华。

刚入公司时，马慧的职位很低，只是一名普通文秘，但现在她已经是公司经理助理、老板不可或缺的左右手。马慧之所以能够升到这个很好的职位，是因为她提供了比她所获得的报酬更多及更好的服务。

身为文秘，马慧每天的工作就是整理、撰写、打印一些材料。她的工作单调而乏味，很多人都这么认为，但马慧不觉得。她认为很多工作并没有表面上那么简单，认真踏实地对待工作。

时间长了，马慧发现公司的文件中存在很多问题，甚至公司在经营运作方面也存在问题。于是，马慧除了每天必做的工作之外，还细心地搜集一些相关的资料。她把这些资料整理分类，然后进行分析，写出建议。

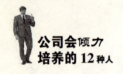
最后，马慧把打印好的分析结果和有关证明资料一并交给了老板。老板起初并没有太多在意过马慧，但看到这个文件时，他大吃一惊。这个年轻的文秘居然做着本该经理做的事情，而且她的分析井井有条，细致入微。

老板感到很欣慰，他觉得马慧为公司做的工作已经超过了文秘的职责，有这样敬业的员工是公司的骄傲。当然，为了表彰马慧的功绩，老板不仅给她加了薪，而且还提拔她为自己的助理。

在本事例中，马慧不仅仅是做好了本职的文秘工作，还提供了超过文秘报酬价值的工作价值。在此期间，她还充分地显示了自己的才华，成功引起老板的注意，得到公司的倾力扶持也是一种必然。

如今，职场分工越来越明确，公司员工都有自己的工作范围和职责范围，不过同事之间、上下级之间的边界上会经常存在模糊地带。你在做好自己的本职工作外，承担起这些有交叉的工作，就是提供了超值服务。

没有哪一个老板不愿意得到一个能干的员工。而且，老板将根据员工的业绩决定其晋升。所以，当你为公司提供超出报酬的服务时，老板自然会将你列入敬业员工之列，也会给你相应的回报。

西方有句谚语说，"工作中的傻子永远比睡在床上的聪明人强"。无论你目前身在什么职位，薪水是多么的微薄，只要你肯为工作付出更多的劳动和精力，总会有获得晋升的一天，也终有成功的一天。

约翰最初在商品批发商杰克手下工作时，只是地位很低的店员，而且每年才挣75美元。不过，他得到了杰克的赏识，并成为杰克手下一家经销公司的总裁。那么，他是如何做到的呢？

由于商品物美价廉，顾客前来购物时往往会买很多。货物堆放在独轮车上，有时候一车都装不下。这时候，约翰总是主动提出为顾客运送货物，而送货并非他的工作职责。在向顾客交付货物时，约翰又会仔细清点货物数目，一直到很晚才推着空车艰难地返回店里。

这样一来，那些顾客对约翰为自己提供的超值服务很满意，便经常光顾这家店，还常常和杰克称赞他。于是，杰克为约翰提供一个年薪500美元的职位。约翰接受了这份工作，并且从此走上了成功之路。

为顾客送货并非约翰的工作职责，但约翰不仅主动为顾客运送沉重的货物，还仔细清点了货物数目，确保顾客的财产安全，给顾客提供了超出他所获得的报酬更多及更好的服务，这正是他能被老板重用的资本。

提供超出报酬的工作价值，这就要求我们在工作中不要斤斤计较，要积极主动地比别人多付出一些。记住，你付出得愈多，得到的回报也就愈大。

◎ "敬业"更须"精业" ◎

对一个领域百分之百的精通，比对一百个领域精通百分之一要好得多。一个人无论从事何种职业，都应该把问题弄懂，把技术学精，掌握自己职业领域的所有问题，成为本行业中的行家里手，这是真正意义上的敬业。

有不少员工都曾为这样一个问题而困惑不解："明明自己比他人更敬业，而且什么都懂一点，为什么成就却远远落后于他人？"不要疑惑，不要抱怨，你应该先问问自己是否"精业"。

敬业，不是自己以为够辛苦，而是要有精通的专业知识，把工作做到最好。正如西方的一句著名谚语所说："如果你能够真正制作好一枚针，这应该比制造出粗陋的蒸汽机赚到的钱更多。"

在现实工作中，有许多员工贪多求全，什么都懂一点，但什么都不全懂，对工作只求一知半解，结果是做不好工作。做不好工作，空有忘我的敬业精神，那么所谓的

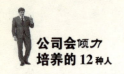

敬业岂不是一句空谈?

皮特曾是某投影仪专卖店的店员,他是一位热爱工作、热情主动的青年人,但一段时间后却被老板开除了。老板的理由是:"你是一位很勤奋努力的员工,但是不够敬业,所以……"

事情是这样的,一天,有一位大顾客来店里购买一批投影仪。皮特很热情地给顾客介绍各种产品,还现场给顾客看了清晰的投影效果,并主动介绍了有关投影仪放置距离等问题。顾客感到非常满意。

正要准备购买时,顾客问皮特投影仪和影碟机用什么线连。皮特也说不清楚,他不辞辛苦地上网查,无果;去电料行问,没听说;去卖电器的那里,也是没有;去家居建材,还是没有!

就这么几个来回,皮特耽误了顾客多少的时间和精力!顾客感到有些生气,指责道:"这其实应该是商家应该考虑到的问题,可以为客户解决的,你竟然不知道。看来我需要去别家看看了。"

就这样,到手的买卖泡汤了。老板得知情况后,将皮特开除了。皮特感到万分的委屈,不明白虽然投影仪没有卖出去,但自己跑前跑后地忙碌,没有功劳也有苦劳啊,老板怎么说开除就开除了自己呢?

其实,皮特被开除的原因很简单,就是因为他对投影仪产品的一些基本知识不够专业,没有为客户考虑周全。这种不专业的表现不够敬业,只能是忙而无功,有哪个老板会乐意养一个无功之人呢?

在当前追求效率、讲究效益的年代,只强调敬业而不注重精业的员工是不受任何公司欢迎的。试想,有哪个建筑公司敢拿生命开玩笑,聘用那些技术半生不熟的泥瓦工和木匠建造房屋?有哪个医院敢无视生命危险,令医术不精的外科大夫给病人做手术……

因此,员工必须破除敬业的认识误区,克服那种干工作"没有功劳还有苦劳,没有苦劳还有疲劳"的错误思想,切实把衡量一个人能力强弱和工作好坏的标准定在精通本职工作、精通各项业务上。

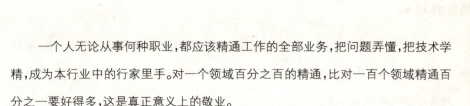

　　一个人无论从事何种职业，都应该精通工作的全部业务，把问题弄懂，把技术学精，成为本行业中的行家里手。对一个领域百分之百的精通，比对一百个领域精通百分之一要好得多，这是真正意义上的敬业。

　　所谓精业，也就是专业。现代社会的竞争其实就是专业的竞争。没有专业就没有眼光，就看不到机会和危险。专业能力就是一个人的核心能力，有核心能力才会变成核心员工，才能脱颖而出，得到公司的倾力扶持。

　　正如一位总统在学校做演讲时所提到的："比其他事情更重要的是，你们需要知道怎样将一件事情做好，而不是对什么事都懂一点皮毛，但什么事都做不好。与其他有能力做这件事的人相比，如果你能做得更好，那么你就永远不会失业。"

　　那么，如何解决敬业而不精业的问题？

　　俗话说"业精于勤，荒于嬉"，勤学是通向精业的必由之路。要想成为"精业"员工，始终把握工作的主动权，就要抱着"终生学习"的理念，不断学习专业理论，学习工作实践，学习工作经验等。当然，学也需要理性选择，向谁学，怎样学，学哪些东西最直接、实用等都要提前考虑好。

　　著名企业家曹卫锋通过20多年不断地努力学习，从一名汽修厂学徒工成长为一个拥有资产数百万元的汽修企业老板，年年被评为有突出贡献高级技能人才的事迹就很好地说明了这一点。

　　1987年，刚高中毕业的曹卫锋一个人来到丹阳城。当时江苏粤港汽车服务公司正在招人，曹卫锋报名做了一名学徒。刚开始，曹卫锋对汽修行业一窍不通。师傅在修车时，他就打下手，看着师傅怎么操作；一有空闲时间，他就找有关汽车的书籍看。正是因为这样勤奋努力，曹卫锋两年就掌握了扎实的修车技术，可以自己独立修车，被提升为班组长。

　　后来，日、美、德等进口车逐渐进入丹阳市场。曹卫锋不懂进口车上的英文，修理的难度加大，而且国产车的维修知识似乎不符合进口车，于是他便去了苏州笛威汽车研究学校参加培训，最终具备了扎实的进口车维修技术，被丹阳市汽车大修厂聘请做车间主任，后为生产厂长。

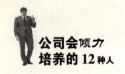
2003 年，丹阳市永昌汽修厂老板改行，曹卫锋立刻把该汽修厂盘了下来，并创办了丹阳市伟峰汽车修理厂。凭着员工良好的修车技术，前来修车的顾客慢慢多了起来，企业不断发展壮大。

深知勤学精业甜头的曹卫锋，并没有因自满而停下前行的脚步，也没有降低对自身学习的要求。他不仅参加了市汽车维修技师培训，还积极要求自己的员工不断学习培训，努力做到精通汽车维修的全部业务。

至今，丹阳市伟峰汽车修理厂已经成为一个占地面积 2000 平方米左右，设备投资资金几十万元，每年业务几百辆的大型汽车修理厂。而曹卫锋自 2007 年至今，年年被评为有突出贡献的高级技能人才。

"无论从事什么职业，都应该精通它。"让这句话成为你的座右铭吧！这样，你就能成为公司眼中的敬业好员工，自然不用担心被老板忽略和轻视的危险了，而且获得公司的倾力扶持也是迟早的事。

◎ 给上司一个意外的惊喜 ◎

如果员工能超越老板的期望，令老板产生喜出望外的感觉，那么老板将会对员工建立起更高的信任与依赖，产生一种赏识，从而自然而然地就会在有限资源分配中向这种员工倾斜。

在这里，有一个充满禅机的小短文。

佛堂地面上的一块大理石见佛像高高在上、受万人膜拜，有些不平地问："我们原本来自于同一块石头，你站在那里受万人膜拜，可我却躺在这里，灰头土脸、受万人踩踏,世道为什么如此不公平呢?"

佛像轻轻地一笑,回答道:"是的,我们来自深山中的同一块石头,但是我经过了无数个石匠数年的精心打磨,才站在了这里;而你只接受了简单的加工,所以你只能铺在地上给人垫脚啊。"

在实际生活中,我们不难看到这样的现象:同时进入公司的人,几年后注定要分化,有的人会成为公司的专家、精英,备受老板尊重和厚爱;而有的人则数年在同样的岗位上庸庸碌碌地待着。为何会这样呢?

这样的划分固然取决于一个人能量的大小,但很多时候老板心中还有一个标准,这一标准就是:员工能否达到自己对他的期望,而且能否超越自己对他的期望,给上司一个意外的惊喜。

道理很简单,如果员工能超越老板对自己的期望,令老板产生喜出望外的感觉,那么老板将会对员工建立起更高的信任与依赖,产生一种赏识,从而在有限的资源分配中向这种员工倾斜。

因此,要想取得上司的信任,赢得公司的倾力扶持,这并不需要员工去阿谀奉承上司,而是要做好自己,超越老板的期望。就像上文中的佛像一样,它的存在超出了人们对石头的期望,人们自然就会对它顶礼膜拜。

那么,如何能超越上司对你的期望呢?

1.做好领域里的各项工作

一个公司那么大,不可能事无巨细都是由老板一个人管理。上司要承担很多角色,也正因为这样,他们需要有人来帮他们分担。因此,一个成熟的下属要在你的权力范围内自主地开展工作,做好自己领域里的各项工作,彻底让上司对你所负责的领域放心,如此便能在工作深度上超越上司对你的期望。

董明珠,现任珠海格力电器股份有限公司副董事长、总裁,先后荣获"全国五一劳动奖章"、"全国杰出创业女性"、"全球商界女强人50强"等称号。她的成功正是一次次超越上司期望的杰作。

1990年,董明珠加入了当时还叫海利的格力公司,从事最底层的空调销售员工

49

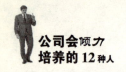

作,当时她的前任销售员有一批欠款尚未追回。本来这一工作不属于她的范畴,公司会有专人来处理,但董明珠认为既然是自己分管的区域,就要由自己敬职敬业地完成。没有想到的是,这次讨债前所未有地辛苦。欠债方的负责人是一个"雷打不动、刀枪不入"的人物,任凭董明珠如何软磨硬泡,他都岿然不动,不闻不问,一点也没有还钱的意思。

几乎公司的所有人,包括上司,都以为这笔账是要不回来了,有同事还劝说董明珠放弃。但董明珠偏要撑下去,她天天去找该负责人,并放出话来:"你要么还钱,要么退货,否则以后你走到哪里我就跟到哪里!"就这样,一直僵持了40天,那位负责人将尚未卖出的空调原封退还。自此,上司对董明珠刮目相看。

经过这次讨债之苦,董明珠深刻地认识到了公司与经销商"先提货再给款"的合作弊端。她向公司提出建议,打破这种合作规则,一定要与经销商实行"先款后货,决不赊账"的原则。在董明珠的大力倡导下,公司执行"先款后货,决不赊账"的原则。这条营销原则随后成为格力空调在业界独树一帜的规矩,确保了公司无拖账、无欠账的良好经济运作模式。

十几年来,董明珠正是凭着这种敬业的精神,一次次令上司刮目相看。她从一个最底层的空调销售员,做到经营部部长,做到销售公司经理,最后做到了格力电器的董事长、总裁。

本来不归自己管的讨债事情,但董明珠认为这是自己分管区域内的事情,便毫不犹豫地承担下来,并且解决了这个原本难以解决的问题,令上司感到喜出望外,这正是一种敬职敬业的精神。

试想,如果当初公司的其他员工也能像董明珠这样,也许这笔欠款早就被追回,也许"先款后货,决不赊账"的原则早就能建立起来,也许被提拔和重用的那个人也就是他们中间的一位了。

2.提前提交工作成果

准时完成各项工作是上司对下属最基本的期望,要想让上司喜出望外,你不能仅仅满足于按时完成工作,还要学会在条件可能的情况下,争取尽量提前完成任务,提前提交工作成果，尤其是在重要工作上。

试想，如果你是上司，你让两个秘书同时写一个准备在大会上宣读的报告。一个秘书在大会宣布开始的那刻匆匆给你，另一个则是在会前就准备好了，甚至提前一天就写好打印好给你过目，你会喜欢哪一个秘书呢?显而易见，是后者。

很多时候，我们提交的工作成果未必完全符合上司要求，提前提交工作成果还能让上司有个更充裕的调整时间，他统筹安排时就能运筹帷幄、指挥若定了。如此他不仅会认可你的工作，而且还会感激你的工作。

超越上司的期望就是这么简单，只要你能用心去做!

学会超越上司对你的期望，持之以恒，你就已经是上司信任与依赖的敬业员工了，是所在领域的专家了。以后涉及该领域的所有问题，上司将与你讨论、协商办法。你是上司的合作者，那么当有升值加薪等机会时，上司自然第一个想到你。

◎ 敬业=100%合格 ◎

如果你的能力一般，敬业可以让你走向更好;如果你时刻想着把工作做到最好，杜绝一丝一毫的疏忽，敬业会把你带向更成功的领域。如何把工作做到百分百的程度，这应该成为每一个职业人的追求。

没有谁愿意承认自己不够敬业，即使是在工作中无所事事混日子的人也不会这样认为。于是某些员工总是以"差不多"、"已经不错了"等作为"敬业"的辩护词，并以各种外在因素为自己开脱。

殊不知，在老板眼里，员工的"差不多"、"已经不错了"等理由均是一种不能严格

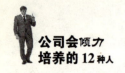

按照工作标准来完成工作,做事不到位、不精细的失职表现,因为老板真正需要的是100%合格的敬业精神。

所谓的100%合格,就是把工作做到最好,做到极致,杜绝一丝一毫的疏忽,没有任何理由和借口,因为即使1%的差错也有可能带来100%的问题,致使公司蒙受不可挽回的损失。

这里有一组数据,可以让那些认为"99%就够"的员工大吃一惊。在美国,如果99%就够好的话,那么,每年大约会有11.45万双不成对的鞋被船运走;每年大约会有25077份文件被税务局弄错或弄丢;每天大约将有3056份《华尔街日报》内容残缺不全;每天大约会有12个新生儿被错交到其他婴儿的父母手中;每天大约会有2架飞机在降落到芝加哥奥哈拉机场时,安全得不到保障⋯⋯

因此,那些以"差不多"、"已经不错了"等为标准,觉得将工作做得差不多就算敬业的员工,永远不会得到老板完全的肯定和信任,他会因此失去加薪、升职的机会,也绝不会有太大的成就。

每个人都应该把自己看成是一名杰出的艺术家,而不是一个平庸的工匠。成功者和失败者的分水岭在于:成功者无论做什么事情,都力求达到最佳境地,不会有任何的轻率疏忽,而失败者恰恰相反。

第二次世界大战中期,为了提高降落伞的安全性,美国空军军方要求降落伞制造商必须保证产品合格率。在制造商的努力下,降落伞合格率提升到了99%,并一再强调任何产品也不可能达到100%的合格率,除非奇迹出现。

99%的合格率乍看很不错,但对于美军军方来说,这就意味着每一百个伞兵中,会有一个人的降落伞不合格,他就可能因此在跳伞中送命。因此,美国军方不满意,要求制造商保证100%的产品合格率。

在交涉不成功的情况下,美国军方改变了检查产品质量的方法,他们决定从每一周交货的降落伞中随机挑出一部分降落伞,让降落伞制造商负责人以及工人们装备上身后,亲自从飞机上跳下以检验。

这时,制造商才深刻地意识到100%合格率的重要性。他们聘用高端人才研发新技术,并改进现有的设备,采取了种种的措施,奇迹很快就出现了。降落伞在严格要求下实现了 100% 的合格率,美国空军终于满意了。

因此,在工作中,不要满足于普普通通的工作表现,要摒弃"差不多"、"已经不错了"等工作态度,严格要求自己,做就要做到最好,达到 100% 的工作质量,这是敬业精神的直接表现。

任何上司和老板都喜欢、器重能把工作做到最好的员工,每当有好职位空缺了,他们往往会首先提拔这样的员工。正因为如此,魏小娥从海尔集团一名普通的工作者,脱颖而出,成为海尔分厂的厂长、海尔质量的代言人。

为了发展海尔整体卫浴设施的生产,33 岁的魏小娥被派往日本学习世界上最先进的卫浴生产技术。学习期间,魏小娥了解到日本人试模期废品率一般都在 30%~60%,设备调试正常后的废品率为 2%。

作为一个海尔人,魏小娥深信张瑞敏董事长所说的"所有的产品都应该是精品,有缺陷的产品等于是废品"的"零缺陷"神话,她有些不解地问日本的技术人员:"为什么不把合格率提高到 100%?"

"100%?你觉得可能吗?"日本模具专家宫川先生反问。

作为一个海尔人,魏小娥的标准就是 100%。在她的心目中,没有做不好的工作,只有做不好工作的人。此后,她充分利用每一分每一秒的时间拼命学习。几个月后,她带着先进的技术知识和赶超日本人的信念回到了海尔,她将主要精力放在抓卫浴模具质量上。

如何提高模具的合格率,制造出完全合格的产品呢?魏小娥绞尽脑汁地想办法解决,要求自己不容许有丝毫的闪失,不放过任何一个技术问题。她还要求操作工统一剪短发,并穿上消毒后的白衣、白帽,保证生产现场一尘不染。

就这样,可能出现 2% 废品的因素一个个被消除了。被日本人认为是不可能的产品合格率,魏小娥完美地做到了。不管是在试模期间,还是设备调试正常后,卫浴模具合格率均为 100%。魏小娥脱颖而出,被海尔集团评选为"关键技能带头人",成为海尔集团卫浴分厂的厂长。

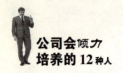

作为一个海尔人,魏小娥深知,1%的差错会造成100%的问题,她用努力落实了100%的产品合格率。这种"零缺陷"和"消除1%差错率"正体现了海尔员工的敬业精神。试想,如果魏小娥像日本技术人员一样认为"100%不可能"而敷衍了事、得过且过,那么她也就不可能拥有后来的"幸运"。

总之,如果你的能力一般,敬业可以让你走向更好;如果你时刻想着把工作做到最好,敬业会把你带向更成功的领域。超越平庸,选择完美,值得我们每个职业人一生追求。

◎ 别怀疑,你是敬业的最大受益者 ◎

员工敬业可以提升公司价值,使老板的预期目标得以实现,但自身也是敬业的受益者,而且还是最终、最大的受益者。敬业使人成为"专才",敬业缔造良好的口碑,让人愈敬业愈优秀,愈敬业愈成功!

"敬业只对老板有好处,我得不到多少好处,凭什么敬业呢?"

"我就拿这么一点点工资,干吗那么累死累活呢?"

"敬业?那不过是老板愚弄员工的话!"

……

奉行实用主义,只追求眼前实惠的员工,常误以为敬业是增加了老板的财富,提升了公司的价值,创造多大的财富都与自己无关,自己也从中得不到多少好处,所以,在工作中我们经常会遇到说上面这些话的人。

的确,员工敬业提升了公司价值,使老板的预期目标得以实现,但仅仅老板是受益者吗?不是,事实上你自己也是敬业的受益者,而且还是最终、最大的受益者。为什么这么说呢?有以下几点理由。

1.敬业使你成为"专才"

一个敬业的员工,无论他的工资与级别多低,他都会毫不吝惜地投入自己的精力与热情,兢兢业业、勤勤恳恳地工作。在此期间,他能从工作中学到比别人更多的经验,在干中学,学中干,为干而学,为干得更好而学。逐渐地,他就能把现在的工作做得更好,从而赢得老板的青睐,得到更好的提升。

而且,这些工作经验是一个人向上发展的阶梯。就算他以后更换了工作,从事不同的职业,丰富的经验和好的工作方法也必会为他带来强有力的帮助,他所从事的任何行业都会极容易获得成功。

李嘉诚之所以能够成为香港首富,与他的敬业精神是分不开的。

14岁时,由于家庭生活所迫,李嘉诚不得不中途辍学,在一家茶楼当跑堂,肩负起生活的重担。香港的广东人有吃早茶的习惯,店伙计每天必须在凌晨5点左右赶到茶楼,为客人们准备好茶水茶点。于是李嘉诚每天天未亮就得起床,赶往茶楼。

尽管茶楼工作异常辛苦,每天来来回回少说也要跑上百八十里,工作时间长达15个小时以上,但李嘉诚不敢有丝毫懈怠。为了最早一个赶到茶楼,他每天都把闹钟调快10分钟定好响铃。后来,他将这一习惯保留了大半个世纪,成了商界交口称誉、津津乐道的美谈。

在茶楼工作的两年时间中,李嘉诚真诚敬业、勤勉有加,很快便赢得了老板的赏识,他成为加薪最快的堂倌。在此期间,他见识了形形色色的人和各种各样的事,学到了许多书本上学不到的东西,也养成了察言观色、善动脑筋的本领,这为他以后从事销售工作打下了基础。

17岁时,李嘉诚毅然离开了茶馆,到一家塑胶厂当了推销员。推销产品需要到处跑,十分辛苦,但他对此早已习惯,刻苦钻研、任劳任怨,而且他善动脑筋,能根据不同的对象灵活推销产品,成绩显著。

之后,年仅20岁的李嘉诚就被塑胶厂厂长提升为业务经理乃至总经理。在敬职

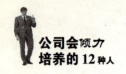

敬业中,他不仅站稳了脚,而且养活了全家人,在香港已成为一颗令人瞩目的新星,并凭着兢兢业业的工作态度,最终开创了属于自己的事业,成为香港首富。

可见,即使你是一个很平凡、很普通的人,你也完全可通过兢兢业业、勤勤恳恳的工作提高自己的工作能力和经验,进而成为一个出类拔萃的专才,成为公司不可替代的人,赢得老板的青睐,得到更好的提升。

敷衍了事,三心二意,虽然这些不敬业的员工在某个时候可以侥幸得益,但最终是将自己从工作中不断获取进步、发展、提高的机会拱手让给了他人,是为自己的进步设置障碍,长此以往,就会被公司所淘汰。

2.敬业缔造良好口碑

管理学家陈鸿桥有言:"敬业是快乐的,敬业的口碑是职业生涯中最大的财富。"当一个人被周围的人称之为敬业的人时,他就获取了一个人职业生涯中最大的财富——敬业的口碑,那么就值得被委以重任。

任何一个人,通过敬业都可找到实现自己价值的平台,获取职业生涯中最宝贵的敬业口碑。这个"口碑"是个人的"护身符",是无价之宝,凭着它可以走遍天下,永远都不会失业。

关于这一点,下面这个事例就是最好的证明。

刘金华是一个曾被媒体盛炒过的惯偷,他偷偷摸摸大半辈子,几十年来,在监狱、拘留所里经常进进出出。由于他偷盗的数目不是很大,警察每次又不能强行长期拘留他,抓了放放了抓,深感无奈。

直到快60岁时,刘金华看到大墙外有一个七八岁的孩子蹦蹦跳跳地走过,他心里猛然一动,自己都这般年纪了,最后连自己的骨血都留不下,真是作孽,于是翻然醒悟,洗心革面,发誓要重新做人。

从监狱被放出来后,刘金华不再像以前那样整日在大街上晃荡,他准备开始找工作了。但是大家都知道他小偷小摸惯了,没有一个公司肯聘用他。无奈之下,刘金华只好在一个居民区里捡破烂。捡破烂时,他几次捡到居民丢失的贵重东西,竟拾金不昧,千方百计地归还,并捎带着清理卫生和维护治安。

时间一长,刘金华被物业公司招为保安。一个贼居然当了保安,居民们哗然,纷纷表示抗议。物业公司力排众议,为刘金华打保票,强调他已经洗心革面,肯定能敬职敬业,保护好小区的安全。

　　果然,刘金华敬职敬业,没有再偷过一件东西,而且他最懂得怎样防盗,那些贼们也不敢再光顾这个居民区。后来,刘金华成了各小区争抢不上的保安。原来的居民为了留住他,不仅要求物业公司给他加了薪水,而且还轮流请他到家里做客。

　　当然,敬业口碑的形成并非一件容易的事情,它需要对每一项工作的细致入微,做到精致、极致,即使这份工作看起来最简单、最卑微;而且它需要靠一点一滴、长年累月地累积而逐渐树立。

　　有句谚语这样说道:"你看见辛苦敬业的人吗?他必站在君王面前,因为敬业的人才可以得救。敬业是一个人通向天堂的通行证。"因此,别再怀疑敬业于己无用了。愈敬业你愈优秀,愈敬业你愈成功!

◎ 敬业不是一时,要始终如一 ◎

　　做任何事情都要善始善终,敬业也是一样,要贯彻到底,持之以恒。如此不仅有可能赢得公司的倾力扶持,而且保证终生受益。一旦放松自己,前面再怎样敬业也可能会功亏一篑、前功尽弃。

　　关于敬业的重要性,现在已形成了普遍的认识。一时的敬业几乎每一位员工都很容易做到,但是要将敬业当做一种习惯,在工作中做到始终如一,坚持到底就很不容易了,这也是难能可贵的。

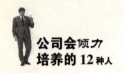

有个老木工盖了十几年的房子，再有两个月就该退休了。他告诉老板，说想提前退休，尽早回家与妻子儿女享受天伦之乐。老板舍不得这位工作认真、任劳任怨的好员工，再三挽留，但老木工决心已下，不为所动。

老板只得答应，但问他："公司在豪华的地段买了一块地皮，您能否再建一座房子？就算是给我个人帮忙。"老木工虽然答应了下来，但思家心切，一心想着赶紧盖完房子就回家。

在盖房过程中，大家都看得出来，老木工的心已不在工作上了，用料也不那么严格，做出的活也全无往日水准，敬业精神已不复存在。

等到房子盖好后，老板把房子的钥匙交到了老木工手上，诚恳地说："你为我工作这么多年，房子归你了，这是我送给你的礼物。"老木工羞愧难当，后悔不已。

老木工一生盖了无数好房子，因为自己最后时刻的不敬业，而让自己住进了一栋最粗糙的房子。试想，如果木匠师能够保持一生自始至终的敬业精神，那么他不就为自己的人生画下完美的句点了吗？

做任何事情都要善始善终，敬业也是一样。无论遇到什么情况，一生都要对工作保持敬业精神，把敬业精神贯彻到底，这才是真正的敬业。如果在最后时刻放松自己，前面再怎样敬业也可能会功亏一篑、前功尽弃。

因此，让敬业成为你一生的习惯吧！让它深入你的意识，成为你工作的必备条件，贯彻到底，那么保证你终生受益。

一个下雨天，艾瑞克走在回家路上，突然发现路边停靠着一辆丰田轿车。车的刮雨器失灵了，车主正在车窗那儿修理。或许是麻烦比较大，车主放弃了修理，而到路边店面询问附近有没有修理点。

见此情况，艾瑞克直奔那辆丰田轿车，只见他拿出包里的工具，砰砰锵锵，开始修理起刮雨器。车的主人返回时误解艾瑞克是偷车贼，差点报了警。艾瑞克及时进行了解释，说自己是一位汽车修理工。片刻之后，艾瑞克在雨中将刮雨器修好了，并且拒绝收车主给的小费，他说："我是一名丰田员工，虽然现在是我的下班时间，但是给您修车是我不容推辞的工作职责。"艾瑞克的这种敬业精神深深打动了这位车主。

不久后的一天，艾瑞克走在回家路上，又发现一辆丰田轿车停靠在路边。车上溅着一些泥点，他马上走过去掏出手帕小心翼翼地擦起来，那细心的样子就像是在清洁他自己的车一样。

这时，路边的一位警察觉得奇怪，走过来问："对不起先生，我刚刚看到主人把车停在这儿去附近的超市购物了，我敢肯定这绝对不是你的车，我不明白你为什么在这里擦别人的车呢？"

艾瑞克看着洁净如新的汽车，满意地笑了，他指了一下车标，认真地对警察说："你看，这是一辆丰田车吧。而我是一名丰田人，这辆车是我们生产的，所以它脏了，我就有职责给擦干净！"

一时之间，丰田公司的美誉传遍全球。

从故事中，我们看到的是一个爱岗敬业、热爱公司的优秀员工。在工作之余，艾瑞克也不忘记自己是一个丰田人，时刻牵挂着自己的企业，时刻准备着效力公司、效力工作，做到了始终如一的敬业，值得赞赏和学习。

还有一则真实且知名的故事，我们不妨再来分享一下。

武汉市鄱阳街有一座普通的6层楼房，那天楼房管理员收到了一份来自英国的函件，收信人为此楼管理员，没有详名。楼房管理员既不解又好奇，自己在国外一没有事业，二没有亲戚朋友的，怎么会收到英国的信呢？他打开信函一读，这才了解到这封信是提醒此楼管理员，该楼80年的设计年限已超过，敬请保护业主的安全。原来这座楼房始建于1917年，设计单位是英国的一家建筑设计事务所。

80年前盖的楼房，不要说当时的设计者，连当年的建筑工人、工程师等恐怕早已不在人世了。然而人不在了，对大楼的责任却没有丢，远隔万里的设计单位居然仍对自己远在异国的"产品"这样敬业！

这是怎样的一种敬业啊！这样的敬业精神，是事务所最好的信誉保障。一批批肩负起责任，又一代代传给后来的人，能做到如此敬业真是令人赞叹，这或许正是事务所经营80多年(也许不止80多年)不倒的核心原因，也正是我们这个时代最可贵、最应珍视的品质之一。

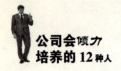

请养成敬业的好习惯吧,并且始终如一地坚持下去!当你这么做的时候,也许你就正在为自己创造了一个珍贵的机会。或许在下一秒钟,你就可能得到老板的赏识和重用,获得公司的倾力扶持!

第三种人

自动自发

不是公司要求，是为自己做事

那些在职场中登上成功巅峰的人很早就明白，要自动自发地去工作，而不是事事要人交代。因为没有人能保证你成功，只有你自己；也没有人能阻挠你成功，只有你自己。自动自发的品格，比天才更重要；而缺乏这种品格，神童也难成大事业。

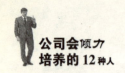
◎ 从"要我做"到"我要做" ◎

永远不要局限于完成上司交给自己的任务,而要站在公司的立场上,变"要我做"为"我要做";在上司没有交代的时候,积极寻找自己应该做的事情,如此你将得到最高的回报。

在实际工作中,不乏"仆人"员工,他们总是等老板要"我"做什么事、怎么做之后,才开始"听命行事",而且认为完成老板交代下来的任务就可以了,经常闲着无事可干,这样的人每个公司都存在。

然而,这种"要我做"的被动工作态度是对自己潜能的"画地为牢",会导致一个人的积极性和工作效率的下降,容易失去竞争优势。而且今天几乎所有的公司都欣赏那种不必老板交代,懂得"我要做"的自动自发员工。

所谓自动自发,即没有人要求和强迫,却能自觉而且主动寻找工作任务,并出色地完成工作。而每一个公司都在寻找能够积极主动做事的员工,并以他们的表现来给予他们相应的回报。

拿破仑·希尔曾经说过:"自觉自愿是一种极为难得的美德,它能驱使一个人在不被吩咐应该去做什么事之前,就能主动地去做应该做的事。这个世界便因此赠与一个人大奖,包括金钱与荣誉。"

鉴于此,你永远不要把"要我做"当做工作的前提,必须像优秀员工那样,发扬主动率先的精神,变"要我做"为"我要做"。无论面对的工作多么枯燥乏味,"我要做"的主动精神都会让你取得非凡的业绩,进而赢得被公司倾力支持的机会。

自动自发工作带来的积极影响是不言而喻的，正如比尔·盖茨所说的："一个好员工，应该是一个积极主动去做事、积极主动去提高自身技能的人。这样的人，不必依靠强制手段去激发他的主观能动性。"

微软副总裁李开复也说过相似的话："不要再只是被动地等待别人告诉你应该做什么，而是应该主动地去了解自己要做什么，并且规划它们，然后全力以赴地去完成。想想在今天世界上最成功的那些人，有几个是唯唯诺诺、等人吩咐的人？"

当然，自动自发工作不是一件简单的事情，需要你付出比别人多得多的智慧、热情、责任，需要你清楚地了解自己的工作职责和公司的发展规划，然后预知该做些什么，不需要老板吩咐，主动去做。

为了提高员工自动自发的工作态度和工作方式，微软企业文化的一个精髓是员工要自己找事做。简单地说，微软的工作方式就是"给你一个抽象的任务，要你具体地完成"，每一个员工都要充分发挥自己的主动性。

1997年，毛永刚刚被招进微软中国研发中心负责做 Word 时，没有人告诉他该怎么做，该用什么工具。他和美国总部沟通，得到的答复是一切都要靠自己去想。毛永刚只好自己进行思考、研究，发挥最大的主动性，最终设计出最令人满意的产品，他也因此被提拔为桌面应用部经理。

当你明白这样的道理以后，请主动去做你要做的事情吧！不要等你的老板和上司来安排你的工作。自己的生命自己做主，当你全力以赴地做好你的工作的时候，你将得到最高的回报。

◎ 多做1盎司的奥秘 ◎

在自己的工作中再主动"多加1盎司",可能将工作做得更完美,这可以向老板证明自己更值得信赖,还具有更大的价值。如此公司自然就愿意倾力扶持你,这就是多做一盎司所蕴涵的奥秘。

在所有的领域,那些最知名的、最出类拔萃者与其他人的区别在哪里呢?

对此,著名投资专家约翰·坦普尔顿通过大量的观察研究,得出一条很重要的原理——多1盎司定律,即取得突出成就的人与取得中等成就的人几乎做了同样多的工作,他们所做出的努力差别微小,仅仅1盎司。

盎司是英美制重量单位,1盎司只相当于1/16磅,这1/16磅为何会造成天壤之别呢?这是因为,在老板看来,一个真正值得信赖和提拔的员工在完成本职工作时,总是能够尽量完成得完美,不留遗患。

下面的故事更值得推荐给每一位正在工作的人。

阿诺德和布鲁诺同时受雇一家店铺,拿着同样的薪水。可是一段时间后,阿诺德青云直上,又是升职又是加薪,而布鲁诺却仍在原地踏步,甚至面临被裁的危险。布鲁诺觉得自己每天都将工作做得很好,很不满意老板如此对待自己,便到老板那儿发牢骚了。

老板耐心地听完布鲁诺的抱怨,沉默了一会儿,说道:"你现在到集市上去一趟,看看有什么卖的?"

一会儿工夫,布鲁诺便从集市上回来了,他汇报道:"集市上只有一个老头拉着一车白菜在卖。"

"有多少斤白菜?"老板问道。

见布鲁诺摇摇头,老板又问:"价格呢?"

"您只是让我去看看有卖什么,又没有叫我打听别的。"布鲁诺委屈地申明。

"好吧,"老板接着说,"现在你到里屋去,别出声,看看阿诺德怎么说。"于是老板把阿诺德叫来,吩咐他去集市上看看有卖什么的。

很快,阿诺德就从集市上回来了,他一口气向老板汇报说:"今天集市上只有一个老头在卖白菜,目前共100斤,价格是4毛一斤。我看了一下,这些白菜质量不错,价格也低,我猜想您估计会喜欢,所以我把那人带来了,他现在正在外面等您回话呢。"

此时,老板叫出布鲁诺,语重深长地说:"现在你知道为什么阿诺德的薪水比你高了吧?"布鲁诺无语。

由此可见,保质保量完成自己工作的人是好员工,但如果在工作中再主动"多加1盎司",却可能将工作做得更完美,向老板证明自己更值得信赖,而且自己还具有更大的价值,从而赢得被公司倾力扶持的机会,让自己在职场上不断升值,这就是多做1盎司所蕴涵的奥秘。

事实上,当一个人已经完成了绝大部分的工作,付出了99%的努力后,再"多加1盎司"其实并不难。在工作中,有很多事情都是我们需要增加的那"1盎司",大到对工作、公司的态度,小到你正在完成的工作。比如,每天比别人早一个小时出来做事情,每天比别人多打一个电话,每天比别人多拜访一位客户或顾客……

大学毕业后,米亚被分到德国大使馆做接线员。小小的接线员,这在很多人眼里是一份很没出息的工作,但米亚却在这个普通的工作上做出了成绩。她的成功秘诀即坚持比别人多做一点点。

工作一段时间后,米亚就将使馆所有人的名字、电话、工作范围甚至他们家属的名字都背得滚瓜烂熟。只要一有电话打进来,无论对方有什么复杂的事情,她总是能在30秒之内帮对方准确地找到人。

由于米亚工作出色,使馆人员们都很放心。他们有事要外出时,并不是告诉他们

的秘书,而是给米亚打电话,告诉她如何有人来电话请转告哪些事。米亚逐渐地成为大使馆全面负责的留言中心秘书。

一年后,工作出色的米亚获得了大使馆的嘉奖,并被破格升调到外交部……

米亚得到大使馆的重用,跃出平庸之列,踏上成功之途,是因为她好运吗?不!她只是没有仅仅满足于做好自己的工作,在做好接线员工作的同时,多记住了一些电话号码,多记住了一些人名而已。

如果你每天都能够坚持"多加1盎司",你慢慢就会在自身努力中积累经验、补充知识,同时工作能力也得到提高。此时,你的工作会大不一样,你将会成为越来越优秀的员工,公司自然会倾力扶持你。

好了,了解到"多做1盎司"的奥秘后,赶快把它运用到你的工作中去吧!

◎ 主动请缨,定会让你脱颖而出 ◎

再好的产品,也需要好的营销;再优秀的人才,也需要把自己推销出去。如果你认为自己有才干,就不要总是缩手缩脚,坐以待毙;不妨自己主动站出来,争得显露才华的机会,让老板知道你的存在,了解你的能力。

在中国,毛遂自荐的故事人人耳熟能详,津津乐道。

战国时期,赵国遭强秦攻打,即将被破城了。赵孝成王要相国平原君出使楚国,想办法争取联楚抗秦。出发之前,平原君打算从手下三千门客中挑选20个文武双全的人一起去楚国,挑来挑去,只挑中了19个人,最后一个人怎么也选不出来。

正在这个时候,有一个坐在末位的门客自动站了起来,用坚定而自信的语气自我推荐说："我叫毛遂,我到府中3年,一直得不到施展才能的机会,现在我来当这最后一个吧!"后来人们用"毛遂自荐"比喻自己推荐自己。

毛遂出使楚国后,凭借着自信和勇气以及胆识和智慧,最终促成了楚、赵合纵,为赵国建立了不朽功绩,同时也得到了"三寸之舌,强于百万之师"的美誉,还被赵王任命为赵军主帅。

事后,平原君深感愧疚地说:"毛遂原来真是了不起的人啊!这次能够结盟成功,多亏了他机智英勇。可是以前我竟没发现他,若不是毛先生主动挺身而出,我可要埋没一个人才呢!"

古人毛遂主动请求出使楚国,主动展露自己的才华,正是因此他才能在千名门客中脱颖而出,淋漓尽致地展现了自己的实力并得到了重用,从一个普普通通的食客转变成了君王身边的大功臣,奔了个大好前程。

这个故事告诉我们,千里马常有,而伯乐不常有,一个人的才能并不是到哪里都能得到赏识的;如果你认为自己有才干,就不要总是等着别人去推荐,不妨自己主动站出来,争得显露才华的机会。

对于公司员工来说,向毛遂学习的意义更多地体现在主动向老板推荐自己去做某件工作,或者主动担任某项职务,主动去做更多的事情,这是获得老板肯定和赏识,获得公司倾力扶持的秘诀。

再好的产品,也需要好的营销;再优秀的人才,也需要把自己推销出去。现在社会竞争激烈,如果总是被动地等待着老板的发现和推荐,在面临机会时缩手缩脚,坐以待毙,那么老板就没有机会知道你的存在,了解你的能力;你没有展示自己能力的机会,在工作上自然也就不会有什么大作为。

一项对美国多个大公司CEO的调查报告表明,CEO们最为欣赏的,就是那些主动要求做某项新工作、接受新挑战的员工。因此,你要把每一次机会都当成改变命运的时刻,主动向老板请缨。

当然,对员工而言,一次次地主动带头都是学习新技能、获得新经验的机会。你不仅能从中快速丰富工作经验,增长更多的才干及相关知识,你还能不断改进自己

的沟通技巧,以及提升自己的职业自信。

此法的一个诀窍在于主动去接那些公司里的所有人都不想做的项目或任务。要知道,这可是一件两全其美的事,既能避开同事间的竞争,同时上司又会因你的"牺牲"对你刮目相看,给予你很好的评价。当然,这种烫山芋不需要太多,只要一个就可以。

泰克·特里是在华盛顿某电视台工作的初级广告销售代表。作为一名刚进入此行的年轻非裔美国人,在竞争如此惨烈的情况下,他明白自己必须比其他同事更加努力工作才能获得成功。

工作期间,泰克·特里总是主动去做更多的事情。公司的客户电话簿旧了,他主动会将电话记录誊写到新的电话簿上;老板要打印客户资料,他总是第一个跑到打印机前。他说的最多的一句话就是:"来,让我做吧。"

有一次,台里需要有人来负责销售政治类广告,这是一个比较棘手的工作,台里几乎没有什么人是完全能胜任这个职位的。因此,上司打算从现有的一批资深广告销售代表中选出一位作负责人,但是没有人肯冒险,怎么办呢?

正当公司犹豫该将这个"烫手山芋"交给谁时,泰克·特里觉得自己在大学期间曾阅读过不少与华盛顿政治相关的书籍对此会很有帮助,于是他主动找到上司,向上司表达了他希望做负责人的想法,还上交了一份关于未来的工作计划、课题报告。

上司很欣赏泰克·特里这种积极主动、敢于挑战困难的工作态度,遂答应了下来。泰克·特里刚接手时,心里也有点发虚,但他凭借着踏实认真、积极进取的工作态度,最终没有辜负上司的信任。

如今,泰克·特里在政治类广告销售领域已经积累了丰富的知识与技能。他不仅变成负责高端商业客户的高级销售经理,而且还成了老板眼中的"大红人",可谓业务和仕途双丰收。

主动请缨是赢得提升、抓住机会的好方法。但是,我们在主动请缨时,一定要考虑清楚自己的实力。而实力从哪里来?实力来自日常一点一滴的用心积累。与此同时,你也不要把话说死,给自己留有后退的空间。至于其中要掌握的度,你应该多加斟酌、灵活掌握。

人生最难得的，就是展翅一搏；而主动请缨，就是职场中展翅翱翔的起飞点。寻找身边一切能展现和释放你能力与水平的机会吧！它不仅能让你在人群中脱颖而出，而且还能令你得到上司的青睐并被委以重任。

当然，如果你的主动请缨没有效果，没有成功，也千万不要灰心失望，因为你乐于接受挑战、拥有善于学习的能力以及一般人不曾拥有的圆满完成任务的强烈欲望，已经提升了你在老板心目中的地位。你至少比那些只会被动接受工作的员工更令人欣赏。

◎ 当老板不在，你就是老板 ◎

工作的主动性是员工的必备素质，也是评价员工优秀与否的一个标准。作为一名公司员工，老板不在的时候，是最容易放松自己的时候，恰恰这也正是最具考验性的时候，谁优谁劣即见分晓。

当老板不在的时候，公司里一般会有 3 种表现不一样的员工。

第一种，自动自发地工作，严格要求自己，比老板在时更主动地工作；第二种，严谨慎重，老板在与不在表现都一样；第三种，阳奉阴违，两面三刀，老板在时特别爱表现，老板不在时就偷懒放松。

扪心自问，你属于哪一种呢？

那么，如果你是老板你会最想开除谁呢？无疑是第三种！

老板不可能随时随地地监督员工工作。如果你一直像奴隶对待劳作一样对待自

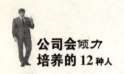

己的工作,只有在老板的监督下才有好的表现,总是试图借机懒散松懈,那么可以确定,加薪升职的好事绝对不会发生在你身上。最终你会沦为平庸,甚至一事无成。

我们先来看一个有趣的寓言故事。

有一个商人做各种买卖,只要能赚点钱的生意,他都在做,有时是贩卖布匹、珠子,有时是贩卖水果和新鲜蔬菜。为了免去到处徒步的奔波之苦,保证生意的顺利进行,商人买了一匹白马、一匹黑马,让它们各自驮着一些货物走乡串村,每天四处奔走。

白马尽职尽责,拉得很好;而黑马却常常趁商人不注意时停下来左顾右盼,显得心不在焉,待商人打几鞭子才肯走。商人见黑马总是走在后面,就把黑马身上的一些货物挪到白马身上去。

但是,黑马还是走得较慢。渐渐地,黑马身上的东西都搬完了。黑马看着驮上了全部货物的白马,嘲笑着说道:"趁主人不注意时你就休息一会儿呗。要知道你越是这么努力地干,人家越是要折磨你。"

来到车马店的时候,商人跟一个屠夫说:"既然只用一匹马拉车,我还养着两匹马干吗呢?不如好好地喂养一匹,把另一匹宰掉,总还能得到一张皮吧。"黑马翻然悔悟,但是已经太晚了。

现在再问一句,如果你是老板你会最想扶持谁呢?无疑是第一种!

的确,一个优秀员工的表现应该是这样的:老板不在,他就是自己的老板,更要自动自发地做好工作,努力不减,加倍勤奋。因为他知道工作应该是发自内心的,并不能仅仅是做出样子来给老板看。

工作的主动性是员工的必备素质,也是评价员工优秀与否的一个标准。作为一名公司员工,老板不在的时候,是最容易放松自己的时候,恰恰也正是最具考验性的时候。谁优谁劣即见分晓。

一天早晨,某日用品销售公司来了一个与经理有长期密切业务关系的客户。不巧的是经理去外地出差了,要一个星期后才能回来。当时接待该客户有公司办公室主任,还有一名叫苔丝莉的文员。

该客户是一家化妆品公司的老板,他说自己公司刚开发了一款最新的、定位为大众化的化妆品，为了争取更大的市场份额，他准备给长期合作的、信誉好的经销商优惠，让利幅度非常大。

　　该客户表明他前来的意图时，办公室主任微笑着对他说："对不起，我们老板出去办事了，我们做不了主。"该客户有些失望，但还是继续介绍公司的新产品，以及如何进行渠道开拓的设想。但不管他怎么说，对方只有那一句话："对不起，老板不在，我们做不了主。"

　　无奈之下，客户只好悻悻地走了出来。正当他失望时，文员苔丝莉叫住了他，她敏锐地感觉到这是一个不错的商机，既然老板不在那就自己做决定吧，她说道："我觉得这是个不错的产品。这样吧，您明天先送一批货过来试销，具体事宜再详谈。"

　　事实证明，这款产品很受欢迎，苔丝莉公司不到一个星期就销售了近800件，净赚了5万多元。经理回来后，当然非常高兴，不仅在公司全员大会上表扬了苔丝莉，并且提拔她为新的办公室主任。

　　那位办公室主任在老板不在时趁机偷懒，消极怠工，能不管就不管；而苔丝莉不管老板在不在，也不管别人有没有看到，只要对公司有利的事情她就积极主动地去做。两人职位一降一升正是因为此。

　　能否积极主动地对待工作，是一名员工从平凡到优秀的关键。如果你想证明你的实力，脱颖而出，赢得公司的扶持，那么无论老板在与不在，都要积极主动地工作，全身心地投入，绝不偷懒。

◎ 对于主动的人，问题就是机会 ◎

发现问题是一个员工在工作过程中成长的第一步，体现着一种积极主动的工作态度。尤其是一旦你发现了别人没有发现的问题，那么自然就能从众人中脱颖而出，更容易获得公司的倾力扶持。

工作中的问题是什么？是你表现的机会，是你进步的机会。你表现了，进步了，才有可能获得公司的倾力扶持！

上学的时候，如果一个学生从来没有问过老师问题，那么他不会是成绩优秀的学生。同样，在职场上，如果一个员工从来没有发现过工作中的问题，那么他也不会成为一名出类拔萃的员工。

如今，有很多员工遇事推诿、躲避责任，不求有功、但求无过。在他们的眼里，只要能保住饭碗就行了，从不考虑过多；即便有什么问题，那也是老板的事，而与自己无关，对问题选择回避或者视而不见的态度。这样的员工，终究要被淘汰，就是不被淘汰，也注定碌碌无为。

发现问题是一个员工在工作过程中成长的第一步，体现着一种积极主动的工作态度。尤其是一旦你发现了别人没有发现的问题，那么自然就能从众人中脱颖而出，更容易赢得公司的倾力扶持。

世界上生产的第一台电扇是黑色的，以后代代相袭形成了一种惯例，人们的大脑中也就形成电扇是黑色的这一概念。1952年，日本东芝电气公司积压了大量的电扇销售不出去，公司高层上司为了打开销路想尽了一切办法，可惜进展仍然不大。

这时，一个最基层的小职员也在绞尽脑汁地想办法。一天下班回家时，他看到街道上有很多小孩拿着五颜六色的小风车在玩，便向董事长石坂先生提出了自己的创意："创意加上美丽的色彩转起来一定很美妙。"

石坂先生很重视这位小职员的建议，特别召开了董事会，最后经过研究公司采纳了这个建议，组建了专门的研究小组，并发明了一系列的彩色电扇，将单调乏味的黑色电扇取而代之。

第二年，东芝公司的这批彩色电扇一经推出立刻在市场上掀起了一阵抢购热潮，几个月之内就卖出了几十万台。东芝公司也一下子摆脱了困境，效益更是成倍上长，在电扇界名声大振。

石坂先生非常高兴，他大大提拔了该职员，并让其成为拥有公司10%股份的股东。有不少人不服气，石坂先生认真地解释道："这位职员是第一个发现可以把黑色电扇变成彩色电扇的，而你们却没有！"

美国钢铁大王卡内基说过这样一句非常经典的话："大凡能够为人类事业作出贡献的人，在他们的思想中装着的尽是'问题'。他们的思维是不会清闲的，他们总是会不断地发现问题，再发现问题。"

也许你会说："我从事的工作根本就没有什么价值，能有什么问题呢？"事实真的是这样吗？不，如果一个人从来不觉得工作中有什么问题，那是因为他缺乏自动自发的工作态度。只要你积极主动，再简单枯燥的工作也多多少少会发现一点问题，因为没有问题的公司几乎是不存在的。

尽管工作简单枯燥，但安利卡却积极主动地发现了工作中的问题，他证明了自己，也因此得到了公司扶持，很值得我们学习。

年轻的安利卡曾经在一家汽车制造公司的生产车库做一份简单枯燥，甚至连小孩儿都能胜任的工作——按照汽车设计师画出来的图纸，将汽车门把手的32个零件一一安装起来，没有什么技术要求。

没几天，安利卡就厌烦了这份工作，他想辞掉这个工作，但苦于一时半会儿也找不到别的工作，只好继续坚持着。闲来无聊时，他就看图纸研究这32个零件分别对

汽车门把手起着什么作用。

一段时间后，安利卡向设计师提出汽车门把手零件太多，有些实际上可有可无，并一一指了出来。设计师十分重视安利卡的意见，他对门把手进行了重新改造，结果将零件从 34 个减少到了 5 个。这样一来，采购成本就减少了 2/5，安装时间也节省了 3/4，安利卡也受到了公司的重用。

事实上，发现问题不仅是一个员工在工作过程中成长的第一步，也是公司生存和发展中的第一步。有时候，公司的生死存亡就看其员工是否擦亮了眼睛能够及时地发现内部存在的问题。

作为世界上著名的跨国手机生产与制造集团，爱立信和诺基亚早先的手机芯片在很大程度上要依赖飞利浦。但是有一次飞利浦的芯片库房遭受了严重的火灾，爱立信和诺基亚的不同态度导致了不同结果。

当时，得到这一情况之后，爱立信的高层管理者没有注意到隐藏的问题——飞利浦的芯片与本厂手机生产之间的关系。结果，爱立信的新产品由于手机芯片紧缺而不能很快地投入市场。

与此同时，诺基亚却采取了不同的态度。原因在于，隐藏的问题被诺基亚管理层发现了。为了避免芯片断货给手机生产带来不必要的损失，他们积极商讨对策，与其他芯片生产厂展开了合作。

结果，爱立信将全球的好几个营销市场全都拱手让给了诺基亚，市场竞争力大大削弱。至此，爱立信手机昔日的辉煌已经成为回忆。

可见，不管是一个优秀的管理者，还是一个普通的员工，都要学会主动发现问题。只有在工作中善于发现问题的员工才是真正的好员工，才能帮助自己更快地成长，才能得到上司的重用和提拔。

这里提供给你两种发现问题的不错方法，你不妨借鉴一下。

1.多了解自己的工作

你可以根据自己掌握的专业知识，多了解自己的工作，也就是说，我们每天的工作要朝着什么方向发展，我们每天都具体在做什么，工作进行得怎么样，还有自己工作的进度对于公司的影响等。你对自己的工作越了解，你越能站在一个"专家"的高度，敏锐地发现工作中潜在的问题。

2.多向别人请教

时刻保持清醒的头脑和活跃的思维，并从为公司和自身负责的角度出发，经常性、及时性地和老板、同事请教，取长补短，集思广益，尽快地掌握更多的工作技巧和方法。如此，自身能力得到了提高，你就会有意识地寻找问题、发现问题。

◎ "分外"事，别拒绝 ◎

工作很难说有"分内"、"分外"的差别，因为不管"分内"还是"分外"工作，都是在为公司创造价值。多做一些"分外"事，能在工作中不断地锻炼、充实自己，老板会关注你、依赖你，从而给你更宽的平台、更多的机会。

很多人认为只要把自己的本职工作做好，把分内的事做好就行了，对于"分外"工作，即自己职责职位的事情从来不主动去做，即使被老板安排指派去做时，也总是满脸的不情愿，唠唠叨叨，抱怨不停，或者干脆拒做。

岂不知，这种"各人自扫门前雪，莫管他人瓦上霜"的思想是大大的错误。

小李是一家汽车公司的网络编辑。有一天下午，公司有十分紧急的事，要发通告信给所有的营业处，而公司的文员又请假，所以需要抽调一些员工协助，小李就在此列，被办公室主任安排去帮忙套信封。

小李对此很不以为然，认为这不是自己的分内事，便有些不高兴地说："凭什么要我去？我又不是专门负责外勤。再说了，我到公司来不是做套信封工作的，那有

碍我的身份，我不做。"

听了这话，办公室主任面带不悦地抱走信封自己整理去了。一会儿，经理将小李叫到了办公室，认真地说："既然你认为公司的事情不是你分内的事，那就请你另谋高就吧！"小李就这样失去了工作。

不愿意做"分外"的工作，不是有气度和有职业精神的表现，这样的工作态度肯定得不到上司的赏识，在任何一个公司里都很难有出头之日。因为对于你来说是"分外"的工作，往往很可能是公司很重要或者紧急的事情，而且这事关一个人的工作态度。

事实上，工作也很难说有分内、分外的差别。你能说自己的工作是前台，然后办公室地板上有一摊水你就没有义务去擦掉？你能说自己是做产品研发的，向别人营销就不是你的分内事情？当然不能，因为不管分内还是分外工作，都是在为公司创造价值。

许多著名的大公司均认为，一个优秀的工作者所表现出来的自发主动性，不仅仅是能认真做好本职工作，坚持自己的想法或项目，还应该主动做一些自己工作以外的事情，能够主动为公司分忧解难。

对于所谓分外的事情，你是视而不见，还是认真观察、主动动手？这很可能成为影响你前途的重要因素。

没有人规定你必须做自己职责范围以外的事情，但是，你应该选择自愿去做，以驱策自己快速前进。因为只有这样，你才能从竞争中脱颖而出，你的老板、委托人和惠及到的人都会关注你、依赖你，从而给你更宽的平台、更多的机会。

菲利浦是一家公司的装货员，他的升迁是非常迅速的，从装货员到部门主管，再到副经理。为什么他能够一再得到提拔呢？原因很简单，就是他乐意去做他分外的事，从而引起了经理的注意和赏识。

做装货员时，每次装完货，其他的同事都会回到办公室开始聊天，唯独菲利浦会把装货台和地面清理干净。有同事劝说菲利浦："那是清洁工的工作，不归我们管，你何必那么累呢。"菲利浦总是笑而不言。有一次，他这一举动恰好被路过的经理看到了。经理很受感动，便提拔菲利浦为部门经理。

升为部门经理后，菲利浦依然坚持自己的作风，忙完自己的工作后，总是不断地为他人提供服务和帮助，不管那个人是他的同事还是上司，还将那些分外的工作也当做自己的事来做，任劳任怨，不计报酬。

渐渐地，经理有了只找菲利浦帮一小忙，或者分担一些重要工作的习惯。菲利浦更加努力地工作，并积极地为经理分忧解难。就这样，一段时间后，他的工作能力突飞猛进，最终成了公司的副总。

如今在每个公司，个人的工作内容相对比较确定，并不一定有许多分外之事让我们去做，但经常做一些分外事，却可以帮助我们更多地了解公司的工作，学习到更多工作技能，而且能在工作中不断地锻炼、充实自己，我们的工作水平也能获得极大的提高。

一分耕耘，一分收获，付出总有回报，这是千古不变的法则。凡是成功人士总是比别人做得更多。不要局限于自己的分内工作，更不要抱着"我只要负责自己的工作就好了"的想法，而要睁大眼睛，看看"除了职责之外，我还能多做什么"。

比如，假如你是一名货运司机，不仅要保证货物安全输送，还可以仔细审核与自己职责无关的发货清单，以免货物发错；假如你是一名过磅员，除了给货物过磅外，还可以质疑并纠正磅秤的刻度错误……

这些可能是你工作职责以外的小事，但是如果你做了，就等于是在为公司创造价值，在为自己创造价值。也许，就在不远的将来的某一天，你的老板会把一封升职信放到你的桌子上。

◎ 如果没机会,就主动创造机会 ◎

> 机会对于每一个人来说都是很重要的,但机会从来不会从天而降,要想抓住机会,就需要自己主动去争取、去创造。那个守株待兔的人获得的只是一只兔子,而主动的行动者,却能获得成百上千只兔子。

机会对于每一个人来说都是很重要的,不管你在什么岗位,从事何种工作,机会都很可能令你大展才华,得到老板的重用,取得事业的成功。我们可以这么说,机会是每一个人事业成功的"催化剂"。

机会是如此重要,因此在现实工作中,我们经常听到一些员工将自己的失败归咎于没有机会,埋怨自己运气不好,责备老板没有给自己提供好机会,感慨自己没有赶上好时候、好地方……

真的是这样吗?其实不然。

俗语说,"美辰良机等不来,艰苦奋斗人胜天",机会只留意那些有准备的头脑,只垂青那些懂得追求它的人。机会是什么?不是你守株待兔地等待着,而是要靠自己去发现、去挖掘,甚至还得靠自己去创造。

著名剧作家萧伯纳曾说过一句非常富有哲理的话:"人们总是把自己的现状归咎于运气,而我不相信运气。我认为,凡出人头地的人,都是自己主动去寻找自己所追求目标的运气;如果找不到,他们就去创造运气。"

因此,当你不被上司看重,不被公司重用的时候,千万不可错误地埋怨自己运气不好,责备老板没有给自己好机会,而应该多问问自己:"我主动寻找机会了吗?""我主动创造机会了吗?"

我们知道,犹太人无论做什么事情都非常容易取得成功,堪称是成功者中的佼佼者,这正是因为他们相信这样的原则:"凡是自己所能做的事情,都要自己主动动手去做,绝不可以求神帮忙。"

一个英国人和一个犹太人同时进入一家合资公司担任销售工作,两人都觉得自己满腔抱负没有得到上级的赏识,经常想:"如果有一天能与老总近距离接触,有机会展示一下自己的才干就好了!"

很快,犹太人就如愿以偿地争取到了更好的职位,而英国人却始终没有展示自己的机会,依然在公司默默无闻。为什么会这样呢?原来,犹太人主动创造了与老总近距离接触的机会,进而得到上级的赏识。

每次老总走进办公室时,英国人总会急切地盼望着老总的脚步能够慢一点,走到自己身边时停留下来。但老总每天的工作事务缠身,他只是轻轻地冲所有的员工微笑着点点头,然后就回到自己的办公室了。一次次的失望,让英国人感到万分沮丧。

那么,犹太人是如何做的呢?他打听老总上下班的时间,在算好的时间里去乘坐电梯"偶遇"老总,打过几次招呼后老总对他有了印象。接着他更进一步,详细了解了老总的奋斗历程,弄清老总关心的问题。老总与他长谈了一次,不久就提拔了他。

愚者错失机会,智者善于抓住机会,成功者创造机会。

也许,你的能力不足以让你胜任某项工作,但总有你可以做到的事情。主动去做好那些你能做到的事情,同时积累经验,充分准备,甚至去创造珍贵的机会。如此,你就能获得别人的肯定,完全胜任某项工作。

女孩和男孩拥有一个相同的职业理想,即做一名电视节目主持人。大学毕业后,两人跑遍了A城的每一个广播电台和电视台,但是对方的回答却是:"对不起,我们只雇用有工作经验的人。"

女孩变得焦急、苦闷,不断地祈求上天能赐给自己一个机会,她经常对别人说:"我充分相信自己在主持工作方面的才能,只要有人能给我一次上电视的机会,我相信自己准能成功。"但是她等待了一年多的时间,一直没有人给她提供这个机会。

男孩是如何做的呢?

不给工作机会,怎么能获得经验呢?男孩觉得这个要求太不合理,倔犟的他开始为自己创造机会。他仔细浏览广播电视方面的各种招聘信息,过了十几天后终于发现某县正在电视台招聘主持人的信息。该县在山区,偏远荒凉、经济落后。可是,男孩已经顾不了那么多了,他想:只要能和电视沾上边儿,能让我主持节目,让我去哪里都行。

男孩这一去就是一年。在这一年的工作时间里,他积累了丰富的工作经验,主持能力也提高了不少。当他再次到市电视台应聘的时候,轻而易举就找到了一个职位,并逐渐成为一名著名的主持人。

的确,机会从来不会从天而降,你能不能获得工作上的好机会,主要取决于你的工作能力、行动决心、工作经验以及你能否努力抓住每一个机会磨炼自己、锻炼自己,主动为自己创造一切可能成功的机会。

这里还有一个典型事例,我们不妨一看。

巴恩斯十分希望能与爱迪生成为商业上的伙伴,可此时的他只能成为爱迪生手下的一名职员,每个月领固定的薪水。不过,他说:"这虽然不是我要的,但我会等到成为爱迪生的伙伴为止。"

在爱迪生工作室工作的几个月里,巴恩斯非常乐观,他积极主动去熟悉自己的工作环境,了解爱迪生思考模式及工作方法,并用自己认真负责的工作态度,让这个工作室变得更有效率、更加愉快。

一次,爱迪生发明了一个办公室器材——口述机,但是这个长得难看的、市场对之相当陌生的机器非常难卖。巴恩斯深知这对自己应是一个很好的机会,他主动提出自己有意销售这项产品,正愁产品卖不出的爱迪生欣然同意。

接下来,巴恩斯开始拼命地推销口述机,他跑遍了全美各地的大小城市,并最终使口述机得到了推广。销售工作做得相当成功,巴恩斯果断提出与爱迪生签订销售条约。至此,他终于成功实现了成为爱迪生合伙人的目标。

如果每一名员工都能像巴恩斯一样主动行动起来,千方百计地创造机会,为机

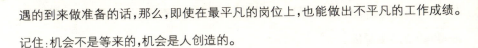

遇的到来做准备的话,那么,即使在最平凡的岗位上,也能做出不平凡的工作成绩。记住:机会不是等来的,机会是人创造的。

◎ 比别人提早准备5% ◎

> 某个行业的专业知识,某个具体职业的专业知识,都不是临时抱佛脚可以得来的。成功的员工之所以成功,不是因为他比我们聪明多少,不是他懂得比我们多,而是他在上司没有交代之前,比我们主动提早做了工作准备。

在工作或生活中,每一个员工都渴望被公司重用。可是,在竞争激烈的今天,幸运的只有那么几个,我们不比别人傻,我们也不比别人笨,为什么我们的成功那么难呢?难道成功就那么高不可攀吗?

在寻找答案之前,我们不妨先来看这样一个故事。

一个著名的大型公司正在招聘部门经理。经过人力资源部经理儿次严酷的考核后,甲和乙两个人在众多求职者中脱颖而出,两人无论是在个人能力、工作经验,还是资历方面都很接近,但只能选择一位。

正当公司为录用哪一个更合适而发愁时,乙主动给公司的人力资源部打了一个电话,并发了一个邮件过来,信中详细表达了他对这家公司的向往以及他为什么认为自己是合适人选的原因,此外还有一份详详细细关于未来部门经理需要在公司哪些方面做出努力的报告。

还犹豫什么呢?人力资源部经理当即敲定聘用乙。

在还没有得到这个职位以前,乙就已经身在其位了,凡事比别人快一步,主动

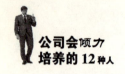

地、详细地做出了工作计划，而这又是上司没有交代的事情，这就是他能够击败甲，获得聘用的主要原因。

俗话说"早起的鸟儿有虫吃"，成功的员工之所以成功，不是因为他比我们聪明多少，不是他懂得比我们多，而是他做得比我们多，在上司没有交代之前，比我们主动提早做了工作准备。

某个行业的专业知识，某个具体职业的专业知识，都不是临时抱佛脚可以得来的。凡事早做准备才能比别人更快地进入做事状态，更快地付诸行动，更快地达到目标，比别人早准备5%，可以得到200%的回报。

因为上司不可能事事嘱咐、监督员工，如果一个员工总是能主动对待工作，而且又能够超越他人率先完成，那么这个人没有理由不从众多员工中脱颖而出，没有理由不出类拔萃，没有理由不受到上司的重视和青睐。

大学毕业后，胡玲玲在一家大型的贸易公司当了一名文秘。在上班之前，爸爸曾告诉胡玲玲在工作上一定要做到"笨鸟先飞"，凡事主动比别人提前做准备，才会有成功的可能性。

从上班那天起，胡玲玲时刻提醒自己。为了达到这个目标，她经常早上提前半小时到办公室；在结束一天的工作之后，她还常常不怕辛劳，睡觉前一定会做好第二天的工作计划，准备好第二天要用的工作资料。对此，有的同事总笑她太傻，那么积极干吗？面对这些，胡玲玲总是一笑了之，从不辩解，只是继续做着自己认为应该做的事情。

半年后，经理准备去台湾参加一个本行业的重要会议，时间定在下周二。凭借工作经验，胡玲玲意识到经理可能需要一份会议报告，所以她提前着手做了起来，查阅了各种与本会议有关的资料。

谁知，临时有了变动，经理这周五就要去台湾，此时已经是周三了。经理心急火燎地给胡玲玲安排了工作："我需要一份关于台湾会议的报告，本来想下周一安排给你的，事情突变，今天明天加班，周五早上给我。"

这时，胡玲玲拿出自己已经准备的那份资料交给了经理。经理一看准备得很整

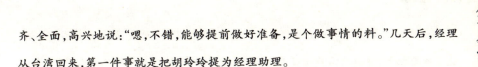

齐、全面,高兴地说:"嗯,不错,能够提前做好准备,是个做事情的料。"几天后,经理从台湾回来,第一件事就是把胡玲玲提为经理助理。

事例中的胡玲玲在经理没有安排之前,提前主动地准备会议报告资料,应对了突变的情况。可见,只有"笨鸟先飞",主动提早工作,我们才能比别人更早获得机会,从而比别人更早获得成功。

当然,即使我们不是"笨鸟",也要"先飞",也要"早起"。因为每一个公司都需要主动提前做工作的员工,现在的企业竞争不仅是规模的竞争,更是速度的竞争,这是企业之间的赛跑。正如戴尔公司 CEO 迈克尔·戴尔所说:"在这个行业里实际上只有两种人,行动快的人和死人。"

一个男孩从江西某大学电子工程系毕业后进入了一家小型的家电生产公司,并主要负责小家电产品柜的促销。男孩对待工作很认真,在为顾客介绍产品时,他总能讲解得特别专业和细致。

有一天快下班时,一位顾客走进商场想购买一款用于清新空气的杀菌机器。男孩向他推荐当时最热销的臭氧消毒机,但那位顾客还想要清除颗粒灰尘的功能,于是男孩又向她推荐了单独的空气净化机,但顾客嫌买两个机器回家占地方,而且价格也贵,一番考虑后遗憾地走了。

看着顾客离开,男孩子禁不住想:"如果将多种功能集中在一起,既能避免顾客买了多种机器在家摆放地方的不便,还能降低成本,让顾客受益,岂不是非常好?"于是,他开始对产品的功能和构造进行研究,查找资料,"我一定要比别人早一步实施这个目标!"他在心里想。

经过半年努力,男孩终于设计出了具有强大吸附作用、脱臭功能的空气清新机。他带着样机找到了公司产品设计师,并得到了对方充分的肯定。之后,公司立即着手制作。这款机子卖得非常好,男孩也因此获得了一大笔奖金。

很快,男孩利用这笔奖金开办了自己的公司。在之后的几年里,他又研发出了一系列功能和外观都全新的机器。这些机器在市场上一亮相就受到了国内外客商的青睐,并且都成功申请到了专利。

到目前为止，男孩的业务已经涉及了全球22个国家和地区。随着产品不断外输、公司不断壮大，男孩的名声也日益远扬。没错，他就是被业界和媒体称作是"空气清新机革命者"的罗光明！对于自己的成功，罗光明总是这样谦虚地说："成功其实很简单，凡事比别人快一步就行了！"

是的，成功其实很简单，凡事比别人快一步就行了。在我们目前这个到处充斥着"职业规划"、"成功步骤"等关键词的职场，罗光明的"比人快一步"，确实值得我们思考和借鉴！

比别人早准备5%，可以得到200%的回报，何乐而不为呢？！

第四种人

负 责

没有责任心，成果只是运气

　　几乎每一个优秀公司都非常强调责任的力量。责任是最基本的职业素养和商业精神。能力相同的员工中，谁的责任感强，谁的工作就更出色，谁就能脱颖而出。责任绝对没有借口。没有做不好的工作，只有不负责任的员工。

◎ 这是你的工作，这是你的责任 ◎

选择了工作，就意味着选择了相应的责任。对工作负责的员工，他们愿意为了承担百分之百的责任而付出额外努力、耐心和辛劳，显得更值得信赖，也因此能获得别人更多的尊敬。

在现实社会中，我们每个人都要扮演不同的角色，而每个角色都有相应的责任，是每个人都推脱不掉的，工作也是一样。作为公司的一名员工，既然选择了工作，就意味着选择了相应的责任。

何为"责任"？即"分内应做的事"或者说是"应尽的职责"。公司设置的每一个岗位构成了公司的整体运作，是公司运营过程中不可缺少的环节。我们在自己的岗位上，就要按照岗位的要求做好自己分内的工作，这是最基本的工作要求，是岗位责任所在。

西点军校有一句名言："没有责任感的军官不是合格的军官，没有责任感的员工不是优秀的员工，没有责任感的公民不是好公民。"任何时候，我们都不能放弃肩上的责任，不管从事什么工作，我们都需要尽职尽责。

员工的责任心，在具体的工作中表现为：对工作一丝不苟，认认真真，按时、按质、按量完成工作任务；兢兢业业，听从安排，肯于协作；对工作中的每一件事都会坚持到底，不会中途放弃，说到做到；能主动处理好分内与分外相关工作，有人监督与无人监督都能主动承担责任而不推卸责任……

下面我们就看一个实例。

有一次，我国某个公司代表团驾车到韩国洽谈生意。中途代表团的先导车由于开得比较快，就暂时停在了高速公路的临时停车带，等待后续的车辆。当时他们驾驶的是一辆现代汽车。

几分钟后，一对年轻夫妇停靠了过来，热情地问代表团成员，车辆出了什么问题，是否需要帮忙。

代表团成员说明情况后，这对年轻夫妇的男士主动递过一张名片，说："我是现代汽车公司的一名职员，如果您的汽车有什么问题可以随时给我打电话，祝你们愉快。"然后，开车离开了。

事例中，代表团的车并没有坏，他们也没有打电话给现代车的维修部门，而这位男士也不是主管售后服务的人员，只是一名普通员工，如此强烈的责任感，真是令人叹服。

对工作负责的员工，他们愿意为了承担百分之百的责任而付出额外的努力、耐心和辛劳，显得更值得信赖，也因此能获得别人更多的尊敬。现如今，员工是否具有责任感已经成为公司选人、用人、留人的一个重要标准。

如果你的工作不尽如人意，如果你尚未得到老板的重视，如果你没有被公司倾力扶持……那么，你一定要发自内心地问问自己："对工作，我尽到责任了吗？我的工作老板满意吗？我做得够好吗？"

小男孩博布在给米亚太太割草打工，工作了几天后，他打电话给米亚太太说："您需不需要割草工？"

米亚太太回答说："不需要了，我已经有割草工了。"

博布又说："我会帮您拔掉草丛中的杂草。"

"我的割草工已经做了。"米亚太太说。

"那么，我会帮您把草场打理干净。"博布又说。

米亚太太回答："真的谢谢你，我请的那人也已做了，我不需要新的割草工人。"

博布挂了电话，他的朋友非常不解地问："真想不明白，你不是就在米亚太太那儿割草打工吗？为什么还非要打这样一个电话？"

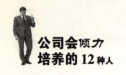
博布笑了笑,回答说:"我只是想知道我究竟做得够不够好!"

多问问自己"我做得好不好",这是由内而生的责任感,而不是为了获得奖赏或别的什么。

工作就意味着责任,工作需要我们去尽职尽责地完成!社会学家戴维斯曾说:"放弃了自己对工作的责任,就意味着放弃了自身在这个社会中更好的生存机会。"无论什么样的工作,只要你能够尽职尽责地去把它做好,你所做的事情就是充满意义的,你就会获得尊重和敬意。

在行车途中,有一名公交车司机突发心脏病。在生命的最后一分钟里,他做了三件事:第一,把车缓缓地停在马路边,并用最后的力气拉下了手动刹车闸;第二,把车门打开,让乘客安全地下了车;第三,将发动机熄火,确保了车、乘客和行人的安全。

极其艰难地做完了这三件事后,司机便安详地趴在方向盘上停止了呼吸……这种对工作的责任,让所有的大连人都记住了他——大连市公交汽车联运公司702路4227号双层巴士司机黄志全。他还被公司评为学习楷模。

每个老板都很清楚自己最需要什么样的员工。哪怕你是一名做着最不起眼工作的普通员工,只要你担当起工作的责任,你就是老板最需要的员工,你就有可能被赋予更多的使命,就有资格获得更大的荣誉。

相反,如果你的责任感缺失,甚至将负责当做儿戏,根本认识不到责任感对于工作的重要性,更认识不到负责是需要倾尽一个人的心力去做的事,那么与之相伴的,则是碌碌无为,不被公司重用,甚至导致悲剧的发生。尤其是那些涉及部门众多、质量要求极高的大型工程,不管是其中哪个环节出了问题,哪怕是极小的问题,都有可能危及整个项目的安全,所产生的后果甚至是毁灭性的,这就要求身在其中的每个工作人员都必须时刻保持高度的责任心。

这里有一个让人看后心情沉重,而又引以为戒的故事。

40年前的一天,巴西桑托斯的海顺远洋运输公司收到"环大西洋号"海轮发出的求救信号后,马上派人前去营救。可是,当救援船赶到出事地点时,"环大西洋号"已经消失了,21名船员也不见了,海面上只漂着一个救生电台,还在有节奏地发出求救的摩氏码。

望着平静的大海,救援人员一直发着呆,他们实在不明白这么一艘先进的船居然会在这么平静的大海上出事。这时,有一个救援人员发现电台下面绑着一个密封的瓶子,他打开瓶子,发现一张工作记录表,21种笔迹是这么写的。

一水理查德:3月21日,我在奥克兰私自买了一个台灯,想给妻子写信时照明用。

二副瑟曼:我看见理查德拿着台灯回船,说了句这个台灯底座轻,船晃时别让它倒下来,但我没干涉。

三副帕蒂:3月21日下午船离港,我发现救生筏施放器有问题,就将救生筏绑在架子上。

二管轮安特耳:我检查消防设施时,发现水手区的消防栓锈蚀,心想还有几天就到码头了,到时候再换。

船长麦凯姆:起航时,工作繁忙,没有看甲板部和轮机部的安全检查报告。

机电长科恩:3月23日14时,我发现跳闸了,因为这是以前也出现过的现象,没多想,就将闸合上,没有查明原因。

电工荷示因:晚上值班时,我跑进了餐厅。

看完这张绝笔纸条,救援人员谁也没说话,海面上死一样沉静,大家仿佛清楚地看到整个事故的过程:火灾从理查德的房间引发,消防栓不起作用,救生筏放不下来,一切都不起作用了。

"环大西洋号"海轮上的每个人都对工作缺少了那么一份责任心,结果酿成了船毁人亡的大错。为了引以为戒,海顺远洋运输公司在公司门前,特立下了一块高5米宽2米的石碑,铭刻下了这一份最后的工作记录表。

试想,从水手理查德到瑟曼,到帕蒂,到管轮安特耳,到船长麦凯姆,到机电长科恩,到电工荷示因等,如果上述中的任何一个人有点责任感存在的话,这场惨剧就可以完全避免。一次责任感的缺位,致使21名船员付出了生命的代价。

选择了工作,就意味着选择了责任。如果你想让自己更出色,想让自己更受欢迎,不愿意拿自己和他人的人生开玩笑,那么就绝不能轻率对待自己的工作,就必须

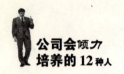

对工作保持强烈的责任感，切切实实地承担起责任来！

一位学者说："不管我注定要从事什么工作，就算是做扫大街的清洁工，我也要像贝多芬作曲、莎士比亚写剧本一样认真负责，让走在大街上的人们为我的工作而感到惊叹！"让我们把这句话作为共同的座右铭吧！

◎ 责任场上，容不得任何借口 ◎

在责任和借口之间，选择责任还是借口，体现了一个人的工作态度和职业素养。一个有责任感的员工不会用任何借口来为自己开脱或搪塞，而是时刻要求自己：责任场上，容不得任何借口。

如果在工作中出了问题，我们可能听过这些解释：

"我不是故意的……"

"这不是我干的……"

"我是这种人吗……"

"我也是被逼的……"

"本来不会这样的，都怪……"

总之，只要有心去找，我们总能找到借口为自己的过失开脱或搪塞。而在每一个借口的背后，都隐藏着丰富的潜台词，那就是"这不是我的责任"，很明显这是一种推卸责任的表现。

借口虽然让你一时逃避了责任，获得些许的心理安慰，但你有没有想过这样做的后果？

事实上，久而久之，借口会形成习惯，出现这样一种局面：只要工作出现问题，就努力寻找借口来掩盖自己的过失，那么我们的责任心也将随着借口而烟消云散。我们在工作上将变得消极而被动，工作将变得拖沓而没有效率，最终我们将成为一事无成的人。

遗憾的是，在实际工作中，有多少员工让借口变成了一面推卸责任的挡箭牌，事情一旦办砸了，就把大量时间和精力投放在怎样寻找一个"合情合理"的借口上，以换得他人廉价的所谓理解和原谅，而忘记了自己的职责和责任。

婷婷是某公司的一名经理助理，经常需要跟经理在网上交流。其中，公司很多的文件都是通过电子邮件传递，但却有收不到电子邮件的情况。虽然这种收不到的情况并不多见，但婷婷就是钻了这个空子。

有一天早晨，经理打电话给婷婷，问："昨天给你发了个邮件，要你把批发商的登记表按要求填写发过来，发了吗？"

啊！婷婷其实是忘记做了，这要是让经理知道不是要挨骂吗，这该怎么办呢？她灵机一动，装作很惊讶地问："邮件？我没有收到啊！什么时候发的啊？您也知道，公司有时候收不到邮件，您再发一次吧。"

经理只好又发了一遍，叫婷婷下班之前办好该事情。晚上，经理又打电话："婷婷，我让你发的邮件你发了吗？我怎么没有收到呀？"

婷婷下班之前没有完成登记表，又不想加班就没有给经理发邮件，这时她张口就来："发了，发了，下午四点多就发过去了，您没有收到吗？那好，明天早上到公司我再发一次，我现在在和朋友吃饭呢。"

这不是在说笑话，这种事情对有些员工来说都是很常见的。试想，如果你是老板，你会喜欢并扶持婷婷这样的员工吗？答案不言自明。实际上，老板只要结果，而不要听你长篇大论地解释为什么完不成任务。

选择了工作，就意味着选择了责任。在责任和借口之间，选择责任还是借口，体现了一个人的工作态度和职业素养。一个有责任感的员工不会用任何借口来为自己开脱或搪塞，而是时刻要求自己：责任场上，容不得任何借口。

任何一个老板都很清楚,一个能够勇于承担责任的员工,对于企业有着重要的意义。问题出现后,推诿责任或者找借口,都不能掩饰一个人责任感的匮乏。对此,亚伯拉罕·林肯说:"逃避责任,难辞其咎。"在美国卡托尔公司的新员工录用通知单上印有这样一句话:"最优秀的员工是像恺撒一样拒绝任何借口的英雄!"

每当你要为自己寻找借口的时候,你或许会乐意听听西点军校的马科斯上校的故事。

马科斯上校在第一次赴外地服役的时候,有一天连长派他到营部去,只有 3 个小时的时间,却交代给他 7 件任务:要去见一些人,要请示上级一些事,还有些东西要申请,包括地图和醋酸盐(当时醋酸盐严重缺乏)等。马科斯下定决心把 7 项任务都完成,但具体该怎么做心里并没有十分的把握。

到了营部后,马科斯立即着手办完了其他 6 件事情,申请醋酸盐却很是费了一番工夫。负责补给的中士认为醋酸盐存货太少,不肯给。马科斯滔滔不绝地向他说明理由,一直缠着他。最后中士发现眼前这个人没有其他办法可以摆脱,终于给了马科斯一些醋酸盐。

当马科斯回去向连长复命的时候,连长没有说什么,但是显然很意外马科斯把 7 项任务完成了。他原本以为马科斯会找些借口推脱责任,毕竟在短时间里完成 7 件任务确实非常不容易。

但是马科斯根本就没有想到去找借口,他心里也根本就没有推脱责任的念头。事后他回忆说,当时在有限的时间里,根本无暇为做不好的事情找借口,只能把握每分每秒去争取完成任务。

这就是西点军校"报告长官,没有任何借口"的延伸。固然,我们的企业与西点军校大为不同,但我们始终要具有敢于承担一切责任的决心和勇气,时时以行动见证自己的工作能力,给自己加码。

没有任何借口,职责是行动的准则!

没有任何借口,这是对责任的承诺!

马蕊毕业后的第一份工作,是为单位的老总做秘书。但 3 年之后,28 岁的她成了该集团一家分公司的总经理。她能够取得如此的成功，不仅仅是做好了本职工作，还在于她永远不给自己找任何借口。

这位女老总患了一种慢性病，严重时会影响工作，马蕊便格外留心。一天，她在上班路上发现一家大药店打出了广告，正好是一种可以治老总病的特效药，于是她赶紧下车，将药买下。没想到这一耽搁，让从不迟到的她晚到了 10 分钟。

老总最不喜欢员工迟到了，所以很不客气地训斥了一通马蕊。马蕊有些委屈，想解释自己迟到的原因，但转念一想："不迟到是公司的规定，有什么理由不遵守呢？"于是，赶紧道歉，一如既往地开始工作了。

下班了，马蕊悄悄地将药放到老总的桌上，准备离开。老总看见药，一下子反应过来了。当得知真实情况时，她对自己早上的言行很内疚，说道："对不起，是我误会你了，但你为什么不早点跟我解释呢？

马蕊诚恳地回答："不迟到是每个员工都应该遵守的规定，无论出于什么理由，我都不能找任何借口。您对我的批评是对的。"正是凭借这种不找借口的责任感，老总给了马蕊更大的信任和机会。

美国成功学家格兰特纳说过这样一段话："如果你有自己系鞋带的能力，你就有上天摘星星的机会。"责任是对工作的忠诚和信守，责任是出色地完成自己的工作。如果你希望自己一直有杰出的表现，希望得到公司的倾力扶持，就不要再找借口推卸责任，而是想方设法、全心全意做好工作。

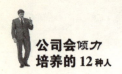
◎ 能力重要,责任感更重要 ◎

如果一个员工缺乏责任意识,不理解自己肩负的使命,不愿意在工作上付出努力,即使学识再广、素质再高,也不堪大用。而一个时刻牢记工作责任感,愿意为公司全身心付出的员工,即使能力稍逊一筹,也能够创造出最大的价值来。

一项工作能不能高标准地完成,一项任务能不能出色地完成,取决于公司上上下下多个方面;而就员工的本身因素而言,主要取决于责任心和能力两个方面,而且责任心比能力更重要!

30多岁的李梅是某报社的一名主编,他才华横溢、思维敏捷,却工作懒散,积极性不高,经常逃避责任,常常说:"时间太短了,所以我没有在规定的时间里把稿子做完……""这次的工作量太大了,我一个人应付不过来……"

有一次,报社下达了新的任务,李梅又说自己一个人完不成,社长只好将任务一分为二,派李梅的一个下属巩黎一起做。李梅认为巩黎各方面的能力都不如自己,但到了发稿时间,巩黎顺利完成了任务,她却没有完成工作任务,最终影响到了报纸的出报时间,损害了报社的声誉。

"李梅,你要自己想办法弥补对报社造成的不良影响,另外你明天也不用来上班了。"社长神情严肃地说道。

"社长,为什么?"李梅问。

"你虽然能力很高,但作为主编你却经常不能把自己的工作做好,而恰恰你的下属却能完成。我想提拔巩黎为主编,因为他是一个能够承担责任的人,是值得信任的。"社长回答道。

李梅本领大、能力强，但却不能很好地完成工作，很难为报社创造价值；巩黎虽然能力稍逊一筹，却能够出色地完成公司交付的任务，这是能力的问题吗？显然不是！这是责任心的问题。

许多事实说明，一个人能力有大小、水平有高低，但是以保持强烈的事业心责任感为前提，能力弱的经过勤奋学习，在实践中逐步提高，可以使工作越做越好；能力强的干起工作来也会如虎添翼。反之，缺乏责任意识，不理解自己肩负的使命，不愿意在工作上付出努力，即使学识再广、素质再高，也不堪大用。

正如一句话所说："用 B 级人才可以办成 A 级事情，用 A 级人才却不一定能办成 B 级事情。"因此，尽管一个人的才能非常重要，可最重要的还是这个员工是不是具有强烈的责任感。

当然，责任感比能力更重要，这并不是对一个人能力的否定，而是在强调责任感对工作的结果往往能够起到决定性的作用。责任能够让一个人具有最佳的精神状态，精力旺盛地投入工作，并将自己的潜能发挥到极致。我们不能忽视责任感，而片面地强调能力。

接下来，我们先来看一个故事。

赵琳毕业后应聘到一家公司工作，几天后，她发现公司的员工都住着公司的宿舍，只有她租房住。她找到经理提出想搬进公司宿舍居住的要求。经理说一时安排不下，叫她等待，但赵琳整天想着住宿的事情，开始对工作产生了抵触情绪。

由于失去了对工作的责任心，赵琳工作上经常出现错误。赵琳以为是自己能力差，就不断地学习各种技能和经验，但让她困惑的是，能力提高了不少，工作还是没有一点起色，最后她被开除了，不得不离开了公司。

此后，赵琳回到家乡的一家企业工作，工作之前她曾拜访过自己的大学老师，讲了自己的遭遇，老师告诉说要唤起对工作的责任。这次，赵琳虽然要和全家人挤在一套小房子里，但她始终将"责任"挂在心头，从来不叫苦，在认真负责地完成自己本职工作的同时，还在工作上进行大胆创新。

一年后的一天，上司把她叫到办公室，笑着说："赵琳，你工作非常认真负责，为我们公司作出了杰出的贡献。上司对你的表现非常满意，决定分给你一套住房。"赵琳大为惊讶，她没有想到负责能够换来如此大的回报。

这个故事很有启发意义。同样的员工，同样的能力，为什么前后表现出不同的生产效率呢？问题的关键在于对待工作的"责任感"。赵琳重新唤起了对工作的责任感，使得自身的才能得到了充分发挥。

责任需要用业绩来证明，业绩是靠能力去创造的。对一家公司而言，员工的能力与责任感是动态的，下面的故事就是很好的例证。

琼斯先生是温哥华一家航运公司的总经理，他提拔了一位非常有能力、有潜质的人到一个生产落后的船厂担任厂长。可是半年过后，这个船厂的生产状况依然不能达到生产指标。

"怎么回事？"卡尔先生在听了厂长的汇报之后问道。

"我也不知道。"厂长无奈地摇摇头，回答说："为了激励工人们完成规定的生产指标，我曾用了多种方法，比如，加大奖金力度，用强迫压制的手段威逼，甚至以开除或责骂的方式来恐吓他们，可都没有改变工人们懒惰的现状。实在不行就招聘新人吧，让他们走人！"

琼斯先生站在办公室门前，沉默着。这时恰逢换班时间，白班工人们已经陆陆续续走出车间，晚班工人们则准备交班。"给我一支粉笔，"琼斯先生说，然后他问旁边的一个白班工人，"你们今天完成了几个生产单位？"

"6个。"

只见琼斯先生走到车间门前，在大门上写了一个大大的、醒目的"6"字，然后一言未发就走开了。当夜班工人进到车间时，他们一看到这个"6"字，就问白班工人是什么意思。

白班工人回答："琼斯先生今天来这里视察，他问我们完成了几个单位的工作量。我们告诉他6个，他就在墙壁上写了这个6字。"

次日早晨，琼斯先生又走进了这个车间，夜班工人已经将"6"字擦掉，换上了一个大大的"7"字。下一个白班工人来上班的时候,他们看到一个大大的"7"字写在墙壁上,"夜班工人比白班工人好,是不是?好,给他们点颜色瞧瞧!"他们全力以赴地工作,下班前留下了一个神气活现的"8"字……

就这样,该船厂的生产状况逐渐好起来了。没过多久,这个一度生产落后的工厂比公司别的工厂的效益还要好。

由此可见,责任胜于能力,能力永远由责任承载。每个人自身的能力只有通过尽职尽责地工作才能得到完美的展现,只有履行职责才能让自己的能力展现出最大价值。既有能力又有责任感的人才是每一个公司都渴求的理想人。

因此,当工作不尽如人意,当不被公司重视和重用时,你要学会唤起对工作的责任感,让责任带动能力的提高。相信,不久你就会受到老板的认可和重视,公司也会乐意在你身上投资,进行重点培养。

◎ 让责任的"皮球"止于你 ◎

责任就是工作使命,推卸责任就是推卸工作使命。如果一个员工将责任像"皮球"一样推卸给别人,也就等于放弃了对工作的意义,也就放弃了在公司中获得更好发展的机会。

听过这么一个有趣却引人深思的寓言故事。

在一个深夜里,3只老鼠结伴去偷奶油喝。可是奶油缸非常深,奶油又在缸底,它们只能闻到奶油的香味,根本喝不到奶油。于是,它们经过一番商议,最终达成一致意见:采取叠罗汉的办法,一个踩着一个的肩膀,轮流上去喝油。

最先上去的老鼠想:"奶油这么少,不如我自己跳下去喝个痛快,让他俩等下次

再喝吧。"加在中间的老鼠想:"我得使劲往油缸靠近,这样我也就能喝上奶油了。"最下面的老鼠想:"等它们两个吃饱喝足了,哪里还有我的分。"3只老鼠一分神,一起跌倒了,响声惊动了猫。一声断喝,它们仓皇而逃。

回到窝里,它们立即召开会议,分析和查找这次行动失败的原因,并追究这次行动有关老鼠的责任。

最上面的老鼠说:"我没有喝到油,刚碰到瓶口,因为我下面的老鼠动了一下。所以,我没有责任。"

中间的老鼠说:"我是动了一下,可也不能怪我呀,那是因为我下面的老鼠它抽搐了一下,我实在没办法呀,而且是你主动松手了。所以,我没有责任。"

最下面的老鼠说:"我的确抽搐了一下,我是听到门外有猫在叫啊,你说我能不抽搐吗?再说了,你们两个太重了,我怎么能撑得住啊,所以,我没有责任。"

三只老鼠吵得一塌糊涂,最后经过一番讨论,一致认为:"责任不在老鼠,而在那可恶的猫。"

这个故事看起来很滑稽,让我们感觉老鼠们的好笑。可遗憾的是,在很多员工中间,这样的故事时常发生。一旦工作出现问题了,人们往往不是敢于承担责任,而是像踢"皮球"一样,相互责怪,相互推卸。

说到这里,我们不得不思考,责任是什么?在前面的章节中,我们已经了解到责任就是工作使命,那么推卸责任就是推卸工作使命,有哪个老板会把重要的职位交给一个推卸工作使命的人呢?

社会学家戴维斯说:"自己放弃了对社会的责任,就意味着放弃了自身在这个社会中更好的生存机会。"同样,如果一个员工放弃了对工作的责任,也就放弃了在公司中获得更好发展的机会。

更糟糕的是,推卸责任的行为就像瘟疫一样是会传染的。你不承担责任,我不承担责任,相互推托和懈怠,那么会使得问题更加复杂,不仅会贻误最佳战机,更会损坏公司的利益,公司怎么可能做大做强?因此,习惯推卸责任的人,是公司最不欢迎的员工。

在这个世界上,每个人都扮演了不同的角色,每一种角色又都承担了不同的责任。作为公司的一名员工,你在公司里面自然也扮演了一个角色,理所当然要去承担属于自己的那份责任,这是最根本的工作义务,而不应该像皮球一样把它踢来踢去。

责任是每个人必须认真履行的,据说美国前总统杜鲁门当选总统之后,在其白宫的办公室里悬挂着一幅标语,上面写着:"Book of stop here(问题到此为止,踢'皮球'到此为止)",这就是不将责任人推卸给别人、主动承担工作责任的第一反应。

职场需要主动承担责任的人。当某项工作的进展遇到麻烦或者结果不符合要求时,你的第一反应应该是主动承担责任,不要推卸责任给别人,这样才能让公司放心和安心,赢得足够的尊敬和荣誉。

石磊是一名大四的学生,毕业后就开始在一家建筑公司实习。令不少人艳羡的是,石磊仅仅用了一个月就与公司签了就业合同,而且他深得公司经理的器重,目前已经被视为储备干部进行培养,这要源于一件小事。

刚上班,恰逢当时是工程全面开展的时期,于是,石磊就被安排到工作第一线——施工现场承担技术方面的工作。施工现场的条件非常艰苦,工地的道路全是土路,一遇刮风下雨,不是风沙弥漫,就是泥泞难行。

那天,经过一天辛苦的工作,大家也都非常劳累了,石磊和同一宿舍的同事们也早已进入了梦乡。深夜,突然天气骤变,电闪雷鸣,不一会儿便下起了倾盆大雨。突然,门外响起急促的敲门声,有人喊道:"工地基坑边坡有一部分滑坡了!"

石磊翻身坐起,迅速披上外套,穿好鞋子,戴上安全帽,拿起雨伞和手电,准备出去。同事不解地问:"我们打基时质量非常合格,肯定是那看管工地的人忘记盖地基了,那是他的责任,让他做不就行了吗?"听了同事的话,石磊坚决地说:"这是我们的责任!"说完,打开屋门,便大步走了出去。由于石磊的及时帮忙,地基免遭了更大的破坏。

第二天,经理赶到了工地,责问此事。看管工地的工人说地基质量不合格,其他施工工人气愤不已,纷纷打保证地基质量非常合格,而这时石磊站出来说:"地基质量的确合格,但既然出现了问题,我们就有责任,我愿意承担责任。"

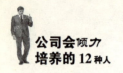
听到石磊此言,经理露出了赞许的微笑。

可以看出,不将责任推卸给别人,意识到自己的责任,承担起自己的责任,就能为自己争取更多的成功机遇,让自己步步高升。责任感是一个人在公司立足的重要资本,是从平庸走向优秀的关键。

提高责任心,就保住了工作绩效

责任与工作绩效之间的关系是正比例关系,工作绩效的增长需要靠责任去推动。你要想完成工作任务,提升工作绩效,不如先提高自己对工作的责任感,让责任感带动业绩。记住,只有责任能够保证你的工作绩效,没有任何投机取巧的办法。

在实际生活中有这样一种现象,不少人寻找着各种各样的方式和方法来提高工作业绩,但很多时候工作业绩并没有得到明显的提高,甚至常常完不成任务。这是为什么呢?是因为你的责任心不够!

著名管理大师德鲁克认为"责任保证绩效",这句话揭示了公司提高绩效的关键所在,即责任与业绩之间的关系是正比例关系,业绩的增长需要靠责任去推动。你要想提升工作绩效,不如先提高自己对工作的责任感,让责任感带动业绩。

从护校毕业后,芮恩到一家著名的大医院做实习护士,实习期是3个月。医院与她约定在实习期内如果她能够令院方满意,就可以正式获得这份工作,否则,就要离开医院。

一天,外科专家皮特教授为一位患者做手术,芮恩则被安排做责任护士。手术从

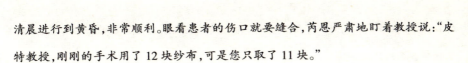

清晨进行到黄昏，非常顺利。眼看患者的伤口就要缝合，芮恩严肃地盯着教授说："皮特教授，刚刚的手术用了12块纱布，可是您只取了11块。"

"我已经都取出来了。"皮特教授断言道，"我们现在就开始缝合伤口。"

"不，不行。"芮恩还高声抗议道，"我记得清清楚楚，手术中我们一共用了12块纱布。"

"由我负责好了。"教授命令道，"我是医生。听我的，准备缝合。"

芮恩毫不示弱，她几乎大喊起来："您不能这样做，您要为病人负责！"

直到这时，教授微微一笑，举起他的左手，第12块纱布就在他手心，他满意地望着芮恩，说："你很有责任感，你是一位合格的护士。"芮恩理所当然地获得了这份工作。

在医院里，即使是刚参加工作的护士，她的责任感也足以使其对病人负责，保证病人的安全，手术的顺利完成。在企业里，员工的责任感也是如此，要凭借自己对工作的高度责任感保证工作绩效。

在汶川特大地震的灾难中，长虹集团也受到了冲击，生产基地一度停产，但是长虹的员工们心中的责任感使他们变得不再畏惧困难，不再惧怕死亡。他们积极捐款、捐物、派遣志愿者、赶制抗震救灾物资等行为，处处体现着企业的社会责任感。

地震发生当晚，约20名长虹民生物流公司的驾驶员频频往返于北川—绵阳这条生命线。余震、山体滑坡、滚石、泥石流，都没能阻挡这条流动的生命线。这条生命线运送了数万灾民、志愿者、解放军战士以及救灾物资、设备等，给无数人送去生的希望。危机随时可能降临，他们却一往无前，与死神一次次擦肩而过。

有一天，长虹集团的一名员工胡庆东驾驶大货车，载着10名志愿者再次向北川进发。行进途中，车头突然被飞石击中，方向盘被砸坏，货车失控。危急时刻，胡庆东果断地紧急制动。他的膝盖被碎玻璃划出一条4厘米长的血口，鲜血汩汩流出，而车上10名志愿者安然无恙。还有一位长虹驾驶员，连续17个小时，马不停蹄三进北)川，又饿又困。当安全抵达九州体育馆安置点时，这名司机连推开车门的力气都没有了。

"时间就是生命，责任就是使命"。大难当头，长虹的员工们在这种强烈的使命感

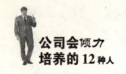

的驱使下,在第一时间赶到了赈灾现场,为抗震救灾奉献出了自己的一份力量,受到了社会各界的广泛好评。

不过,出色的业绩不是靠嘴说出来的,需要的是对工作负责任。凡是取得出色业绩的员工,没有一个不是认真履行自己职责的。比如美国邮政员弗朗西斯,我们一起来看看他的故事吧!

弗朗西斯是美国联邦快运公司邮政的员工,他是一个非常有责任感的人,总是尽心尽力地对待自己的工作,十分周到并细致入微地照顾他服务的客户。他认真负责的精神曾让许多人既惊讶又感动。

有一次,一个叫马克·桑布恩的人去外地出差,不知道哪一个邮递员误投了他的一个包裹,把它放到了别人家的门廊上。幸运的是,弗朗西斯发现了这个错误,他把包裹捡起来,重新放到桑布恩的住处藏好,并在上面留了张纸条,解释事情的来龙去脉,而且还找来擦鞋垫把它遮住,以免丢失。

马克·桑布恩是一个演讲师,他把弗朗西斯的事迹在全国各地演讲,他曾说:"在10年的时间里,我一直受惠于弗朗西斯的优质服务。一旦信箱里的邮件被塞得乱糟糟,那准是弗朗西斯没有上班,因为只要是他上班,我们信箱里的邮件就一定是整齐的。"

十几年来,在弗朗西斯服务的区域内,从未发生过一件邮件错投、漏投的事情。弗朗西斯认真负责的工作,得到了顾客们的一致好评。美国联邦快运公司将他列为公司"最优秀的员工"。

身为一名普普通通的邮递员,弗朗西斯得到了顾客们的一致好评,被公司选为"最优秀的员工",他之所以能在平凡的工作中展现不平凡的一面,做出了令同行敬佩的工作绩效,靠的正是对工作的高度责任感。

记住,只有责任能够保证你的工作绩效,没有任何投机取巧的办法。

◎ 责任"引爆"你的潜力 ◎

责任不是别人给你强加的负担，而是你敢于挑战自己的积极选择。在工作中，不管事情的大小，唯有勇敢地承担起责任，充分地发挥自己的潜能，你才能够比其他人做得更加尽善尽美。

责任就是担当，就是付出，也就是承担应当承担的任务，完成应当完成的使命，做好应当做好的工作。人的本性是趋利避害的，于是，不少员工会将责任视为一种负担，在责任面前表现得手足无措、故步自封。

责任虽然是一种压力，但不是负担，相反它还是一种动力，而且能够"引爆"一个人的潜力。那些优秀的员工之所以优秀，最根本的原因就是因为他们在责任心的驱使下，开发了他自身无穷无尽的潜能。

科学家们做过这样一个试验。

在森林的一角，将母豹子和它的小豹子一起关在巨大的铁丝网里。试验一开始，科学家们先把母豹子放了出去，仍然囚禁着小豹子。此后一个月里，母豹子时常在铁丝网的外围徘徊，它越来越瘦，精神委顿，有气无力。

接着的下一步，按试验的原计划应该把小豹子也放出去。然而，有不少人开始主张不要放走小豹子，因为母豹子的状态看起来很不好，恐怕活不了几天了，小豹子交给它后肯定也活不了。但有一位科学家坚持放走小豹子，他认为小豹子恰恰是拯救母豹子的"天使"。小豹子被放到铁丝网外了，它跟着母亲走进了森林深处。

一段时间里，科学家们再也没有看到母豹子和小豹子，很多人以为它们已经一

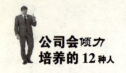
命呜呼了。正在大家失望之际，母豹子和小豹子出现了。人们发现小豹子长大了不少，毛色油亮，母豹子也恢复了健康。

原来，母豹子一开始以为小豹子会被一直关在铁丝网里，自己活着没有动力。小豹子被放出来后，它承担起了哺育小豹子的责任，便一下子打起了精神，积极地捕猎食物，所以改善了健康。

这个试验告诉我们，活力来自于责任感，承担责任可以唤醒我们潜在的力量，不仅动物如此，人类也是如此。每个员工都有自己需要承担的责任，责任会带给你工作的压力，同样也会成为你工作的动力。

很多人把自己做不好工作归咎于没经验、不成熟，事实上，经验和阅历固然重要，但和责任心比起来，则根本算不上什么。责任心是最足以引爆生命潜能的东西，我们身上的潜能可以创造奇迹。

在美丽的蓝天上曾经发生了一个动人的故事。

一架飞机从南向北刚刚起飞，机舱里便传出一阵痛苦的呻吟。大家循声望去，是一位年轻的孕妇，她出现了临产的征兆，痛苦使她的身体扭作一团，蜷在座位上。坐在她身边的丈夫很紧张。

很快，在机长的安排下，机舱最后一排座位被腾空，年轻的孕妇被平放在座位上，用床单隔成了临时产房。丈夫焦急地告诉机长，妻子以前难产过一次，孩子没保住，现在的情况很危急。

机长大声问乘客中谁是医生。

没有。

接着，机长又问有没有谁懂接生。

还是没有。

再接下来，机长问有没有人是学医的。

这时，一个20岁出头的女孩害羞地站了起来，小声地对机长说她是学医的，还曾是一名妇产科的护士，可是还从来没有接生过，对接生的认知仅仅局限于教材上那一点点。

飞机离最近的一站也要行驶一个多小时,孕妇已经等不及到医院了,机长叫女孩赶紧准备。女孩用更低的声音说:"说实话,我参加工作不到一个月就因为工作失误被医院辞退了,已经很久没有从事医护工作了。那名女士还有难产经历呢,人命关天啊。"

"孩子,正因为人命关天,我们不能等。"机长眼中满含着信任,说道,"你虽然以前是一个犯过错的护士,但在这架飞机上,你就是医生,你就是专家,我们相信你。"

女孩脸上在一瞬间掠过神圣无比的表情,她深深地吸了一口气,昂首挺胸、信心百倍地走向了临时病房。白酒、毛巾、热水、剪刀什么都准备好了,只等关键时刻的到来。

差不多半个小时后,一个孩子清脆的哭声从机舱后面传来,一直悬着心的乘客们热烈地鼓起掌来。接生的姑娘脸上有汗水也有泪水。

"你从来没有接生过,你是怎么做到的啊?"有乘客问道。

"是责任引爆了我的潜能,是责任给了我力量。"姑娘说,"机长说我是专家,让我明白了,在这次航班上,只有我能够完成接生这份任务,而且作为这里唯一一个学医的人,我应该担负起这份责任。"

"责任引爆我的潜能!"多么精辟的话语啊!人体内的潜能就是一枚"定时炸弹",只有伟大的责任降临到肩上的时刻,它才会在压力下"爆炸",自身能量才能得到淋漓尽致地发挥。

事例中,从来没有接生过,对接生的认知仅仅局限于教材的妇产科实习护士,之所以能够独立自主地、顺利地完成接生工作,正是源于机长给她的"你是医生,你是专家"的工作责任感和她对两个生命的责任。

由此可见,责任不是别人给你强加的负担,而是你敢于挑战自己的积极选择。在工作中,不管事情的大小,唯有勇敢地承担起责任,充分地发挥自己的潜能,你才能够比其他人做得更出色、更优秀。

一位著名的成功企业家曾经遭遇到过一段事业低谷,问及他如何"鲤鱼大翻身"时,他如是说:"当我们的公司遭遇到前所未有的危机时,我突然不知道什么叫害怕,我知道必须依靠自己的智慧和勇气去战胜它,因为在我的身后还有那么多人,可能会因

为我的胆怯从此倒下。所以,我绝不能倒下,这是我的责任,我必须坚强、更坚强!"

潜能力量发挥的程度如何,直接影响着一个人能力的大小,一个人能否受到老板的支持、公司的扶持。但潜能可能会爆发出来,也可能不会,这完全取决于你如何看待责任:负担,压力,还是动力!

◎ 锁定责任,是你的就是你的 ◎

要想减少对责任的推诿,勇于承担责任,就要事先明白你的工作范围,明确你的责任,清晰地认识到哪些责任是自己必须、应该承担的,是不可推卸的。锁定责任,没有任何借口,保证完成职责,你就是一名优秀的员工。

有些员工之所以在工作中出现推脱责任的现象,是因为责任界限模糊,他们确实不知道、不清楚自己该承担什么样的责任,只是盲目地、被动地执行上级任务,把本该属于自己的责任当做与自己无关的事情。

如果你没有认清自己的责任,没有严格的责任约束,就不能做好自己分内的工作,工作的任何一个环节都可能存在隐患、出现问题,这势必会给老板留下不好的印象,得不到公司的扶持。

其实,要想解决这个问题很简单,即事先明白你的工作范围,明确你的责任,清晰地认识到哪些责任是自己必须、应该承担的,是不可推卸的,那么你就能减少对责任的推诿,勇于承担责任了。

马利是一个对煤矿行业很在行的人,对于这样的优秀人才,总经理怀特愿意委以重任并给予优厚待遇。为了考察马利的真正本领,怀特派他去视察旧金山郊外

106

的煤矿。

一个星期后，怀特得知煤矿的工作进度慢，利润也没有提高，便亲自来到煤矿检查，却发现那里存在不少浪费及管理不善的现象。另外，他听其他员工说，马利下矿的时间很少，他每天把工作任务下达下去后，就整天待在办公室里，什么事情都不做。怀特虽然有些不悦，但他想马利或许会有自己的打算，毕竟这是一位煤矿业精英。

而对此，马利并不知情，他以为老板让自己负责视察煤矿工作，就是把每天的工作任务下达下去，保证每天的工作如常进行即可，至于那些员工能不能顺利地贯彻下去不是自己的责任，因此继续我行我素。

又一个星期过去了，当怀特再来煤矿检查时，发现煤矿工作还是没有什么改进。这下怀特再也坐不住了，他立即将马利叫来，严厉地说："我每次来到这里不会太久，总能发现有许多问题。可是，你却只管下达命令，对煤矿具体的工作不置可否，你真不负责。"

一语惊醒梦中人，马利这才真正意识到负责视察煤矿工作的具体职责，他连忙向怀特道歉，并保证一个月之内改变煤矿现有的不良状况。自此，他改变了过去那种坐在办公室看报表的管理办法，几乎每天都到工地检查和督促工作，这样没几天就有效减少了整个煤矿的作业人力和物力的浪费，煤矿的产量和利润也都得到了提高。

鉴于马利现在负责任的工作态度、出色的工作表现，怀特认为自己果真没有看错人，他提拔马利为公司的副经理之一，还让马利成为整个煤矿10%的股东。马利成了公司里的大红人。

之前，马利之所以没能做好工作，是因为他以为自己的工作职责只是负责下达每天的工作任务，下级能不能贯彻与自己没有关系。而后来他意识到管理好整个煤矿是老板对自己的要求，所以，才认真地履行起自己的工作责任，才有了后来煤矿产量和利润的提高，这正是锁定责任的作用。

由此可见，锁定责任，有利于将责任真正落实到个人头上，进而对工作中不认真履行职责、不按工作程序办事、造成一定影响的员工追究责任，这是制止员工在工作中互相推脱责任的最好方法。

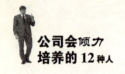

雅芳公司负责组织绩效的副总裁波拉·西姆塞这样说:"要让工作真正发挥激励作用,个人必须了解自己的努力在全局当中的位置。"准确定位自己的责任和角色非常重要,它使我们清楚自己的责任边界和工作角色,让我们清楚要对什么负责!

比如,你是一家超市的销售人员,你就要清楚地知道与你直接打交道的首先是顾客,其次就是商品。所以,你的角色责任就是管理好商品,留住顾客,让他们成为你永久的"上帝"。如果你不清楚商品的种类、商品摆放的位置、商品还有多少库存,以及这种商品是否畅销,那么这就是你的失职、不负责任。

既然工作责任已经明确,你又知道责任对一个人成长成功的重要性,那么还有什么理由不认真履行呢。记住,是你的就是你的,绝对没有任何借口。保证完成职责,你就是一名优秀的员工。

在这一点上,海尔集团的员工们是一个榜样。

熟悉海尔的人都知道,这里的员工们,无论职位高低、工作大小,从一名清洁工,到产品设计师,都是时刻将责任挂在心头。无论出现多么复杂的工作问题,都没有过互相推诿责任的现象。这是如何做到的呢?锁定责任!

海尔电冰箱厂的材料库是一个5层的大楼,这5层楼一共有2945块玻璃。凡是去过的人都会发现,这2945块玻璃每一块上都贴着一张小条!小条上是什么呢?两个编码,第一个编码代表负责擦这块玻璃的责任人,第二个编码是负责检查这块玻璃的人。

这是做什么呢?原来,这是海尔职责分明、责任到位的一种做法。擦玻璃、检查玻璃人员的名字都印在玻璃上,清清楚楚、一目了然。海尔在考核准则上规定:如果玻璃脏了,责任不是负责擦的人,而是负责检查的人!

凡是去过海尔的人都会发现,在海尔小到一块玻璃,大到机器设备,都清楚标明事件的责任人与事件检查的监督人,有详细的工作内容及考核标准,每一份工作责任落实在每个人身上,如此形成了环环相扣的责任链。

"人人都管事,事事有人管",海尔人严格遵循"责任到人"的制度,每一个参与工作的个人和组织都丝毫不敢懈怠,尽职尽责地努力工作。正因为如此,海尔人无论走到哪里都是高质量的"代言人"。

总之,锁定责任,在负责的工作环节,怀着强烈的责任感认真做好每个步骤,如此你就能将工作做得尽善尽美,就能把公司的策略执行到位,就能更好地推进公司的各项发展,也就越能获得公司的倾力扶持。

◎ 责任不分大小,工作没有小错 ◎

一个人的能力可以有大小,但绝不能在责任的承担上以大小和多少来衡量,绝不能忽视工作中的任何一件小事。责任不分大小,工作没有小错,只要把小事做好了,在小事中为自己争取崭露头角的机会,何愁做不成大事、得不到老板的赏识和重用?

在日常工作中,几乎每一个人都喜欢干那些表面上显得很重要的工作,而对一些小事,却总是心不在焉、掉以轻心、敷衍了事。如果你总是抱着这样的想法,你早晚会被视为不负责的员工。

我们知道,一项大工作是由很多小事组成的,很多的小事汇集在一起就是一件大工作。执行一项大工作,实际上就是去解决一个个的小事。如果一名员工连工作中的小事都做不好,老板哪里敢交给大工作呢?

阿黄是一家网店的店员,他是一个踏实能干、任劳任怨,很有责任感的小伙子,而且已经在这家店做了四五年了,但他却迟迟没有得到老板的重用,为何呢?因为阿黄总是做不好工作上的小事。

有一次,一家布匹厂家跟阿黄在网上洽谈业务,对方报价:"欲邮寄最新款布料,

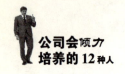
1 米单价 25 元,500 米,价格高不高?买不买?"阿黄原意是要说:"不,太高。"可是打字时却漏了一个逗号,结果成了"不太高",这个小小的失误使店里损失了两三千。

又有一次,阿黄订购了一批方形特款细麻布,他在合同中写道:"每张大于4平方尺、有打褶的不要。"其中的顿号本应是句号,结果供货商钻了空子,发来的细麻布都是小于4平方尺,使店里又亏损了一笔……

试想,如果你是老板,你认为阿黄是一个合格的、负责任的员工吗?你会重用他这样不能做好小事的员工吗?肯定不会!

小事做不好就会影响工作的完美度,更糟糕的是,如今大部分工作环环相扣,一处似乎可有可无、毫不起眼的小事,往往决定着工作的进展状况,稍有疏忽,就可能导致无法估量、无可挽回的不良后果。

浙江舟山出产的冻虾仁以个大味鲜名闻海内外。我国加入世贸组织后,欧洲各国一些公司纷纷引进舟山冻虾仁。然而,一段时间后,舟山冻虾仁突然被退了货,并且被要求索赔。原因是当地检验部门从部分冻虾仁中查到了 10 亿分之 0.2 克的氯霉素。

氯霉素是由委内瑞拉链丝菌产生的抗生素,进入人体后会对造血系统造成严重的不良影响。冻虾仁是经过几个环节清洁的卫生食品,怎么会有氯霉素呢?有关部门立即着手调查,结果发现,环节出在加工上。剥虾仁要靠手工,一个员工曾用含氯霉素的消毒水止手痒,结果将氯霉素带入了冻虾仁。

10 亿分之 0.2 克的氯霉素含量细微到极致,不一定会影响人体健康,却导致了一次贸易上的大失误。我们与其说欧洲国家对农产品的质量要求太苛刻,不如说我国农业企业员工忽视了细节。

试想,如果这名员工能够对工作高度负起责任,事前能够洗净手上的氯霉素;如果有关的负责人员,能够认真地进行检测产品质量,及时发现含有氯霉素的问题,或者就不会因此使企业蒙受损失了。

这个事例也很好地说明了尽管你为某项工作付出了 99.9% 的努力,但也许就是因为 0.1% 的疏忽,而使所有的工作成绩都归于零,你由负责也就变成了不负责,这正是忽视工作小事的严重后果。

因此，如果你想真正成为一个受老板喜爱的、负责任的员工，就必须把所执行的职责内的每一项事情做好，包括那些细小的事。而且，你不但要做，还应该以高度负责的精神去做，这是每一个员工的责任，也是每一个与公司利益相关的人必须做到的。

在这一点上，麦当劳为我们树立了学习典范。

麦当劳之所以将小小一块炸鸡做成知名的世界品牌，真谛不在于其用鸡或者炸鸡的味道有什么特殊，而是在于员工的强烈责任感，其中一个最常见、最简单的洗手动作，他们居然要分"六步走"。

一则麦当劳的资料上这样记录道："第一用清水洗两遍；第二用麦当劳的专用洗手液洗；第三放在60度的温水里洗；第四涂抹消毒液，而且消毒液在手上揉搓时间不少于60秒；第五，放在烘干机下烘干，不要用纸或布擦；第六关水龙头不要用手指而要用肘，以避免交叉感染。"

洗手本是一件再平常不过的小事，麦当劳员工却并没有随便应付了事，而是将其看成公司食品安全和品牌文化的大事来做。正是因为员工们这种注重小事的责任感，最终使麦当劳品牌深入人心、享誉全球。

身在职场，很多人都想获得赏识。可是，很少有人一上来就有做成大事的能力。要想增加获得赏识的机会，就要把小事做好，在小事中为自己争取崭露头角的机会。日本狮王牙刷公司的董事长加藤信三就是一个活生生的例子。

加藤信三原本是日本狮王牙刷公司的一名普普通通的小职员，为了上班不迟到，他每天都起床很早，然后匆匆忙忙地洗脸、刷牙。令他万分不快的一件事情是，每天刷牙时牙龈常常会出血。

一次，加藤信三刷牙时牙龈又出血了，他很苦恼。到了公司，有同事见加藤信三满脸不高兴就问原因。加藤信三告之实情，同事连连点头称自己也为之苦恼。加藤信三一连问了几个同事，对方都表示自己也面临这种问题。

"大家刷牙时都会出血，那么问题就出现在牙刷上。我想，使用公司牙刷的顾客也都遭受着这种痛苦，我一定要设法解决牙刷容易伤及牙龈的问题。怎么办呢？"加

藤信三坐在办公桌前，陷入了沉思。之后他想了很多方法，如把牙刷改用柔软的毛；使用前把牙刷泡在开水里，让它变得柔软一些；刷牙的时候，放慢速度等，但始终不见效果。

一天，加藤信三用放大镜观察牙刷，结果发现牙刷毛的顶端是四角形的，他动脑筋了："把毛的顶端磨成圆形，就不会扎到牙龈，那么用起来可能就不再出血了。"经过实验取得成效后，加藤信三把自己的想法向公司提了出来。公司欣然采用，使牙刷顶端全部改为圆形。

结果，改善后的狮王牌牙刷销路极佳，不仅在众多牙刷中最畅销，而且一直畅销了数十年。狮王公司获得了可观的利润。加藤信三也由普通职员晋升为科长，十几年后成为公司的董事长。

在我们看来，牙刷不好用是司空见惯的小事，所以很少有人想办法去解决这个问题。而加藤信三本着对自己、对产品、对顾客负责的态度，重视了这个小问题，并且最终解决了这个问题，从而使自己和所在的公司都取得了令人羡慕的成功。

工作中的小事是员工对待工作是否负责的表现。老板评定一名员工是否具有工作责任感，不仅仅看他处理重要工作的态度和能力，更注重这名员工在处理小事中的工作态度和能力。

也许，你每天所做的可能就是接听电话、填制报表、首付款项之类的小事，你是否对此感到厌倦、心里有了懈怠？请记住：这就是你的工作，而工作中无小事。一个人的能力可以有大小，但绝不能在责任的承担上以大小和多少来衡量。你绝不能忽视工作中的任何一件小事。

责任无小事，小事如此，大事亦然。哪怕再微小的事情也要全力以赴，做到尽善尽美，如果你能够以这样一种负责的态度对待工作，那么何愁做不成大事、得不到老板的赏识和重用呢？

◎ 责任：把"不可能"变为"可能" ◎

在工作过程中，每一位员工都难免遇到这样或那样的困难。一个具有强烈责任意识的员工，会没有条件努力创造条件，没有办法尽力找到办法，把"不可能"变为"可能"，开辟出一条成功之道。

在市场竞争惨烈的现代社会中，每位员工都难免遇到这样或那样的困难。在困难面前是主动承担责任、迎难而上、积极想办法解决困难，还是退避三舍、消极应对，反映了一个人的责任意识。

世界上最愚蠢的事情就是在困难面前推诿责任，因为战胜不了"不可能"的事情，就等于剥夺了个人成长的机会，你将不可能承担起重大的责任，你也不可能做好任何重要的事情，最终将一事无成。

因此，不要拿"不可能"之类的话推诿责任，工作的过程本身就是一个学习过程。遇到困难时，就要以责任感去对待工作，没有条件努力创造条件，没有办法尽力找到办法，把"不可能"变为"可能"。

王顺友是四川省凉山州木里县"马班邮路"的一位乡邮员。木里县位于四川省西南部，紧接青藏高原，这里群山环抱，地广人稀，全县29个乡镇有28个乡镇不通公路、不通电话。作为一名乡邮员，王顺友一个班期要走14天，一个月要走两班，一年365天有330天走在邮路上。

途中的察尔瓦山海拔4000多米，一年中有6个月是冰雪覆盖，气温零下十几摄氏度，空气稀薄；而下山走到海拔1000多米的雅砻江河谷，气温又高达40多摄氏

度,中途还要穿越大大小小的原始森林和山峰沟梁,行走极为艰难。最苦的是下雨下雪,本来就难走的烂石路变成了泥浆路,王顺友深一脚、浅一脚,连骡马都打滑,常常摔得浑身是泥,而他却像保护命根子一样保护着邮件,将它们裹得严严实实。

为了传递党和政府的声音,为了传递人民群众的信件,王顺友牢记一个邮政工作者的职责,从没有延误过一个班期,从没有丢失过一份邮件,投递准确率达100%。就这样,在恶劣的自然环境和艰苦的工作条件下,他经历了一次又一次生与死的考验,以超乎常人的坚韧,孤独跋涉了20年,行程26万多公里,相当于走了20次二万五千里长征。

2005年10月19日,王顺友作为1874年万国邮联成立以来第一个被邀请的最基层、最普通的邮递员嘉宾,走上了瑞士伯尔尼万国邮政联盟总部演讲台。当别人问他为何能忍受如此艰苦的工作时,王顺友的回答很简单:"责任!"

由此可见,敢于把困难踩在脚下的人,一定是一个勇于担当、敢于负责的人,一定是有着强烈责任意识的人。强烈的责任意识,促使着他设法去解决出现的问题,排除万难,出色地把"不可能完成"的任务完成。

而且,这也是锻炼能力、丰富经验的难得机会。长此以往,你的能力和经验均会迅速提升,公司自然会重用你、扶持你。正如一句话所说:"只要不躲避问题,工作中的那些沉重的压力,能成为通往成功的桥梁!"

何琼是一家广州机械装备公司的业务员。一段时间后,总经理从某些渠道得知,西部地区某小城需要本公司的机械设备产品,就选派何琼前往做业务。何琼深知该城生活条件艰苦,工作很难出成绩,但一股对工作的责任感促使他揽下了这项艰巨的任务。

到了那儿,何琼才发现,当地的情况比想象中的还要糟糕。他在该城联系的几家工厂都没有采购他们的产品。怎么办呢?放弃吗?何琼告诉自己:"这是你的工作职责,不能逃避,更不能退缩。"

于是,何琼打起精神,继续做业务。他尽了最大的努力,不停地给客户讲该机械设备如何如何好。不知是被何琼负责任的工作态度所打动,还是为了尽早打发走何琼,居然有3家工厂签订了初步合作的协议。

回到公司后,何琼一字没有提工作的难度。这时,总经理已经得知当时的消息有误,他惊讶于何琼敢于接受高难度的工作任务,更惊讶于他居然能在那样的困境下做出如此令人满意的成绩。

总经理对何琼的工作给予了肯定,认为他责任能力强,敢于接受挑战;而何琼在这次工作中也学到了不少销售经验。不到一年的时间,何琼就独当一面,被公司任命为一家分公司的经理。

那些勇于负责的人知道,要想改变自己工作境遇,就要勇于向"不可能完成"的工作挑战。这样的人看起来很傻,但实际上他们是真正聪明的人,他们更有可能被赋予更多的使命,更有资格获得更大的荣誉。

不管是个人,还是一个团队,甚至一个公司,只有学会在问题面前、困难面前不推诿责任,勇于承担起自己的责任,团队的战斗力才会增强,才能把"不可能"变成"可能",才能最终走向成功。

困难是改进工作的良机,也是员工成长的机遇。当顾客、同事或上司交给你某个难题时,将工作的每一个问题当成一个提升自己、改进工作的机会,日有所进,天天积累,你就能成为职场中的佼佼者,到时哪个公司不肯扶持你呢!

◎ 扩大责任圈,便放大了事业圈 ◎

一个人能有多大的事业,注注取决于他有多大的责任心。如果事业舞台是

一个圆的话,那么责任心便是这个圆的半径,责任心越强,那么事业圈越大。你扩

大"责任圈"的同时,也就扩大了"事业圈"。

你是不是很羡慕那些在工作上表现出色的人?那些被老板重视,被公司重用的人?诚然,作为员工,在公司被重视、被重用,是一个人能力、地位和权力的象征和代表,可谓是威风八面,享尽无限风光……

但是,你有没有想过在成功人士风光无限的背面,他们担负了比他人更多的责任,付出了常人难以付出的努力和代价。但凡有大成就的人,他们都存在着一个共同的特点,那就是承担了更多的责任。

在不知情者眼里,文雅是一个幸运的人。要不然,她学历一般,能力也不出类拔萃,怎么能在短短3年时间里从人事部文员升到销售经理的位置,一路绿灯呢。只有文雅自己清楚,自己的成绩完全是因为对工作负责,一步一步慢慢爬上去的,其中有数不清的艰辛。

刚进这家公司时,只有大专毕业的文雅是一个不起眼的人事文员。在这个部门,学历高、能力强的人才选出不穷,文雅自知自己没有什么优势,只有比别人更勤奋。当别人抱怨工作百无聊赖、老板苛刻、业务难做时,她认真履行自己的工作职责,用心搜集、深入了解产品以及主要客户的资料。

一次,办公室主任请病假,留下许多需要紧急处理的工作。经理要求人事部暂时接管工作,但他们都以手头工作很忙为由委婉地推辞掉了。文雅认为那份工作必须有人得做,便默不作声地暂时接管了。

实际上,文雅也很忙,也不敢保证同时处理好两份繁重的工作。她认真地思考怎样提高工作效率,怎样在同一时间尽量成功地完成两份工作。她很快制订了方案,忙得不可开交,并成功地完成了任务。

经理发现了文雅的才能,就要求她去顶销售部的一个空缺。同原先一样,她的特色就是默默努力。半年后,她的几份完整的调查分析报告给公司创造了不小的业绩,也为自己赢得了赞誉。一年后,经理提拔文雅为销售部经理,因为经理知道只有文雅这样的人才能承担起重任。

正如英国首相温斯顿·丘吉尔所说:"伟大的代价就是责任。"一个人担负的责任大,需要付出的就比别人多,这也是许多人不愿意担负重大责任的主要原因。他们不愿意付出比别人多的精力,更不想将时间全部投入到工作当中。他们没有付出更多,所以他们没有取得更大的成功。

因此,一个人要想有所成就,必须要有强烈的事业心,而事业心的核心部分便是责任心。如果事业舞台是一个圆的话,那么责任心便是这个圆的半径,责任心越强,那么事业圈越大。你扩大"责任圈"的同时,也就扩大了"事业圈"。

一个敢于承担起多一份责任的员工,往往更能获得同事和上司的认可,进而赢得更多的资源与平台。

某大型公司要招聘一名员工,面对众多的求职者,公司的人力资源部经理提出了一个在许多应聘者看来好像是小孩都能够回答上来的问题。然而,正是这个问题让许多人都落聘了。

这是一个选择题,公司给出了两个选择,由应聘者任选其一。A.挑两桶水上山去浇树,你能够做到,不过会非常吃力。B.挑一桶水上山,你会很轻松就上去,并且还有充足的时间回家睡上一觉。你会选哪一个?

几乎所有的人都选了第二个。

只有一个青年选择了第一个,当人力资源部经理问及原因时,他说:"尽管挑两

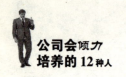

桶水非常辛苦,可是我有能力完成。既然有能力完成的事情为何不去做呢?再说了,让树苗多喝一点水,它们就会生长得更好。何乐而不为呢?"

最终,这位青年被录取了。人力资源部经理这样解释:"选择挑一桶水不用努力,而且十分轻松,可他却不想这么做,选择挑两桶水,敢于承担两份责任,这样有责任感的人正是我们所需要的。"

在公司中,承担起多一份的责任,不仅能使自己的能力和素质得到提升,使自己的人品可以信赖,还能很好地维护公司的利益,更能体现自己对工作认真负责的敬业精神,你想要的一切都将——兑现。

因此,当老板交代额外或者重要的任务给你的时候,你应该高兴才对,而不应该抱怨、拒绝。因为,老板把工作交给你,代表他觉得你能达到他的要求,相信你能完成任务,代表他器重你。

如果这时候你抱怨"您总是把很多工作丢给我,为什么不给别人",或者推诿说"您不要给我这么多工作,我手上还有好多活儿",这样讲,老板也许会接受,不把任务派给你,但要清楚,以后有好机会他也就不会再找你了。

大学毕业后,王杰和刘辉同时进入一家公司做广告设计工作。刚开始,两个人的工作表现没有太大的差别,但不到一年,王杰晋升为主管,刘辉却被老板辞退了,为什么会这样呢?

原来在工作中,每次老板给安排额外任务时,王杰认为这是表现自己的好机会,总是很主动很积极;而刘辉却老是推诿、逃避工作。于是,老板总是把重要的、难度大的工作交给王杰完成,而把一些无关紧要的工作交给刘辉。

王杰因此经常忙得不可开交,刘辉却经常无事可做。刘辉经常毫不掩饰地嘲笑王杰:"你瞧我,活儿干得少,责任承担得少,日子过得逍遥,工资可不比你少!你说你何必那么拼命呢?真是大傻瓜!"

王杰在工作中愿意承担更多责任,做得多,学得多,成为公司离不开的人;而刘辉做得少,学得少,成了多余的人。就这样,两人渐渐地拉开了距离,事业上所取得的成就自然不能同日而语。

由此可见，要是你能够担负更多的责任，就不要为只担负了一份责任感到庆幸，要多看责任背后的机会。如果你能够像王杰那样对自己的工作尽职尽责，那么你也就会是一个受公司扶持、事业有成的人。

总之，作为一名员工，如果你看责任的一面，也许只能看到压力；但一个人在事业的成就是与他的责任心成正比的，当你扩大自己的责任范围，时刻为自己的决策和行为负责时，你的价值也就越大，你取得的事业也就越大。

◎ 责任，让你完美到不可替代 ◎

尽职尽责是工作的底线，尽职尽责才会尽善尽美！责任创造卓越！将责任感根植于内心，全心全意地投入到工作中，你就能做出不同凡响的工作来，使自己成为这一领域不可替代的员工。

许多人都曾为这样一个问题而困惑不解："为什么别人总能够得到老板的重视和重用，而自己却不行？"在回答这个问题之前，请你先问问自己在工作中是否做到了尽善尽美，即工作完美到没有一丝缺点？

麦金莱总统在美国得克萨斯州一所学校演讲时，曾对学生们说："比其他事情更重要的是，你们需要尽职尽责地把一件事情做得尽可能完美。与其他有能力做这件事的人相比，如果你能做得更好，那么，你就永远不会失业。"

尽善尽美是人人所追求的，但是做到却不是那么容易，这需要我们每个员工都要做到尽职尽责。有责任感的员工，总会想办法把事情做得尽善尽美。正如美国著名管理学家玛丽·弗洛特所说："责任创造卓越。"

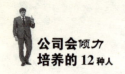
在世界市场的竞争中，以追求完美著称的德国人正是一部活教材。面对奔驰和宝马汽车时，所有人都会感受到德国工业品特殊的技术美感——从高贵的外观到性能良好的发动机，几乎每一个细节都完美得不可挑剔。德国货在国际上几乎成为"精良"的代名词。是什么造就了德国货卓著的口碑呢？答案是工作的责任感。德国人以近乎呆板的严谨、认真闻名，他们不仅仅追求经济效益，更是用一种责任心来看待自己的工作，并把这种责任感完全融入产品的生产过程中。

责任感是成功者必须具备的一项素质，我们取得成就的大小与承担责任的多少是成正比的。责任感越强的人，在工作中越会追求精确和完美，表现得越加卓越，也就越能得到他人的尊重与支持。

因此，要想把工作做到尽善尽美，就要学会尽职尽责。一个人只有具备了尽职尽责的精神之后，才会全身心地投入工作，才会不断发掘出自己的潜力，才会拥有改变一切的力量；做出尽善尽美的业绩，才会成为公司不可替代的员工，如此便不愁受不到重视和提拔！

毛毛是某一公司的推销员，他在这家公司工作有四五年了，始终业绩平平，还时常犯些错误，得不到老板的重视和重用。在向老前辈请教经验时，后者说了这样一句话："只有尽职尽责，才能尽善尽美。"

最初，毛毛有些怀疑，为了验证这句话，他开始认真地反省自己原来的工作方法与态度。经过仔细分析，他发现自己在以前的工作中确实没有做到尽职尽责，总是心不在焉，错过了很多能够与顾客成交的机会。于是，他给自己制订了一套非常严格的工作计划，并立刻着手开始实施。如，在开展工作前要做好充足的准备，只要上司下达任务就立马着手去做，对待工作要精益求精、全身心地投入，等等。

数月后，毛毛重新回顾了自己最近一段时间的工作，发现自己尽职尽责的工作态度产生了良好的效果，工作业绩翻了好几倍，而且赢得了上司和顾客的一致好评。同时，他也被公司提拔为销售主管，开始在更为广阔的舞台上大显身手。

由此可见，不管你从事什么样的工作，平凡的也好，令人羡慕的也好，只要你尽职尽责地对待工作，做得比别人更完美、更快、更准确、更专注，你就能引起他人的关

注,成为深具影响力的人。

在日益激烈的市场竞争中,对企业而言,具备尽职尽责精神的员工同样具有非凡的意义和价值。因为他们不仅决定了公司的生存空间和发展方向,更是公司角逐市场、立于不败之地的重要砝码。

零售航母沃尔玛一度在《财富》杂志全球500强排名中名列前茅,它在全球许多个国家和地区开设分店总数达4000家。有人说,蓝色的工作服和让你再次光临的微笑成就了沃尔玛,其实是尽职尽责的员工成就了沃尔玛公司。

沃尔玛拥有世界上最庞大的员工队伍,人数超过138万人,其中大部分都是临时工,而且很多人只有初中文化程度。沃尔玛对员工的录用很简单也很重要的一项标准就是——有责任感。

因为责任感,沃尔玛的员工们有着尽职尽责的工作态度,他们总是能把顾客的利益和企业的利益放在第一位,时时想到顾客的所需所求,尽心尽力地为顾客服务,总会想方设法把工作做得尽善尽美。

在沃尔玛,员工们有一个著名的称谓——"合伙人"。一方面,沃尔玛把公司上司称为公仆,而另一方面又把员工称为合伙人。现在,这样的一个标准逐渐内化为沃尔玛的企业精神。

尽职尽责是工作的底线,尽职尽责才会尽善尽美!无论你身居何种岗位,将责任感根植于内心,全心全意地投入到工作中,你就能做出不同凡响的工作来,使自己成为这一领域不可替代的员工。那么,下一个被提拔的人就有可能是你!不用怀疑!

◎ 信守承诺，做职场大赢家 ◎

人贵以信，还有什么比别人都信任你更宝贵的呢？有多少人信任你，你就拥有多大的影响力和吸引力，也就拥有多少次成功的机会。无论从事怎样的工作，只要你能做到时时信守承诺，你就能成为职场上的大赢家。

人贵以信，一个人应当信守承诺，这是一条永恒不变的道德法则。评价一个人道德水准的高低，很重要的一点就是看他是否守承诺、讲信用。同理，职场上的信誉也尤为可贵，是你在职场上能否取得成功的关键因素。

所谓职场上的信誉，即对你的上司、同事、顾客信守承诺，无论在什么样的工作岗位上，都要对自己的工作负责。这既是对自己的一个基本要求，也是赢得老板信任和重用的重要条件。

要做到"信守承诺"主要把握 3 点，一是出言要慎；二是努力信守；三是讲究道德。出言要慎，是承诺时要考虑可行性，谨慎承诺方可兑现；努力信守，讲的是已经承诺就要不惜代价去维护承诺、做到承诺；讲究道德，就是要不做坑蒙拐骗之事。

一个员工若不信守承诺，比如，没能按时完成工作任务，与客户合作时出现违约等，就会失去别人对他的信任。别说是获得支持和扶持，恐怕连他的声望和威信都会扫地，因为这不仅说明了他的无能——敢于承诺却办不到就是无能，更揭示了一种不负责任的工作态度。

相反，如果你不管是身处逆境还是顺境都能够坚守承诺，为自己建立起诚信的口碑，那么无论你有多么不起眼，就能很容易地获得别人的信任。还有什么比别人都信任你更宝贵的呢?有多少人信任你,你就拥有多大的影响力和吸引力,也就拥有多少次成功的机会。

下面我们来看两个真实的故事。

摩根一直想做一番大事业,1835年,他等来了这个机会。一家名叫"伊特纳火灾"的小保险公司宣称,不用马上拿出现金,只需在股东名册上签上名字就能成为股东,这非常符合摩根没有现金但却能获益的设想。于是,他便入了股。

然而,就在摩根成为股东后不久,一家在伊特纳火灾公司投保的客户发生了火灾。按照规定,如果完全付清赔偿金,保险公司就会破产。股东们一个个惊慌失措,纷纷要求退股。

摩根斟酌再三,认为既然对客户做出了承诺就要信守。于是,他四处筹款并卖掉了自己的住房,低价收购了所有要求退股的股东们的股票,然后将赔偿金如数付给了那位已投保的客户。

这件事过后,伊特纳保险公司成了有信誉的保证。但摩根已经身无分文了,虽然成了保险公司的所有者,可这家公司已经濒临破产了。无奈之中,摩根打出广告,凡是再到伊特纳火灾保险公司投保的客户,保险金一律加倍收取。

很多人,包括摩根自己,以为维护客户源是一个非常艰难的过程,不料客户很快蜂拥而至。原来在很多人的心目中,伊特纳公司是最信守承诺的保险公司,这一点使它比许多有名的大保险公司更受欢迎。

从此,伊特纳火灾保险公司崛起了,并成为华尔街的主宰;摩根本人也由一个默默无闻的股东变成了高高在上的总裁。

与摩根类似的是,巨人高科技集团的开创者、总裁史玉柱也是信守承诺之人。1995年史玉柱被列为《福布斯》中国大陆富豪第8位,是当年入选的唯一的高科技起家的企业家。关于自己的成功秘诀,史玉柱这样说道:"信守承诺,说到做到!"

1989年,史玉柱在深圳研究开发出M6401桌面中文电脑软件,并以此起家。当时,只要对电脑商做出了承诺,几月几日几点钟做完工作,史玉柱就一定要做完;完不成,不管什么理由,一定会对电脑商进行补偿。正是因为诚信,史玉柱赢得了电脑

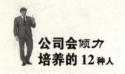

商和报社对他的信任,仅 5 个月销售额就达到 100 万元。

1994 年,国外软件大举进军中国,巨人集团产品的销售呈现了疲态;再加上管理不善,巨人集团迅速盛极而衰,史玉柱骤然从巅峰跌入深渊,背上 2.5 亿元巨债。也正是因为这一次危机,史玉柱再一次赢得了众人的钦佩与支持。

面对事业的低谷,史玉柱极其痛苦,但他深知要想再次把"巨人"推向市场,培养信用度应该是最基本的一步。他始终念念不忘所欠债务,找了很多专家,包括美国专家,研究 21 世纪什么东西最热、最有发展前途。当时得出的结论就是生命科技,落实到产品上就是保健品。

之前,史玉柱并不了解保健品,对保健品也不感兴趣。然而,由于身负着数亿元的巨债,他明白这些债都是要还的。本着对自己负责、对公司负责、对自己下属员工负责的态度,他开始了解一些保健品方面的常识,认真地做起了市场调查,一步一个脚印地策划着营销活动,终于将脑白金做起来了。很快,史玉柱还清巨债,重建巨人,他和他的脑白金一起,成为妇孺皆知的明星。

事例中,摩根、史玉柱之所以使得摩根公司、巨人集团重新崛起,正是因为他们有一颗坚守承诺的责任心。他们用自己的实际行动,实践了对客户做出承诺,赢得了顾客的信赖和支持。

现代社会是法制社会,只有信守承诺,公司才会聘用你、重用你,同事才敢和你交朋友、在工作上进行合作,顾客才愿意信赖你、和你做生意。信守承诺,这是任何一个渴望成功的人必备的素质。

因此,你要想成为职场上的赢家,就一定要做到时时信守承诺。当你获得了别人的信任时,也就等于得到了更多晋升和发展机会的青睐,这就像为自己的不断发展安装上了"助推器"一样,成功指日可待。

第五种人

效 率

在拼命工作,还是在有效工作

　　想获得公司的倾力扶持，先问自己一个简单的问题："你是在拼命地工作还是在有效地工作？"得到老板赏识的优秀员工追求的是一种低成本、高效率的工作方式。高质高效地工作，降低使用成本，你也能成为优秀员工。

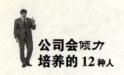
◎ 方向正确了,才能避免瞎忙 ◎

方向比距离更重要。如果方向错了,你不仅白忙一场,还可能离成功越来越远;可是方向正确了,即使走得慢也能做出成效,一步一步靠近成功。

很多高尔夫球手都尽力把球打得更远。这项运动要求几个动作同时进行,在此过程中,各种错误都可能发生。高尔夫球教练总是教导说,把球打直要比打远更重要,方向比距离更重要。

工作就像打高尔夫球,如果方向错了,不仅白忙一场,还可能离成功越来越远;可是方向正确了,即使走得慢也能做出成效,一步一步靠近成功。因此,工作时要经常看看自己的工作方向是否正确。

关于这一点,"康师傅"之父魏应行的成功给了我们很大的启示。

"康师傅"的老板并不姓康,而是来自中国台湾顶新集团的魏应行。他1988年到大陆创业,先后推出"清香食用油"、"康莱蛋酥卷"和另外一种蓖麻油产品,并大肆地做电视广告。虽然广告深入人心,但由于当时大多数人的消费水平尚在温饱阶段,所以这些高级产品滞销,均以失败告终。

到1991年,魏应行带来的1.5亿元新台币血本无归,他只好放弃投资大陆的计划,收拾行李返回台湾。在火车上,由于不习惯火车上的饮食,他自带了两箱方便面,没想到这些在岛内非常普通的方便面引起了同车旅客的极大兴趣,有人围观甚至询问何处可以买到。

魏应行马上敏锐地捕捉到了这个市场的巨大需求,把握了主流方向。当时大陆

126

生产的方便面很便宜,但是质量一般,多为散装;国外进口的方便面质量好,但是五六块钱一碗,相对于当时大多数人的消费水平来说太贵了。魏应行吸取了以前方向错误的教训,决定生产一种物美价廉的方便面,根据大陆消费者的消费能力,把售价定为1.98元人民币。

方便面生产线投产后,魏应行又开始考虑方便面的营销问题。经过深思熟虑之后,他根据大陆人的喜好,决定使用一个笑呵呵、很有福相、很有亲和力的胖厨师形象,即后来的"康师傅"品牌。

1992年8月21日,"康师傅"第一碗红烧牛肉面诞生。亲切的形象,适合国人的口味加上1.98元一包的价格,使得"康师傅"几乎一问世便被顾客接受和喜爱,并掀起一阵抢购狂潮,成为方便面的品牌代名词。

魏应行之所以能够取得成功,正是他认识到了"清香食用油"、"康莱蛋酥卷"等产品超出了当时大多数消费者的消费水平,犯了方向性的错误。调整方向后,他开始致力于物美价廉的方便面,方向对了,"康师傅"品牌的成功也就自在情理之中。

方向正确了,才能避免弯路,才能做正确的事,避免瞎忙。我们在工作中一定不能像老黄牛一样埋头拼命拉车,而要在"百忙"之中抬头看看方向,随时反省和思索最根本的方向性问题。

杜海是一家出租车公司的司机,他的工作效率非常高,总是能在最短的时间内将乘客送到目的地。因此只要坐过他车的乘客几乎都会主动地和他要联系电话,以备下次继续乘坐,刘斌便是其中一位。

刘斌是某公司业务员,这天公司有一个非常重要的会议,不能迟到。怎料,这天刘斌早上醒来晚了,出门时离会议开始时间只有20分钟了。他急忙打了一辆出租车。匆匆忙忙上车后,刘斌对司机说:"司机先生,拜托你走最短的路!快!"

这名司机正是杜海,他并没有立即开车,而是回过头来问道:"先生,我看你好像是赶时间吧,我认为咱们要走最快的路,而不是最短的路。"

"最短的路不就是最快的路吗?司机先生,我真的很着急。"刘斌有些恼火。

杜海耸了耸肩,说道,"当然不是,现在是交通繁忙时间,最短的路随时都有可能

发生交通堵塞,那样会耽误很多时间的,所以我建议你改变一下方向,虽然这样多走了一点路,但却是最快的方法。"

听了杜海的建议,刘斌选择走了最快的路。杜海所言没错,途中他们看到有一条街道交通堵塞得水泄不通,那正是最短的路。最后,虽然路程较远,但因为畅通无阻,杜海及时到达了公司。

正是由于如此聪明、高效的工作方法,杜海得到了众多乘客们的一致好评,每天的工作业绩也比其他司机好不少。他年年被公司评为优秀员工,后来还被老板提拔为所在小组的主管。

在本事例中,杜海没有像大部分司机一样乘客一上车就急着开车赶路,而是先观察从哪个方向走才能避开交通拥堵的情况,以便最快到达目的地。足见,正确的方向才能少些无用的忙碌,才能高效完成工作,进而得到公司的认可和赏识。

微软之所以能够成为 IT 业的"大哥"、全球最大的电脑软件提供商,要归功于创始人比尔·盖茨的正确领导。每年盖茨都要进行两次为期一周的"闭关修炼",使自己处于完全的封闭状态,完全脱离日常事务的烦扰,静心思考公司的发展方向,好让整个微软公司和他自己都能忙在点子上。

当你整日为了销量忙忙碌碌、为了市场四处奔波、为了业绩疲于奔命,结果却是销量下滑、市场疲软、业绩无增的时候,你是不是应该暂时停下来一会儿,认真想一想自己的工作方向是否正确?比如,你目前做的是否是对销量增长无益的事情,你开发的是否是早已被公司舍弃的市场……

◎ 做好工作计划,轻松应对每一天 ◎

每天只需要花 10~20 分钟,你就可以为当天的工作做出计划,这 10~20 分钟的投入将为接下来的行动节省 100 分钟,甚至 1000 分钟,效率、业绩及投入产出比提高 25%~200% 以上。

或奔波于上下班途中,或穿梭于单位各部门之间,或坐在电脑旁处理一大堆文件、材料……繁忙的工作任务、沉重的压力和责任,是不是让你觉得工作杂乱无章、没有效率,似乎永远没有出头之日?

这种状态怎能赢得公司的倾力支持呢?你想改变这种状态吗?想工作即使再繁忙,自己也能游刃有余而有效率吗?答案当然是"想",那么有什么解决办法吗?有!这就是每天制订工作计划!

《如何掌控你的时间与生活》一书的作者拉金说过:"一个人做事缺乏计划,就等于计划着失败。有些人每天早上预定好一天的工作,然后照此实行,他们就是工作的主人。而那些平时毫无计划,靠遇事现打主意过日子的人,只有'混乱'二字。"

一般工作计划包括 4 大要素:

1.工作内容:即做什么

2.工作方法:即怎么做

3.工作分工:即谁来做

4.工作进度:每一段落的目标

拟定工作计划是一件非常重要的事,可以对自己的工作行程、同事的活动、上司

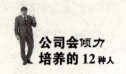

的预定计划、公司的整体动向等事情一目了然,增强工作的主动性,减少盲目性,使工作有条不紊、高质高效地进行。

有研究表明:每天只需要花 10~20 分钟就可以为当天的工作做出计划,这 10~20 分钟的投入将为接下来的行动节省 100 分钟,甚至 1000 分钟,效率、业绩及投入产出比提高 25%~200%以上。难怪许多颇有名气的商界精英将工作计划列为成功因素之一。

有一则这样的故事。

一个商人开了十几年的企业经营越来越不好,只好宣布破产。他沮丧地找到智者,不解地问道:"我夜以继日、马不停蹄地经营着生意,对每一位客户都很真诚、热情,为什么会失败呢?"

智者好意地劝说道:"一次失败不代表什么,你可以从头做起。"

"什么,从头做起?我做得已经很努力了,还遭遇了失败,从头做起还不是一样的结果吗?"商人不明白地问道。

"不!如果你把目前经营的情况列出来,然后再列出一份经营计划的话,从头开始不是难事。你现在最需要的就是制订一份工作计划,然后按照你的计划重新开始。"智者坚定地说。

商人想了想,说道:"事实上,早在 10 年前我就想制订一份工作计划了,但是一直没有去做。不过,这次我愿意认真地试一试。"结果证明,一年后,他的企业开始重建,3 年后便开始扭亏为盈。

值得一提的是,在制订工作计划时,有一个非常著名的"大腊肠切片法"。所谓"大腊肠切片法",就是将繁重的工作分成几个易处理的步骤,步骤的幅度越小越好。这就像一条未被切割的大腊肠,庞大、皮厚、油腻,难以入口;但如果切为薄片,你就可以马上轻松地享用。

假设你今天的工作任务是整理 12 份文件,你有 8 小时的工作时间,那么就可以如此进行计划:将时间砍成 4 段,每两小时做三份文件,一小时做一份半文件;做完一份半,再做下一个一份半……

无论你从事的是多么普通的工作,即使你非常忙,也要抽时间找个地方简单列一下计划,这样你就能实现工作高效率,充分施展自己的才能,积累被公司倾力扶持的资本。坚持将你的工作计划进行下去吧!

◎ 工作时间,你在专心工作吗 ◎

要想在自己的工作岗位上做出成绩,首先你要专注于自己的工作。要知道,你专注的程度越大,你在工作中取得成绩的可能性也就越大。那么,你的发展机会也就越大。否则,你将一事无成。

20世纪80年代,有一位在国内有一定影响力的花鸟画家,他16岁时就举办了个人画展,其多幅作品被选送至日本、意大利、美国、法国、苏联等国展出,被誉为"画童"、"小天才"。

一次画展招待会上,有人问画家:"现在的画家很多,你是如何从众人中脱颖而出的呢?期间的过程是不是很不容易?"

画家微笑着摇摇头,回答:"一点都不难,而且我差一点当不了画家。小时候我兴趣非常广泛,也很要强。画画、游泳、拉手风琴、打篮球,必须都得第一才行。这当然是不可能的,有段时间我心灰意冷。"

众人都很好奇,画家解释道:"老师知道后,找来一个漏斗和一捧玉米种子,让我双手放在漏斗下面接着,然后捡起一粒种子投到漏里面,种子便顺着漏斗滑到了我的手里。老师投了十几次,我的手中也就有了十几粒种子。然后,老师一次抓起满满的一把玉米粒放在漏斗里面。玉米粒相互挤着,竟一粒也没有掉下来。"

顿了顿，画家接着说道："经老师提点后，我放弃了游泳、篮球等，这大半辈子都只坚持学习画画，这也许就是我画画比较好的原因吧。我想，如果我当初什么都学习的话，可能现在我什么都不是。"

有的人做了一辈子事儿，却没有一件能让人记住的；但有的人一辈子只做了一件事儿，就让人记住了。成功其实不是什么难事儿，最重要的就是你要能够收住心，专心做事，工作也是一样。

每个人的工作时间和精力都是宝贵的、有限的，要想高效利用工作时间，提高工作效率，最行之有效的就是集中精力，专心工作，不要浪费时间。特别是做重大事情的时候，切勿一心两用。

俗话说"一心两用难成事"，一项工作应当用 100% 的心思才能完成，而你却在头脑里想着其他事情，注意力向四面八方分散，其结果不言自喻，必将把工作搞得一团糟，工作效率大打折扣，不仅浪费了宝贵的时间，还凸显不出自己的工作能力！对于这样一个员工，有哪个公司愿意扶持呢？

我们知道，有经验的花匠习惯于把许多能够开花结果的花蕾剪去。他们为什么这么做呢？那些花蕾不是一样可以开出美丽的花朵吗？原来，花匠是为了将所有的养分集中在有限的花蕾上，这样花才会开得大、开得美。

就像培植花木一样，你也要学会拿起剪刀，剪除那些分散你精力的、无关紧要、杂乱无章的念头，以保证自己能够在工作时间聚精会神地面对自己的工作，这是提高工作效率、取得成就的最有效的方法之一。

法国文豪大仲马一生所创作的作品高达 1200 部之多。对于有些作家来说，如此惊人的数字根本是不可能完成的任务。是大仲马与生俱来的写作天赋造就了他吗？不是！这源于大仲马总是能聚精会神地专注于写作上，只要一提起笔，他就会忘记吃饭，就连朋友找他，他也不愿放下手中的笔，总是将左手抬起来，打个手势以表示招呼之意，右手却仍然继续写着。就如哲学家亚当斯所说："再大的学问，也不如聚精会神来得有用。"这句话正是大仲马的最佳写照。

专心工作，可以让我们的工作更有效率。即使工作任务再多，你也要一件一件地进行,做完一件事情就了结一件事;全神贯注于正在做的事情,集中精力处理完毕后,再把注意力转向其他事情,着手进行下一项工作。

苏利是某一快餐厅的服务员,由于这家快餐厅毗邻商务区,每天中午都是人潮汹涌,时间宝贵的上班族们都是争先恐后地点餐。可是,苏利看起来一点也不匆忙和紧张。

"您好,请问您要点什么?"苏利一边倾斜着上半身,以便能倾听到对面女顾客的声音,一边飞快地填写点餐单。这时,有一个看起来很焦急的中年男子,快步走到苏利面前,试图插话进来。苏利态度坚决,但很客气地说道:"您好,请您去后面排队。"然后继续和眼前这位女顾客说话,"您只需要这些是吗?请您到用餐区等候。"

女顾客转身离开,苏利立即将注意力转移到下一位顾客。一会儿,刚才的女顾客又回头说:"我还想加些东西。"这一次,苏利已经集中精力在眼前的顾客上,她礼貌地对女顾客说了一句:"请您稍等!"等到这位顾客满意地点点头,转身离开,苏利这才立即将目光转向女顾客,"请问您还要加些什么?"

餐厅评选"最尽职尽责的服务员"时,苏利获荣。有人问她:"整天面对那么多的顾客,你怎么能够让每一个顾客都很满意。而且你看起来始终那么得心应手、轻松自如,你有什么办法吗?"

苏利笑笑,回答道:"工作虽然忙,但这就是我的工作,我要认真对待。至于方法,没什么特别的,我只是单纯处理一位顾客,忙完一位,才换下一位。在一整天之中,我一次只服务一位顾客。"

专心工作是一种能够提高自己工作效率和工作满意度的工作技巧。你专注的程度越大,你在工作中取得成绩的可能性也就越大,你的发展机会也就越大。要想赢得公司的扶持,先专注于你的工作吧!

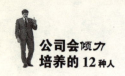

◎ 用80%的时间做20%的事 ◎

任何一个人的时间都是有限的,把80%的时间花在能出关键效益的20%的工作上,这是高效员工的必备法则。掌握这个法则,你才能摆脱忙碌紧张的状态,使工作高效有序地得到落实,成为高效工作的受益者。

任何一个人的时间都是有限的,要造就高效的工作效率,必须有时间管理的意识。只有善于掌控时间,才能摆脱忙碌紧张的状态,使工作高效有序地得到落实,成为高效工作的受益者。

这就涉及管理学上的"二八法则",即意大利经济学家帕累托所提出的80/20法则,即要把80%的时间花在能出关键效益的20%的工作上,这是高效员工的必备法则。掌握这个法则,工作效率就会大大地提高。

著名的设计师安德鲁·伯利蒂奥曾经是一个疲于奔命的工作狂。他除了每天进行设计和研究工作外,还负责公司制度的制定、考勤等很多方面的事务,几乎公司的每一件工作他都要亲自参与。

"为什么你的时间总是显得不够用呢?"有人问。

安德鲁无奈地说:"因为我要管的事情太多了!"

整天忙得晕头转向,作品的质量却常常不尽如人意,也没有取得令人骄傲的成绩,安德鲁对此很不解,便去请教一位教授。教授给他的答案是:"你大可不必那样忙!关键在于分好工作内容的主次。"

听到这句话的一瞬间,安德鲁醒悟了。原来,一直以来他把很大一部分时间都浪费在管理其他乱七八糟的事情上，而最重要的设计工作反而只能占用一小部分时间，由于时间紧凑，作品的质量自然就受到了很大影响。

从此，安德鲁调整了时间分配，他把那些无关紧要的细小工作交给助手去做，自己则把时间集中用在设计工作上。因为时间得到了有效地运用，不久他出版了传世之作《建筑学四书》，此书被建筑界称为"圣经"。

在工作实践中，我们应该如何正确运用"二八法则"呢？

在这里，提供给你一种时间管理 ABC 法。所谓时间管理 ABC 法，即以工作的重要程度为依据，将待办工作按照轻重缓急划分为 A、B、C 三个等级，然后决定工作开展的先后顺序的一种统筹办事的重要方法。

一般来说，A 级工作是与工作目标相关的关键工作，如大客户的约见、重要文件的签定，以及能带来领先优势或成功的机会；需要处理但又不要求立刻完成的，诸如各种规章制度的完善、售后服务等工作为中等价值的 B 级工作；那些不必要的应酬、关系不大的会议和一般性质的信件、聊天等，对工作目标影响不大，可将其划为 C 级工作。

总体来说，ABC 三级工作在工作总量中所占的时间分配是这样的。

A 级工作是必须在短期内完成，需要立刻行动起来去做；A 级工作完成后，转入做 B 级工作。如果时间紧张，可以适当地推迟 B 级工作期限，也可以考虑授权给别人处理；对于 C 级工作，无论你多么感兴趣，都要尽量少在上面花费时间，或者安排在工作低谷时期进行。比如，有些会议内容与自己的工作没有什么关系，你大可利用此时间看一些与自己主要工作有关的材料，或者考虑与自己主要工作有关的问题。

利用 ABC 时间管理法平衡时间，虽然方法看起来很麻烦，但根据事情的轻重缓急来决定工作顺序，可以避免你被工作牵着鼻子走。因为它能使你充分发挥主观能动性来驾驭工作，是非常重要的提高工作效率的手段。

管理顾问詹森就是一个 ABC 时间管理法的成功实践者，我们来看看他是如何做的。

詹森并不是工作狂，他逍遥自在，却业绩斐然。

詹森的手上从未同时有 3 件以上的急事，通常一次只有一件，其他的则暂时摆在一旁。而且他会把大部分时间拿来思索那些最具价值的工作，比如公司的总体发

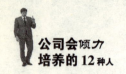
展规划、年度工作任务、行业发展前景等。

詹森只参加重要客户的会议，走访一些重要的顾客，然后，把所有精力拿来思考如何实现与重要客户的交易，以及公司如何能够获得最大利益，接下来再安排用最少人力达成此目的。

詹森把产品的知识传授给下属，时常会观察公司谁是某项工作最合适的执行者。对象确定后，他会将下属们叫到办公室，解释他对每一个人的要求，让他们放手去做，自己做的只是时常盯一盯工作的进度。

詹森的事例告诉我们，那些拥有极高工作效率的优秀员工永远能够抓住工作中最重要的问题加以解决，而其他的小问题则会先暂时放在一边，或交由他人处理，从而保证自己将全部的精力集中于重要的事情。

记住，只要你能先做最重要的工作，你想不成功都很难。

◎ 高效率的大敌——完美主义 ◎

不要在一些不必要的问题上花费太多的时间和心思以追求所谓的完美。公司追求的是效益，与其求优不如求佳。在保证工作质量的基础上创造更高的工作效率，这才是最完美的结果。

有些员工之所以工作效率低下，是受完美主义的控制。在心理学中，完美主义是一种人格特质，也就是在个性中具有凡事追求尽善尽美的极致表现的倾向。以下是其主要心理特征，看看你符合几条。

要求规矩、缺乏弹性，容易陷入定式思维；

不敢冒险，不敢尝试新的东西，行事谨慎，力图成功；

对自身期许过高，甚至苛求自己，不能宽容自己的失误；

对安全感有极高的要求，追求秩序与整洁；

非常在意上级的评价和期待；

……

具有完美主义倾向的人一般做事认真、责任心强，这是值得称颂的。然而，工作并非总是那么顺利，常常会受到各种客观条件或主观能力的限制。一旦工作受阻，他们就很容易自咎自责，变得浮躁、紧张，继而意志消沉，从而影响工作进度和成效。

所以，作为员工，在工作中过分盲目地追求完美是一种非常不可取的心态，这样做往往不能给你带来高效的工作效率，反而会成为束缚你能力、阻碍你成就的"敌人"，得不偿失。

我们来看一个非常经典的故事。

一位贫穷的渔夫出海打鱼，在捞上来的蚌壳里面，他很幸运地发现了一颗珍珠。这颗珍珠在阳光下光彩夺目，珠圆玉润。正在他爱不释手地欣赏时，突然发现在珍珠上有一颗芝麻粒大的小黑点。渔夫心想："如果能把这个小黑点去掉的话，这颗珍珠就完美了，就更值钱了，以后我就再也不用出海打鱼过苦日子了。"于是，他开始打磨这颗珍珠，但很快他发现随着珍珠的不断变小，小黑点却没消失。于是，他继续打磨。直到最后，黑点终于没有了，但珍珠也不复存在。

渔夫追求完美的代价是整个珍珠的不复存在。在工作中，我们追求完美的代价往往也是在消耗我们的宝贵的"珍珠"，只不过这里的"珍珠"是我们的时间和精力。你的时间和精力会在追求完美的过程中慢慢消耗殆尽。

美国前总统富兰克林·罗斯福曾坦然地向公众如此承认道："如果我的决策能够达到75%的正确率，那就达到了预期的最高标准了。"伟大的罗斯福尚如此，我们又何必对自己一味苛求100%的完美呢？

所以，不要在一些不必要的问题上花费太多的心思以追求所谓的完美。作为一名员工，永远要记住一条，那就是：公司追求的是效益，你要在保证工作质量的基础

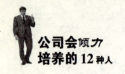

上创造更高的工作效率,这才是最完美的结果。

比如,在某一段时间里,你将所有的时间和精力放在了一个单子上,但是一个单子做得再完美,它也不会变成两个。只有想方设法签到更多的单子,工作效率才能提高,工作业绩才能上得去,你也就有机会得到公司的扶持。

打一个形象的比喻:这就像跨栏一样,最好的跨栏选手不会花费太多精力和力气在一个个栅栏上,如跨栏姿势是否完美,是否碰撞了栅栏等,而是追求如何在很短的时间内跨过更多栅栏,如此才能取得好成绩。

既然你已经知道了完美主义对工作效率的消极影响,那么在接下来的工作过程中你应该如何做呢?

这就是抛弃完美主义的思维方式,不必事事都有最好的表现;对自己的期望不要太高,设立的目标实际一点,精神压力和受挫感就不会那么大,获得成功的信心就强些,自然也就更有能力和创造力,进而提高工作效率。

世界顶尖高尔夫球手博比·琼斯是唯一一个赢得高尔夫"年度大满贯"(包括美国公开赛、美国业余赛、英国公开赛及英国业余赛)的人,他被称为是美国高尔夫史上最优秀的业余选手。

在高尔夫球员生涯的早期,博比·琼斯总是力求每一次挥杆都完美无缺。当他做不到时,他就会打断球杆、破口大骂,甚至愤慨地离开球场。这种脾气使得很多球员不愿意和他一起打球,而他的球技也没有得到多少提高。

直到后来,博比·琼斯渐渐了解,一旦打坏了一杆,这一杆就算完了,但是你必须尽力去打好下一杆。学会调适心态后,他才真正开始赢球。对此,他这样解释说:"要对每一杆有合理的期望,力求表现良好、稳定才能取胜,而不是寄望非常完美的挥杆成就。"

由此可见,要想获得最高效的工作效率,与其求优不如求佳。比如,如果你的上司只是需要你将意见直接、随意地写在便条上,那你就不要写一篇分析精辟、长篇累牍的大论;如果你的客户希望你给他做一个计划,你只要提供给客户真正要的东西即可,而无须详细地做好计划中的每一个部分。

与其求优不如求佳的思路及其实际效果是:较低、较容易的目标→成功或完成→自信→更高的目标→更自信。这是提高工作效率的重要方法之一,是你在职场竞争中胜出的一种重要手段,你有必要好好运用。

◎ 学会说"不",离高效更近一步 ◎

上司的命令、顾客的要求、同事的请托等,有时也会成为影响你工作的罪魁祸首。而你要做的,就是对这些影响自己工作效率的事情说"不"!如此你会发现,你的时间成本缩小了,工作效率提高了。

在工作中,面对你职责范围之外的上司的命令、顾客的要求、同事的请托等,你是如何做的?你是不是会为了维护表面上的和谐关系,有求必应,默默承受,即使这些要求会影响自己的工作效率,也从不说"不"?

只是,这样做正确吗?工作效率高吗?会给你在老板面前加分吗?会使你得到重用和升迁的机会吗?不妨看看以下事例再做判断。

小茗和欣雨大学毕业后同时进入 R 广告公司实习。这家公司可以说是业内的霸主,因此小茗和欣雨两人都十分重视这次的实习机会,因为按照惯例,这家公司会从每一批实习的人员之中选择最优秀的一位留下来。

进入 R 公司后,欣雨觉得上司的推荐和同事的口碑对于自己能否被聘用十分重要,因此,她凡事都显得特别积极,诸如帮同事跑腿、帮经理助理打印……忙得不亦乐乎。大家见这她那么热心,便也逐渐不客气了,哪怕是与工作不相干的事情也会交给她:"欣雨帮我把办公桌收拾一下。""欣雨帮我订一下午饭……"欣雨全都接受,毫无怨言。而小茗却截然相反,有人请她帮忙的时候,她似乎总以自己的事情还没做完为借口推托。渐渐地,请她帮忙的人越来越少,因此,大家对欣雨的评价越来越高。

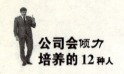

两个月的实习时间很快结束了,转眼就到了宣布最终结果的时候。欣雨这时已经获得了公司所有人的热情、积极、乐于助人等好口碑,她满怀信心地以为留下的是自己,但结果恰恰相反。

当时,经理是这样说的:"欣雨,你的表现大家都看在眼里。说实话,站在朋友的立场,我很想留你下来。可是,站在公司的角度考虑,我们需要的是能在工作上做出成绩的人。在这段时间里,我很遗憾地看到你的主要精力并没有放在本职工作上,工作起来明显要比小茗吃力……"

欣雨的经历让我们领悟到,做同事有求必应的职场"老好人"虽然在道德上是被人赞赏的,但却很容易变成大家呼来唤去的"杂工",分散自己的精力和时间,做不好自己的工作。在老板眼里,这就是弄不清楚自己的工作职责,是最容易被淘汰的,更别提给你被重用和升迁的机会了。

超出你职责范围之外的上司的命令、顾客的要求、同事的请托等,都可能成为影响你工作效率的罪魁祸首。这时候,你要学会说"不",以保证自己高效率地完成本职工作,进而得到老板的青睐和重用。

古希腊数学家毕达哥拉斯曾说:"'是'和'不'这两个最简单、最熟悉的字,是最需要慎重考虑的字。"我们要想成为时间的主人,除了掌握各种时间的支配方法之外,还要善于说"不",巧妙地拒绝别人侵占自己的时间。

当然,拒绝不是简简单单地说"不",还要讲究一定的技巧和方式,既能明确地表示自己的态度,又不至于导致与对方之间关系的变僵。在这里,提供给你几种行之有效的方法,不妨一试。

1.用肢体语言表达

"拒绝"这个词语给人的感觉往往是严厉的。开口拒绝别人不是一件容易的事情,这个时候,你不妨在尊重对方的基础上运用一些暗示拒绝的肢体语言,比如,摇头、突然中断笑容、目光游移不定、心不在焉……

2.运用拖延法

直接的拒绝既然可能伤害对方,你不如采取拖延时间的方式。当别人的要求会影响到自己的工作时,你可以暂不给予答复,继续忙自己的工作,让对方自己感觉到你的为难、苦衷。对方要是聪明的话会自行放弃求助。

3.说明你的理由

你还可以用一个充分而恰当的理由说明自己帮不上忙,使他人能够理解你的拒绝是出于无奈之举,如此就合情合理了。例如,有人希望你帮他写工作报告,你不妨说:"真抱歉,我在这方面的研究没有你好,而且我写作水平不好,这件事我可干不了。"

运用了这些方法后,若对方还是坚持要你帮忙的话,那么你最好态度坚决、斩钉截铁地拒绝他,而不要留下任何的机会。你一定要记住,那是他的工作,而不是你的,你的任务是尽职尽责地做好自己的工作。

说"不"!你会发现,你的时间成本缩小了,工作效率提高了。

◎ 别让拖延"谋杀"你的事业 ◎

今天把工作推到明天,明天把工作推到后天,许多成功的机会就在一而再、再而三的拖延中失去了。而那些被公司倾力扶持的员工,他们总是能够好好地利用"现在",今天的工作今天做完。

千千万万的员工都渴望得到公司扶持、获得升职加薪的机会,为什么其中大多的人无法如愿以偿,甚至工作落在同事的后面,连下个月的薪水都无处去领?原因就在于他们很大一部分人总是在拖延行动。

在我们的工作中,实在有太多的拖延。比如,现在该打的电话等到一两个小时后才打,今天改写的报告等到明天才写,这个月该完成的报表拖到下一个月,这个季度该达到的进度要等到下一个季度……

莱克斯在某一个游戏公司做网站编辑。他各方面的才能是毋庸置疑的，但是他的工作效率却很慢，有时只需2个小时完成的工作，却要花4个小时才能完成，时常不能按时完成老板布置的工作任务。

一次早晨，老板将新签约的一个游戏开发方案交给莱克斯来完成，并告诉他两天内完成。莱克斯接过任务，心想还有两天时间，便不急不慌地玩游戏，刷新下"围脖"，回复短信，浏览新闻紧跟潮流……等莱克斯开始工作时，已经快中午了。

第二天到了公司，莱克斯想起好久没有玩以前的一项游戏了，先玩会再工作吧。正当莱克斯玩得忘乎所以的时候，老板的电话来了，"莱克斯，工作进行得怎么样啦？今天下午就要交任务了，抓紧时间啊！"

这时，莱克斯心里开始焦灼万分，他急匆匆地完成了策划方案，交了上去。由于策划方案写得仓促，几乎没有什么新意，而且连修改的时间都没有，多次出现了错字、病句等，莱克斯再一次受到了老板的批评。

眼看着和自己同时进公司的新人，又是被老板表扬，又是加薪升职的，莱克斯心里苦恼不已……

拖延是一种无休无止、明日待明日的工作恶习。它直接导致一个人丧失进取心，很容易消磨人的意志，使人对自己越来越失去信心，感觉工作压力越来越大，这是非常浪费时间和精力的，也是工作效率低下的重要原因之一。

以回复工作信件为例，你是否发现自己经常在信件的开头写下这样的话："真对不起，这么久才回信。"或者"很抱歉拖了很久才回复。"本来当初接收到邮件时一下子就可以很愉快、很容易做回复，拖延了几天、几星期之后，众多邮件积累在一起，你的思路混乱，便会感到艰辛而痛苦，回复时间加倍，工作效率自然也就低了。

最为严重的是，当一个人处于拖延状态之中时，往往就会陷于一种恶性循环。这种恶性循环就是：拖延——低效能+情绪困扰——拖延。可以断定的是，升迁和奖励是绝不会降落到这种人身上，成功也会与之擦肩而过。

因此，要想获得公司扶持、升职加薪的机会，你首先要做的事情就是改变拖延工作的坏习惯。那些取得过最佳成绩的员工，他们总是能够好好地利用"现在"，积极主动地做好自己当前的工作。

有这样一位英国年轻人，他的工作效率很慢，始终得不到公司的重视和重用，也看不到一点点事业成功的希望，他整个人都快要崩溃了。于是，他决定去请教著名的小说家瓦尔特·司各特。

一天早晨，年轻人来到瓦尔特·司各特家里，他很有礼貌地问道："我想请教您，身为一个全球知名的作家，您每天是如何处理好那么多的工作，而且很快就能取得成功呢？您能不能给我一个明确的答案？"

瓦尔特·司各特并没有回答年轻人的问题，而是友好地问道："年轻人，你完成今天的工作了吗？"年轻人摇摇头："这是早晨，我一天的工作还没有开始呢。"瓦尔特·司各特笑了笑，说道："但是，我已经把今天的工作全部完成了。"

年轻人感到莫名其妙。瓦尔特·司各特解释道："你一定要警惕那种使自己不能按时完成工作的习惯——我指的是拖延磨蹭的习惯。要做的工作即刻去做，等工作完成后再去休息，千万不要在完成工作之前先去玩乐。如果说我是一位成功者的话，那么我想这就是我成功的原因。"

年轻人茅塞顿开，他回想起自己在工作上拖拖拉拉的行为，拜谢过瓦尔特·司各特后匆匆地离开了。此后，他改变了拖延磨蹭的习惯，要做的工作即刻去做，一年后他成为了这家公司的副总经理。

从现在开始，好好想想拖延这个问题。你是不是此类人中的一个？你是不是也把事情推延到最后一分钟才做？如果是的话，现在该是面对现实、好好改变的时候了。从今天做起，从现在做起，行动起来。

"一些人的习惯一直拖延，直到时代抛弃了他们，结果就被无情地甩到后面去了，"阿莫斯·劳伦斯说，"所有事情成功的秘诀就在于养成凡事立即行动的好习惯，这样才可以站在时代潮流的前列。"

安东尼·吉娜曾经是美国纽约百老汇中最年轻、最负盛名的年轻女演员。就读于大学艺术团时，她曾在一次校际演讲比赛中说道："大学毕业后，我要做纽约百老汇一名优秀的主角。"

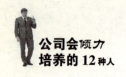

当天下午，吉娜的心理学老师找到她问了一句："我想知道，你今天所说的想去纽约百老汇成为一名优秀的主角，是真的吗?"吉娜点了点头，心理学老师尖锐地问，"但是，你今天去百老汇跟毕业后去有什么差别?"

吉娜想了想，的确大学生活并不能帮自己争取到百老汇的工作机会，她说，"我决定一年以后就去百老汇闯荡。"岂料，老师又冷不丁地问她："你现在去跟一年以后去有什么不同吗?"

吉娜苦思冥想了一会儿，对老师说自己下个学期就出发。但是，老师又紧追不舍地问道："你下学期去跟今天去，又有什么不一样?"

吉娜有些晕眩了，她决定下个月就前往百老汇。吉娜以为老师这次应该同意了，但是老师继续不依不饶地追问道："亲爱的吉娜，你觉得，你一个月以后去百老汇，跟今天去有什么不同?"

吉娜思考了一会，狠了狠心，表示给自己一星期的准备时间，下星期就出发。老师步步紧逼："所有的生活用品在百老汇都能买到，你一个星期以后去和今天去有什么差别?"终于，吉娜不说话了。

老师又说："百老汇的制片人正在酝酿一部经典剧目，几百名各国艺术家前往去应征主角。我已经帮你订好明天的机票了。"第二天，吉娜就飞赴到全世界最巅峰的艺术殿堂——美国百老汇，去进行了一场百里挑一的艰苦角逐。她顺利地进入了百老汇，穿上了人生中的第一双红舞鞋。

很多人的计划没有实现，只是因为应该说"我现在就去做，马上开始"的时候，他们却说"将来我会怎么做"或"将来什么时候再完成"。今天可以做完的事不要拖到明天，立即行动，今日事今日毕。

不管是什么时候，当你感到拖延的恶习正悄悄地向你"贴近"，或当此恶习已缠绕着你，使你工作效率低下时，你都需要时刻警醒自己，在一分钟之内立马行动起来。行动一定会有收获，行动一定会带来结果，如此你想要的重视、重用、升职、加薪等机会也必定将——兑现。

第六种人

结果导向

没有功劳,就没资格讲苦劳

在市场经济的新时代,做任何事情都要特别强调有一个结果,工作也是一样。公司看中的不是你做了什么,而是你做成了什么;老板最重视的是你的"功劳",而不是你有多少"苦劳"。没有功劳的苦劳,只不过是徒劳;没有功劳,就没资格讲苦劳!因此,我们不光要做工作,更要把工作做好,做到位。结果是证明你能力的最有力的方式。

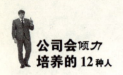

◎ 与其抱怨不如做出成绩 ◎

是否能获得加薪的机会,是否有希望得到提拔,虽然表面看来决定权操控在老板手上,但归根到底还是在于你自己!因为公司是以赢利为目的的,老板重用的必定是那些能够为公司创造利润的员工。

有些人总是抱怨工作太辛苦、薪水太微薄、各方面待遇太低,似乎老板就是对他不公,似乎他就是公司最倒霉的人。可是,抱怨能解决问题吗?抱怨能使你摆脱现状吗?抱怨能使你的工作越来越好吗?

在这个竞争激烈的社会中,公司作为一个经营实体,必须靠利润维持生存与发展;老板需要公司中的每个员工都作出最大业绩,贡献自己的力量和才智。业绩如何是老板衡量员工优劣的重要参考目标。

事实上,是否能获得加薪,是否有希望被提拔,虽然表面看来决定权操控在老板手里,但归根到底还是在于你自己!因为公司是以赢利为目的的,老板重用的必定是那些能够为公司创造利润的员工。

想获得赏识吗?想要高薪吗?想要晋升吗?拿业绩来证明你自己!

黄博在一家贸易公司上班,他很不满意自己的工作,便愤愤地对朋友说:"我每天累死累活地工作,但上司一点也不把我放在眼里。我到公司都一年了,他不提拔我不说,连工资都不给我涨。改天我要对他拍桌子,然后辞职不干。"

黄博的这位朋友是一个事业比较成功的人,他沉默了一会,对黄博说:"要我说啊,你应该把商业文书和公司组织完全搞通,甚至连怎么修理影印机的小故障都学会,然后再辞职不干。"

见黄博不解地望着自己,朋友解释道:"你们公司怎么着也算一个大公司,你把公司当做免费学习的地方,什么东西都学通了之后,再一走了之,不是既出了气,又有许多收获吗?这样才值!"

黄博听从了朋友的建议,从此便默记偷学,甚至下班之后,还留在办公室研究写商业文书的方法。半年后,他找到朋友,欣喜地说:"近半年来,老板对我刮目相看,最近更是不断给我加薪,并对我委以重任。我已经成为公司的红人了!"

"这是我早就料到的!"他的朋友笑着说,"当初你的老板不重视你,是因为你的能力不足,却又不努力工作,没有业绩;尔后你痛下苦功,能力提高了,又能为公司创造效益了,当然他就对你刮目相看了。"

工作也好,服务于老板也好,如果不把努力目标放在如何做出让老板满意的成绩上,而是不停抱怨从公司得到的回报太少,这样的员工在老板心中一定无法达到最佳的工作状态,自然也就得不到加薪升职的好机会。

不要找借口抱怨,做出真实的成绩,这是最理智的选择!只有你为公司创造财富,公司才会给你高薪;只有你为公司创造机会,公司才会给你机会。总之只有你为公司付出,公司才能给你提供回报。

霍建宁年薪超过1亿港元,多年来都是香港上市公司当中薪酬最高、缴税最高的行政人员,有"打工皇帝"之称。霍建宁是李嘉诚亲手栽培出来的良将,任长江实业(集团)有限公司的董事、香港和记黄埔有限公司集团董事总经理。那么,李嘉诚为什么愿意提供给霍建宁那么高的薪水和地位呢?因为一直以来,霍建宁为李嘉诚的公司屡创佳绩。

1979年霍建宁加入长实,任会计主任,凭着其金融财务方面的才干和踏实的作风,受到李嘉诚的信赖,地位一路晋升,1984年升为和黄执行董事,1985年任长实董事,1993年登上和黄埔董事总经理之位。

20世纪80年代后期,长实旗下的和黄受海外业务亏损拖累,令股价长期处于偏低水平。霍建宁接下了一个"烫手的山芋",他不断改组,通过收购合并,成功地将

147

赫斯基石油业务由亏转盈,令集团从中获特殊赢利 65 亿港元,使业界为之震惊。

1999 年,霍建宁更接手处理亏损多年的欧洲电讯业务,他毅然分拆 Orange 上市,成功套现,后来,见时机成熟便将 Orange 转售,成功替集团赚取超过 1600 亿港元的赢利,并将和黄发展成名牌电讯商。

期间,霍建宁还促成了多宗大交易,帮助李嘉诚把事业不断发展壮大,令和黄集团获海内外各大报章及杂志赞誉超过 50 次。公司的成就,霍建宁功不可没,李嘉诚自然也就给予了他惊人的回报。

因此,如果你想得到公司的倾力扶持,就必须停止目前所有的抱怨,经常自问:"我到底为公司创造了多少效益?"不断地激发自己的事业心,让自己努力付出更多,为公司创造更高的效益。

只要付出了,你就必将得到相应的回报。

◎ "毛毛虫式"怪圈的启示:目标很重要 ◎

明白自己一生在追求什么目标非常重要,因为那就像弓箭手瞄准箭靶。一个心中没有目标的人,只能是一个普通职员;而一个心中有目标的普通职员,一定会成为业绩卓越者、创造历史的成功者。

一队毛毛虫在树上排成长长的队伍前进,有一条带头,其余的依次跟进。一旦带头的找到食物,停了下来,它们就开始享受美味。

有一个调皮的小孩子对这个现象非常感兴趣,于是他将这一组毛毛虫放在一个大花盆的盆沿上,使它们首尾相接,排成一个圆形,使带头的那条毛毛虫也排在队伍中。随后，小孩又在队伍旁边摆放了一些毛毛虫喜爱吃的食物。

这时，那些毛毛虫开始移动，它们像一个长长的游行队伍，没有头，也没有尾。小孩原本以为，毛毛虫会很快厌倦这种毫无用处的爬行而转向食物。可是，出乎预料之外，那只带头的毛毛虫一直跟着前面毛毛虫的尾部，它失去了目标。就这样，这组毛毛虫沿着花盆边沿爬了七天七夜，一直到饿死为止。

可怜的毛毛虫们首尾相接，只知道一直向前爬行，而没有注意到附近的食物，最后导致饿死。这个"毛毛虫式"怪圈给予我们一个非常深刻的启示，这就是没有目标的盲目行动只能导致失败。

现实中，很多人标榜努力工作，东一锤子西一棒子，整天忙忙碌碌、晕头转向，却没有一点工作成就感，得不到老板的肯定和重用，正是因为没有一个明确的工作目标，更谈不上职业规划。

目标对于员工行为具有非常重要的指导意义，不容忽视。你只有有了奋斗的目标，才能产生前进的动力，注意力也会神奇地集中起来。有了目标，就有了热情，有了积极性，有了使命感和成就感。

亚里士多德说过："明白自己一生在追求什么目标非常重要，因为那就像弓箭手瞄准箭靶，我们会更有机会得到自己想要的东西。"一个心中没有目标的人，只能是一个普通职员，而一个心中有目标的普通职员，一定会成为业绩卓越者、创造历史的成功者。

美国纽约大都会街区铁路公司的总裁弗兰克就是循着这一条不变的途径而达成功的。

谈及自己的成功时，弗兰克说："在我看来，对一个有目标的年轻人来说，没有什么不能改变的，也没有什么不能实现的。而且这样的人无论从事什么样的工作，在什么地方都会受到欢迎。"

50年前，弗兰克还是一个13岁的少年。由于家境贫困，他没有上过几天学便提早进入了社会，他要求自己一定要有所作为。那时候，他的人生目标是当上纽约大都会街区铁路公司的总裁。

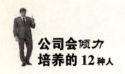

为了这个目标，弗兰克从 15 岁开始，就与一伙人一起为城市运送冰块，不断地利用闲暇时间学习，并想方设法向铁路行业靠拢。18 岁那年，经人介绍，他进入了铁路行业，在长岛铁路公司的夜行货车上当一名装卸工。尽管每天又苦又累，但弗兰克始终积极地对待自己的工作。他也因此受到赏识，被安排到纽约大都会街区铁路公司干铁路扳道员的工作。

弗兰克感觉到自己正在向铁路公司总裁的职位迈进。在这里，他依然勤奋工作，加班加点，并利用空闲时间帮主管做一些统计工作，他觉得只有这样才可以学到一些更有价值的东西。后来，弗兰克回忆说："不知道有多少次，我不得不工作到午夜十一二点才能统计出各种关于火车的赢利与支出、发动机耗量与运转情况、货物与旅客的数量等数据。做了这些工作后，我得到的最大收获就是迅速掌握了铁路各个部门具体运作细节的第一手资料。而这一点，没有几个铁路经理能够真正做到。通过这种途径，我已经对这一行业所有部门的情况了如指掌。"

但是，扳道员工作只是与铁路大建设有关联的暂时性工作，工作一结束，弗兰克面临着离职的危险。于是，他主动找到了公司的一位主管，告诉他，自己希望能继续留在公司做事，只要能留下，做什么样的工作都可以。对方被他的诚挚所感动，调他到另一个部门去清洁那些满是灰尘的车厢。不久，他通过自己的实干精神，成为通往海姆基迪德的早期邮政列车上的刹车手。

在以后的岁月里，弗兰克始终没有忘记自己的目标和使命，不断地补充自己的铁路知识，废寝忘食地工作着。他每天负责运送 100 万名乘客，却从没有发生过重大交通事故，最终弗兰克终于实现了自己成为总裁的目标。

目标引领成功，不过值得一提的是，同样是有目标的人，有人取得了成功，有人收获了失败；有人取得的是大成功，有人收获的却是小成功。之所以有这样的差别，与目标不够明确而具体有莫大的关系。

有一次，前美国财务顾问协会的总裁刘易斯·沃克接受采访，他提到了目标对成功的主要作用。当时有一位记者问道："我的目标是有一天可以拥有一栋山上的小屋，但是为什么我无法成功？"

沃克回答:"模糊不清的目标。"

"为什么?"记者不解。

沃克解释说:"问题就在'有一天'不够明确,因为不够明确,成功的机会也就不大。要想成功,你必须先找出那座山,找出你想要的小屋现值,然后考虑通货膨胀,算出5年后这栋房子值多少钱;接着你必须决定,为了达到这个目标你每个月需要存多少钱。一个月一个月地进行,如果你真的这么做,你可能在不久的将来就会拥有一栋山上的小屋,否则只是妄想而已。"

由此可见,你不但要树立目标,而且目标要设立得明确而具体;要用数字表现目标,对目标进行细分,而且要有期限,如月目标、季度目标、半年目标等,并能够衡量目标的达成情况,并逐步达成。

知道目标的重要性是好的,知道设定目标的方法更好,但是只有按方法去做才是真正的好。成功不在于你知道多少,而在于你做了多少。加油吧!相信你一定会逐渐成为本行业不可或缺、备受尊崇的精英人士。

◎ "我可以做到"的力量! ◎

要想成为一个成功的员工,你必须有完成工作的坚定决心。无论你从事什么样的职业,在接受工作任务的同时,坚定地对自己说"我可以做到",那么,你就极有可能做到。坚定信心,相信自己吧。

是什么阻碍了我们在事业上的成功呢?是过多的犹豫,还是无谓的争执?是过多的思虑,还是反复的检查?是找不到办法,还是根本就没办法可想?无论是哪一种,我

们都可以找到"自信心"这一联结点。

仔细观察,你就会发现,那些不成功的员工总是不敢肯定自己的能力,遇到困难就逃避;对工作没有把握,也对别人不放心,做什么事都要犹豫再三;面对新的工作任务时,也不敢挑战自己……这样的人你还指望他做什么呢?

19世纪的思想家爱默生说:"相信自己'能',便攻无不克。"信心是一种积极的精神状态,如果你觉得自己能行,就会产生一种积极乐观的意识,从而更快地找到办法,那么事情的成功概率便会提高好几成。

从20世纪初开始,无数人都渴望完成一个看似不可能完成的目标:在4分钟内跑完1英里。1945年,瑞典人根德尔·哈格跑出4分01秒4的成绩。此后的8年里没有人能够超越他创下的纪录,而且所有人都认为自己做不到。

在这沉寂的8年中,就读于牛津医学院的罗杰·巴尼斯特却始终梦想着突破4分钟极限。他是个不服输的人,也坚信自己能够做到,他不停地提高跑步速度。终于在1954年,罗杰·巴尼斯特超出了所有人的意料,跑出了3分59秒04的成绩,打破了关于"4分钟极限"的这个概念,书写了新的世界纪录。

试想,如果巴尼斯特潜意识中认为自己不行,无法超越别人,无法打破8年无人能够打破的纪录,那么他的思想必然会被消极的暗示所占据。即便他具备了潜力,也会因为不自信而无法引爆潜能,结果可能就真的不行。

对于员工来说,自信所产生的力量也是无穷的,一个自信的员工,总是敢于勇往直前,挑战自己,即使是遇到困难的时候,他们也不会丝毫退却,继续往前,最终经历风雨,见得彩虹,成为企业的精英。

因此,一名员工要想给老板好印象,想真正有一番作为,在工作上必须学会启用自信心——"是的,我可以做到"的力量。自信心未必是提高我们工作效率的最佳办法,却是万万忽略不得的。

中国香港富豪郑裕彤集"珠宝大王"、"地产大鳄"、"酒店巨子"等头衔于一身,是香港金行龙头老大"周大福"的掌门人。他之所以能有今天的成就,是因为他从不怀疑自己的能力,他一直充满自信地拼搏着、努力着。

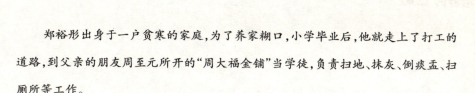

郑裕彤出身于一户贫寒的家庭，为了养家糊口，小学毕业后，他就走上了打工的道路，到父亲的朋友周至元所开的"周大福金铺"当学徒，负责扫地、抹灰、倒痰盂、扫厕所等工作。

那时，郑裕彤就相信自己一定可以让金铺快速发展起来，从而为自己赢得更多成功的机会。每日，他都是早早赶到金铺。等他弄停当了，其他伙计才姗姗而来，开铺门做生意。他特别爱动脑筋，想事情总比别人想得细致、全面，什么事情到他手里总会给人出乎意料的结果。

有一次，伙计们开工好一会儿了，郑裕彤才气喘吁吁地跑进来。周老板很奇怪，郑裕彤平日里比谁都早到啊。于是他把郑裕彤叫到办公室，打算问个究竟："你从哪里来?为什么迟到了?"

"我看人家珠宝行做生意去了。"郑裕彤回答，接着他又说道，"老板，我觉得咱们应该多开几家分店，而且店铺一定要选在生意旺地，门面要装潢得新颖别致，而且还要豪华气派。我相信咱们一定能把金铺生意做大。"

这些话居然从一个小学徒口中说出来，周老板吃惊不已，他对郑裕彤更是刮目相看了，提拔他当店里的主管。1945年，周老板准备到香港大道去开设一家分店，郑裕彤自告奋勇："我一定会办好的，我相信自己。"

为了显示出周大福金铺的富贵气派，郑裕彤几乎跑遍了港九所有的金银珠宝行，集各家所长后，推出了一流的装修。不久，分店的经营就走上了正轨，营业额也日涨月升。后来周老板便把经营权全权交给了郑裕彤，郑裕彤自此走上了成功的大道。

由此可见，一个人有多大的信心，就会有多大的才能施展平台。郑裕彤相信自己一定能够出人头地，他满怀信心，勇往直前，不断超越，取得一个又一个成功，成就周大福金铺的同时，也成就了自己。

你想成功吗?你对成功的渴望到底有多强烈呢?这不仅仅是拷问自己，更是拷问你成功的可能性。如果你渴望成功，请打破自我怀疑的枷锁，多念几次："是的，我可以做到!"坚定信心，相信自己吧。你会发现，你真的很棒!

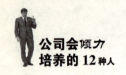

◎ 职场沉浮，解决力说了算 ◎

所谓工作，就是解决那些妨碍我们实现目标的问题。老板需要的，是会解决问题的人；成功青睐的，也是会解决问题的人。能否赢得被公司倾力支持的机会，就看你的解决力的强弱了。

也许，你已经掌握了不少工作技能，也许你对"如何在工作中做出成绩"已经花了不少时间去思考，当然你也听惯了各种职场决胜口号："要忠诚！""要负责任！""要注重效率！""要自信！"

但是，要想真正成为一名职场上的成功人士，集受宠、高薪、高职等于一身，你就要善于解决问题，做一个解决能力够强的员工。因为老板需要的是会解决问题的人，成功青睐的也是会解决问题的人。

大家也许都听说过这么一个故事。

森林里的动物们在一起开会，要推举一位勇敢的国王来统治和保护大家。一心想做国王的狐狸先开口说："各位，大家就选我做国王吧，因为在这个森林里我是最聪明的。"但大家都没有选择狐狸，因为它们都清楚狐狸不具备领导和保护它们的能力这个事实，最终选择了强悍勇猛的狮子为王。

这个故事暗示了一个道理：在竞争日益激烈的今天，解决问题的能力是制胜的关键。解决力是一个职业人生存、发展的硬性条件，它直接决定了我们是否能够承担起责任、胜任工作。

听起来解决力似乎是一个高深、专业的词汇，其实不然。因为所谓工作，就是解决那些妨碍我们实现目标的问题。工作中的我们，无论是公司的老板、中高级上司，

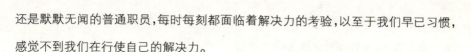

还是默默无闻的普通职员,每时每刻都面临着解决力的考验,以至于我们早已习惯,感觉不到我们在行使自己的解决力。

想象一下你每天的工作吧,从工作计划到工作报告,从市场调查到签订合约,从应聘工作到人际关系……这当中包含了太多的问题,无论问题简单还是复杂,是容易还是棘手,它们都等着你去解决,这些都需要你具备一定的解决力。

如果不能解决问题,对问题置之不理的话,很容易被公司和社会所淘汰。我们且看一个小例子。

许馨毕业后进入一家著名的国有企业做起了办公室内勤。内勤工作虽然烦琐,但无非是传达传达文件和上司指示,购买公司日常用品,处理一些办公室内务而已,并不能说这是一项难度系数很高的工作。

由于工作没有难度,工资待遇非常不错,所以许馨很珍惜这次工作机会,但她试用期没到就被解雇了。为什么呢?因为任何一项任务,她从来没有独立顺利地解决过,大至文件的传达、会议时间地点的安排,小至办公用品的购置,甚至是连买垃圾桶这样的小事,她都惹得矛盾四起。

那天, 办公室主任安排许馨去买些新的垃圾桶。"要到哪里买""要买几个?""什么价位的?""旧的垃圾桶如何处理?""如何分配?" 许馨进进出出, 请示了主任好几次,才最后确定了方案。但是公司女孩子较多,大家都想用漂亮的新垃圾桶,许馨不想得罪任何一个人,只好再次请示主任。岂料,主任面色不悦地说:"这么小的事情你自己都处理不好吗?既然这样,你明天就不用来上班了。"

关于解决力的重要性,沃尔玛连锁超市的创始人山姆·沃尔顿说过:"想不被企业和社会淘汰的雇员必须学会运用自己的意志力和责任感,着手行动,处理这些问题,让自己真正具有卓越的工作能力和素养。"

小王是某杂志社发行部的业务员,他进公司不到一年的时间,就成为该社的市场总监,薪水也翻了两倍,令众人羡慕不已。小王是如何在职场中取得成功的呢?这就是强于别人的解决力。

几天前,为了配合杂志今年的发行工作,上司紧急召开部门会议,决定做些促销

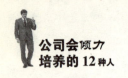
活动,做些有声读物作为礼品随刊赠送给读者,以扩大杂志的影响力,但有言在先:"我不想花钱,但是这件事还得办!"

要取得畅销读物的制作权,必须从音像公司买版权,不出钱怎么行呢?上司一说出这一计划,全场鸦雀无声。小王也感到这事很棘手,但他脑子聪明,他绞尽脑汁想出了一个办法,即在杂志上给对方一定的版面做回报。

得到上司认可后,小王就立即着手行动,和某畅销图书的音像出版商联系,除了答应给对方一定的版面宣传,并再三强调:"其实归根结底收益的还是你们,我们做推广的过程其实也是给贵公司产品作宣传的过程。"

很快,该出版商被说动了。于是,双方结成了合作关系,实现了双赢的局面。公司其他人没有解决的问题,小王解决了,这自然引起了上司的认可和重视。小王就这样被提拔为市场总监了。

在上述事例中,小王就是个有解决问题能力的员工,并且是个解决能力极强的好员工。他面对问题时比别人考虑得更全面、更细致,及早想到周全之策,并能成功地将问题解决掉,公司中的高升之人非他莫属。

一个人要想获得成功和发展,就看你是否具有良好的解决力。一个公司能否壮大,就看是否有具有良好解决力的人才。在职场上放眼望去,那些春风得意、叱咤风云之人,哪个不是解决问题的高手?

你有解决力吗?不妨参考以下几项标准。

难度高,在大多数人的眼中根本是不可能完成的任务;

一般的任务,但要求的标准超高,超乎一般的平均水平很多;

难度不高,但工作繁杂、分量极大、无趣又艰苦的工作;

没有前例可循,全新的任务;

没有足够的权力,但需要其他单位配合才能完成的工作。

以上这几项工作如果你都能处理好的话,那么就称得上真正有解决问题能力的人,你所做的工作就是有价值的,你就会获得老板的认可和欣赏,同时也可以赢得更多成功的机会,最终在自己的工作岗位上创造出傲人的成就。

◎ 一开始就想怎样把事情做成 ◎

只有一开始就想怎样把事情做成，才能一次性彻底解决问题，避免陷入费力不讨好的"无用功"。一次性彻底解决问题，这是每个人在职场中脱颖而出的最有力武器，也是企业在竞争激烈的市场中制胜的法宝。

在文章的开始，我们首先来做一个简单的问答题。假如在你面前，有一个螺丝钉和一张关于如何安装螺丝钉的说明书，请问你认为自己会安装螺丝钉吗？相信很多人会肯定地回答："会，当然会！"

真的吗？事实上，在大多数情况下，80%的人不会将螺丝钉拧好。因为他们没有认真看说明书，他们会在第二次、第三次失败之后，才想起看说明书，然后恍然大悟。

我们为什么做不对，答案很简单：缺乏一开始就想怎样把事情做成的意识！

也许，有人会说第一次没有做好，我还可以做第二次、第三次嘛。是的，第一次没有做好时，可以做第二次，甚至是第三次，但是你想过没有这样既浪费时间又浪费精力，而且竞争激烈的职场上没有下一次。

露丝是一家广告公司的文员。一次，给客户制作宣传广告页时，她一不小心将客户联系电话中的一个数字弄错了。直到宣传页制作完成时，公司才有人发现了这个关键性的错误。第二天中午客户就要来公司取这批宣传页了，怎么办？

发生一次错误，就意味着有可能失去一个客户，部门经理立即召集全体相关工作人员，宣布放下了手头的工作，迅速重新做这批宣传页。他们加班加点，费了九牛二虎之力，终于在第二天中午赶出了工。

虽然公司赶在客户之前及时发现了这个错误，没有给公司名誉造成较大的影响。但是，为了弥补这个错误，公司再一次地投入了人力、物力、财力等。事后露丝不仅没有领到本月工资，还惨遭公司开除。

开始的一个小错误，导致了一连串的工作麻烦，像这样的事情几乎每天都在发生：工作失误要花时间来修正；产品质量出现问题要花时间来返工；技术不过关要靠培训来弥补，工作陷入不断地反复和重复中……而且，你即使再忙碌、再辛苦，这在老板眼里也是应该的、无功劳的，因为你是为自己的错误埋单。

如果你有能力，很辛苦，业绩却远远落后于他人，不要疑惑，不要抱怨，问问自己是否一开始就想怎样把事情做成，并且第一次就能把事情做成。如果答案是否定的，那么，这就是你无法取胜的主要原因。

所以，与其不断地解决因没有把工作做对而产生的问题，还不如一开始就想怎样把事情做成的，不要心存"还有下一次"的侥幸心理，然后"一次性解决问题""一次就把事情做对"，这是提高工作效率和获得机遇的第一步。

南车青岛四方机车分厂曾经生产过一个产品，就是火车上的小挂钩，但刚开始时产品的销量非常不好。眼看厂子的经济效益越来越不好，厂长一直想不出好的解决办法，只好向全体职工求解决之道。

公司的一名主管一心想解决这个问题，他跟着工作人员们实地考察了几天，还亲自到铁路局那里去，了解客户们到底有什么需要。客户们说得非常清楚而简单："只要你们的小挂钩安在火车上，我马上可以用就可以了！"

原来，该厂使用的传统管理方式和生产方式是在厂子里面做好挂钩后再运到客户那里安装。而客户安装时常常发现，挂钩不是大了就是小了，根本安不上去。技术人员只好拿回挂钩，修补、打磨，这一拖就是一个星期，有时甚至半个月、一个月。如此几次之后，客户便不再买他们的产品。

主管回到工厂后，在车间最醒目的位置上，挂了一排巨幅标语"第一次就把事情做对"。生产前他们会派专门的技术人员实地测量客户所需挂钩的大小，然后在流水线上严格把关挂钩的大小，保证一次就安装成功。

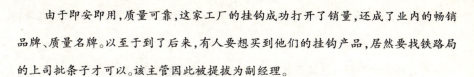

由于即安即用，质量可靠，这家工厂的挂钩成功打开了销量，还成了业内的畅销品牌、质量名牌。以至于到了后来，有人要想买到他们的挂钩产品，居然要找铁路局的上司批条子才可以。该主管因此被提拔为副经理。

可见，只有一开始就想怎样把事情做成，才能一次性彻底解决问题，避免陷入费力不讨好的"无用功"，这是每个人在职场中脱颖而出的最有力武器，这也是企业在竞争激烈的市场中制胜的法宝。

每件事必须第一次就做对，没有人愿意为你的失误二次埋单。它时时警醒员工们，在接手每一份工作时，要一开始就想怎样把事情做成，全身心地去做。如此，你便是值得信赖、受公司欢迎的人。

◎ 坚持下去，你将无所不胜 ◎

坚持是解决一切困难的钥匙，它可以使人抓住一切成功的机遇，即使只有万分之一的希望。几乎每一个员工都有一个很好的开端，但大多数人在中途放弃，以致没有取得大的工作成就。

有个青年去某公司应聘，结果并不理想，他对总经理的解释是事先没有做好准备。总经理以为他不过是找个托词下台阶，就随口应道："好吧，那等你准备好了再来试吧。"一周后，青年再次走进该公司，这次他依然没有成功。而总经理给他的回答仍然同上次一样："等你准备好了再来试。"就这样，这个青年先后5次踏进该公司，最终被公司录用，并成为公司的重点培养对象。

看完故事，你是不是觉得奇怪："为什么该公司会一而再、再而三地给这个青年

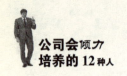
机会?"其实,你只要站在总经理的角度去想,就不难理解了。跟其他应聘者比起来,这个青年有一股坚持的毅力和精神。

你可能常常怨恨自己技不如人、一事无成,但你想过其中的原因吗?静下心,回顾一下你工作的历程,你能像这位青年一样坚持吗?换句话说,你是不是存在这样的缺点:做事半途而废,没有把某项工作漂亮地干完?

坚持是每一个成功者所不可缺少的素质。法国的巴斯德曾说过:"告诉你使我达到目标的奥秘吧,我唯一的力量就是我的坚持精神。"可见,坚持之于成功,就像水之于鱼,缺之不可。

也许你会说"我一直都在坚持,也试过了很多次,但一直都没有好的结果。"很多次是多少次?上百次,几十次,还是只有几次?任何成功的道路都是艰难、坎坷的。几乎每一个员工都有一个很好的开端,但大多数人在中途放弃,以致没有取得大的工作成就。事实上,坚持不懈意味着一直坚持下去,哪怕失败了百次、千次。

要知道,当我们感到精疲力竭的时候,放弃是最简单的,也是看起来最好的选择。然而成功者在此时却忍住了,坚持住了。正如一句话所说:"九十九次的失败,到第一百次获得成功,这就叫做坚持。坚持在于不间断地努力。"

有一位郁郁不得志的美国年轻人,他穷困潦倒极了,身上全部的钱加起来都不够买一件像样的西服,但他仍全心全意地坚持着自己心中的梦想——做演员、拍电影、当明星,一刻都没有放弃过。

当时,好莱坞共有 500 家电影公司,他带着自己写的剧本去拜访所有公司。三轮的拜访,1500 次的拒绝,可以耗费一个普通年轻人所有的热情与激情。但他并不是普通的年轻人,他决定开始第 1501 次的拜访。

终于,在第四轮拜访第 350 家公司的时候,奇迹出现了。幸运之神这次终于光临这个年轻人身上——这家公司老板同意投资开拍他写的这部电影,并由他担任男主角。这部电影就是之后红遍全世界的《洛奇》,而这位年轻人即席维·史泰龙。

假设,在第三轮之后,席维·史泰龙就停住了,现在的银幕上还有这个巨星吗?还有他参与的电影佳作吗?还能成就他美好的梦想吗?相信你我心中都有答案。是坚持引导席维·史泰龙赢得了最后的成功。

坚持是解决一切困难的钥匙，它可以使人抓住一切成功的机遇，即使只有万分之一的希望。事实上，很多优秀员工在受到公司扶持之前，也都是普普通通的员工，只是他们的意志力更强一些，坚持得更久一些。

既然想成为优秀员工，那么每当一个问题出现的时候，每当一个挑战到来的时候，你就不能再有挫败和失望的感觉了，而是要及时地迎头加以处理，并且坚持到底，相信你必会有所创造，赢得公司的倾力支持。

张瞻展在某公司做设计工作。设计是枯燥乏味的，需要踏实、仔细的工作作风，需要严谨、奉献的精神，更需要坚持。自从进入公司以来，张瞻展一直在工作中积极主动，认真地做好上司交办的工作，用心地校对好每一份图纸。

最近几年，公司承担了许多大型钢杆项目，而这些项目不仅规模大、工作量大，而且都有一个共同特点，那就是工期紧、任务急、难度大。每到这时候，张瞻展基本上也就意味着与节假日和休息时间说再见，至于晚上加班也就是很平常的事了，有时候甚至是不吃不睡。

由于张瞻展总是能按时完成工作，校对的单线图和生产图又都没有出过差错，上司总是很放心地将工作布置给他，后来又提拔他为设计部经理。对于自己的成功，张瞻展如实说："其实工作很简单，就是把工作认认真真地做对，用心地做好，在困难面前不能逃避，一定要勇往直前，不断地坚持。谁坚持到最后就能获得胜利。"

如果你现在还没有有所成就，还没有受到老板的认可、公司的扶持，你不妨时刻问一下自己"我坚持了吗"，提醒自己坚持不懈地去努力。

坚持，坚持，再坚持，你将无往而不胜！这个成功原则可用，而且永远适用。

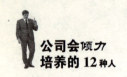

公司会倾力
培养的12种人

◎ 如果没有执行，想法再好也是空谈 ◎

将一个好主意付诸实践，远比空想出一千个好主意要有价值得多。优秀的员工之所以能够有一番作为，不仅在于他们有正确的决策、完美的发展战略，更重要的是他们有不折不扣的执行力。

古时候，有两兄弟看到大雁就在眼前，两人弯弓欲射，却偏偏在这时抬起杠来，一个嘀咕着射下来要这样烹着吃，另一个嚷嚷着射下来要那样煮着吃，却忘了放手去射，大雁就这样在两人的争论不休中飞远了。

只想着如何吃雁，却不知弯弓射雁，这则寓言启迪我们一个耐人寻味的道理：决策与想法不在于多么英明，而在于能否如实地执行。再好的决策，如果不能够去执行，那一切都是纸上谈兵，没有任何意义。

在现实工作中，我们也常常看到这样的员工：要么只会坐而论道，沉迷于文山会海，夸夸其谈，重视制订计划、准备书面材料等案头工作，却什么行动都不采取，结果是什么也没有做成。

格林是美国著名的成功学家，他在演讲时，时常对观众开玩笑地说，美国最大的快递公司——联邦快递其实是他发明的。格林没有说假话，他的确有过这个主意。

20世纪60年代，年轻的格林刚刚参加工作，他每天都在为如何将文件在限定时间内从美国的一个城市送到另一个城市而苦恼。当时他想，如果有人能够开办一个将重要文件在24小时之内送到任何目的地的服务，该有多好！

这个想法在他脑海中停留了好几年，他也没有采取过相关的行动。直到一个名叫弗列德·史密斯的人真的把这种想法转变为实际行动,并取得了成功,格林才后悔莫及。

"这件事情对我是一个深刻的教训,使我明白了有了好的想法就要赶紧采取行动,否则就会与成功失之交臂。"格林说道,"当然,毫无疑问地说,我现在的成功正是不断行动的结果。"

谁都渴望成功,但是成功绝不是等来的。假如你从来都不付诸行动,哪怕稍微一迟疑,它就会投入别人的怀抱,永远弃你而去。有好想法的格林就是因为数几年的等待,失去了原本可以实现的成功和荣誉!回想一下,在每天的工作中,你是否因为不敢、不愿执行,而导致很好的计划、策略等"破产",进而工作没有取得成效?

古曰"坐而论道不如起而先行",优秀的员工之所以能够有一番作为,不仅仅在于他们制定了多么正确的决策、多么完美的发展战略,更重要的是他们进行了持续而有目的的实际行动,不折不扣地执行了下去。

将一个好主意付诸实践,远比空想出一千个好主意要有价值得多。美国 ABB 公司董事长巴尼维克曾明确提出"成功5%在战略,95%在执行。"市场竞争激烈,员工的执行力尤为重要,不仅事关个人职场成败,更事关公司荣辱。

某跨国公司在上海的分公司有一支很优秀的销售队伍。多年来该公司的奶茶在市场上的占有率一直稳居第一位。这家公司成功的一个重要原因是员工们的行动大于论道,执行力强硬。

以这家公司的一次订货会为例。

为了这次订货会,该公司一年前就选择了杭州作为试点城市。为了了解当地市场,公司市场部工作人员一起去做了很仔细的市场调查研究,全程拍摄了 VCD,并在这些研究的基础上制定了厚厚的《订货会操作流程手册》。

在订货会前一个月,他们已经和经销商开了好几次准备会议,关于会议流程、会场布置、人员安排、客户邀约、时间安排、模特选择、可能会出现的问题以及解决方式等都做了详细的讨论。

会议开始前一天,他们就按照计划布置好了会场,事先预演了会议程序。当集团

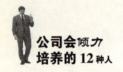

公司的市场和销售总监来做市场检查的时候，不是穿着西装对服务人员指手画脚，而是和他们一起检查物料和会议资料。

就这样，原本的计划一步步得到了完美执行，本次订货会举办得非常成功。贯穿会议先后的这些不可小视的执行力，让这家公司赢得了经销商的心。订货单一个接着一个，很快他们就赢得了整个奶茶市场。

执行，执行到位！我们知道，目前很多企业的经营理念和战略其实都大致相同，但效益却大不相同。比如，同是做 PC，唯有戴尔在全球市场上独占鳌头；都是做超市，唯有沃尔玛雄踞零售业榜首。这里的关键就在于执行力。

有了好创意，一定要去做；有了好想法，一定要有好做法。总之，如果你希望在工作中取得一定的成就，如果你想在竞争激烈的职场中脱颖而出，如果你渴望得到公司的倾力支持，那么就培养自己高效的执行力吧！

第七种人

善于沟通

管理就是沟通,沟通就是效率

　　如果想要让别人认可你、支持你,首先要让别人了解你、理解你,而沟通是唯一的方法。在公司,只有善于和领导沟通,和同事沟通,和客户沟通,工作配合及合作才能得以顺利进行。所以说,员工的能力如何,90%体现在与他人沟通的能力上。

◎ 主动沟通,保证工作高效进行 ◎

沟通是公司上下交流工作信息的过程。我们应该学会主动与别人沟通,多表达自己的意见,积极参与讨论等,这有助于更好地领会工作重点、熟悉工作任务,进而控制工作的进度和成本,高质高效地完成任务。

为了引进先进的理念,发展本国文化,非洲土著人邀请了美国加利福尼亚州大学加州分校的一位教授前来授课。为了表示对土著人的尊敬,教授临行前还特意到商场准备了一身行头。

那天,教授西装革履、一本正经,可是,一上讲台他便直冒汗。是天气热吗?不是!原来,土著人为了表示欢迎教授,以最高礼仪接待。他们不论男女全部都一丝不挂,只戴着项圈,凡私处也只遮挡着树叶。教授感到很是尴尬,看得出那些土著人也很不好意思。

第二天,为了入乡随俗,教授一丝不挂地走上了讲台,只戴个项圈,私处也用树叶遮挡。但是,他比第一天还感到尴尬,站在讲台上直冒汗。原来,土著人为了照顾教授的感情,吸取了头一天的教训,他们全部都西装革履,一本正经,只有教授一个人光着身子在讲台上。

下课之后,土著人纷纷向教授道歉,教授也觉得非常不好意思,双方做了沟通。第三天,教授穿着西装走上讲台,他看到在场的土著人也都穿着西装,坐得笔直。这次,教授没再冒汗,土著人也很高兴。

沟通达成了一致,这是很重要的,在一个公司里面更是如此。因为沟通是公司上下交流工作信息的过程，从小处说它直接影响到一个人的工作效率，从大处说它关系到公司的生存和发展。

比如，当上级交代任务后，如果你怕麻烦、怕交流，只管自己，不与上级或同事交流，急于动手，很有可能使正在进行的工作无法有效完成，或至少达不到预期效果，这势必影响公司整体工作的进程。

令人吃惊的是，不少刚步入职场的员工常在"沟通"上栽跟头，不少已经有了工作成就的人也常常在这个问题上"戟折沉沙"，这种问题大多见于自恃有能力、轻视别人的员工身上。

因此，在平时的工作中，我们应该学会主动与别人沟通，多表达自己的意见，积极参与讨论等，这有助于更好地领会工作重点、熟悉工作任务，进而控制工作的进度和成本，高质高效地完成任务。

萧萧以前只是一个小小的文秘，在短短的几年时间里，她迅速晋升为经理助理，在外人看来是很不可思议的事情，很多人也都向她取经。她只告诉了这些人一句话："我成功的秘诀就是擅长与领导沟通。"

刚刚进公司的时候，萧萧确实不引人注意。一次很偶然的机会，经理把一件比较重要的任务交给她完成，她很珍惜这次机会。她接到任务没有立即开始苦干，而是先充分理解领导的意思；她还把任务分成了两个阶段，及时向领导汇报自己的进度；而且她还把自己遇到的不懂的地方记在了笔记本上，在汇报时及时请教经理。

正因为与领导保持着及时的沟通，萧萧顺利完成了那项任务，受到了公开的表扬。在以后的工作中她也经常坚持这样的习惯，慢慢地使经理对自己的能力越来越信赖，自然就被提拔了。

沟通的意义是显而易见的，公司发展的整个过程也必须依靠沟通。可以说，员工之间沟通得越多，工作信息的传递越快、越丰富、越充分，工作的高效性、准确性也就越能得到保证，公司也就越容易取得成功。

沃尔玛公司是美国最大的私人雇主和世界上最大的连锁最大零售企业，总裁萨姆·沃尔顿曾说过："如果你必须将沃尔玛管理体制浓缩成一种思想，那可能就是沟

通。因为它是我们成功的真正关键之一。"

为了做到这一点,沃尔玛公司是这样做的。

沃尔玛公司总部设在美国阿肯色州本顿维尔市,每年这里都会定期举行沃尔玛公司的股东大会。公司会尽可能让更多的商店经理和员工参加,讨论公司的现状和未来,让员工了解公司业务进展情况,做到心中有数。由于参会人数很多,沃尔玛公司的股东大会被称作是全美最大的股东大会。

在股东大会上,公司领导层为保持整个组织信息渠道的通畅,会全面收集来自各位参会人员的想法和意见。然后,公司的行政管理人员每周都要花费大部分时间飞往各地的沃尔玛商店,通报公司的解决方案。

同时,沃尔玛公司的每一个店面经理也要主动与员工们共享信息,定期向店里的每个员工、计时工,哪怕是兼职雇员公布该店的利润、进货、销售和减价等各种信息,鼓励他们干好本职工作,争取更好的成绩。

沃尔玛正是通过公司上下的充分沟通、共享信息,使每一个员工都产生了责任感和参与感,感觉自己得到了公司的尊重和信任,进而积极主动地争取更好的成绩。而沃尔玛领导也正是靠着这种沟通,及时了解到了公司各方面的情况,机敏地做出了各种应变行为,保证公司实现了健康而持续的发展。

总之,无论你在什么工作岗位上,只要积极主动地进行沟通,建立起良好的沟通氛围,你就能提高工作效率,从而减少工作失误,把自己的工作推上新的台阶,为公司创造更多的效益,进而赢得被公司倾力扶持的好机会。

◎ 说服别人的最好办法：攻心为上 ◎

只有说服别人，你才有可能做好工作，取得成功。而要想说服别人，最好是先找到共同的话题，让对方认可你、喜欢你。如此，对方才会洗耳恭听你的观点，愉快地接受你的意见，你也将无注不胜！

在工作中，无论你处于什么岗位，都需要与他人合作才能达到自己的目标。在很多情况下，你需要别人接受自己的想法、观点，然后与你采取一致行动，那么，这就需要说服他人的沟通力。

只有说服别人，你才有可能做好工作，取得成功。比如，你必须说服老板认可自己的创新想法是切实可行的；你必须说服同事共同参与某项工作；你必须让消费者相信你的产品，唤起购买欲望等。可见，一个不善于说服他人的员工，他的一切工作就无从谈起。

既然说服力这么重要，我们就要尽可能地使自己的说服取得成功。那么，如何做呢？最好的办法即攻心为上。

在这里，我们先看一个简单，却意味深长的小故事。

机房重地的大门上有一把坚固的门锁，钢锯、铁锤比赛看谁能将这把门锁打开。铁杆钢锯卖力地左锯右拉，费了九牛二虎之力，门锁不动如山；铁锤使劲地撬，没命地捶，门锁还是无法打开，自己却遍体鳞伤。

这时候，一把毫不起眼的钥匙悄悄地出现了。它瘦小的身体钻进锁孔，轻轻一转，那副坚固的门锁应声打开了。

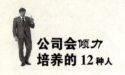

"这怎么可能呢?"铁杆和铁锤都很奇怪,"我俩这么威武有力都打不开,而你却轻而易举地成功了!"

钥匙温柔地回答:"因为我懂他的心。"

如何才能说服他人呢?答案是先了解他们的心。了解对方的心是增加相互理解、相互支持的前提。所谓的"志同道合"就是这个道理,哪有志同道合的人还不能沟通的?引申到工作中也是这个道理。

几乎每一个拜访过美国总统西奥多·罗斯福的人,都会为他的博学深深折服。哥马利尔·布雷佛曾写过这样一句话:"无论是一名牛仔或骑兵、纽约政客或外交官,罗斯福都可以做到与对方欣然而谈。"

罗斯福是怎么办到的呢?很简单。每当有人来访前,罗斯福都会想方设法地了解到这位客人感兴趣的话题,并查阅相关的资料。因为罗斯福知道,打动人心的最佳方式是找准话题,与对方心灵产生共鸣。

要知道,每一位跟你谈话的人,对他自己、他的需求和他的问题,远比对报上的超级爆炸性新闻更关注得多。一个善于与上级、同事、顾客相处的人,懂得鼓励对方谈论自己,谈他的兴趣,他的成就。

某公司的经理超难对付,许多保险公司的业务员在他面前纷纷"落马"。但这是一个大客户,牛程决定冒险一试。而该经理早已从秘书口中得知来的是一个推销员,因此当牛程来到他办公桌前时,他头也不抬:"你是今天第四个推销员了,别再浪费我们两个人的时间!你就请便吧!"

牛程并没有就此告退,他微笑着坐下后,环视经理的办公室,等看见墙角书橱里放着一本《三十六计》时,眼前一亮,很有礼貌地问道:"您是不是对《三十六计》之类的书籍感兴趣?"

"没错!"经理抬起头来看了一眼年纪轻轻的牛程,又回头看了看背后的书橱,似乎感到有些意外。

牛程顺势说:"其实,我也很喜欢读《三十六计》,但有些地方我理解不透,比如说'借尸还魂',对此您应该有更高妙的见解吧?如果有时间还希望您能不吝赐教。"

"哦,现在的年轻人很少有读《三十六计》的了。"经理语气不禁柔和了不少,眼光也变得友善了些。

"我还了解到很多企业是通过运用三十六计在商场上取胜的,您是怎样开始您的事业的呢?"牛程抓住时机,追问道。

接着,经理放下了手中的资料,和牛程讨论开来。双方关系近了一步,但两人均没有提入保险之事。

经过一个多星期的明察暗访,牛程还发现该经理刚刚被选为一个公益环保基金会的会长;而且任何一次环保大会,不论在什么地方举行,他都一定会积极报名参加。

知道这些情况后,牛程又去会见了经理。由于上次的愉快交谈,经理热情地接待了牛程。不过,牛程依然对保险的事情只字未提,而是谈到关于环保的事情。该经理表现出了莫大的热情,兴趣盎然地一口气讲了半天有关环保基金会的事,并劝牛程也加入该会,两人还一起愉快地共进了晚餐。

两天后,奇迹发生了!该经理主动打来电话,请牛程为自己挑选一个适合的险种,他要入保险了!牛程能够拉来这么大个客户,令领导刮目相看,夸赞再三,他自己自然也拿到了一大笔提成。

在说服别人之前,最好是先找到共同的话题,拉近彼此之间的距离,让对方认可你、喜欢你。事例中的主人公牛程正是运用此招,实现了与对方的有效沟通,从而不动声色地促成了一场成功的商务谈判。

由此可见,假如对方是球迷,你与他侃侃欧洲杯足球赛的赛情,谈谈齐达内、贝克汉姆等,总不会错;假如对方喜欢文学,你也不妨附庸风雅,和他聊聊红楼梦或者莎士比亚;假如对方是"超级女声"的忠实观众,你一定得知道李宇春、周笔畅的芳名。

只要你多关注对方的兴趣所在,一定会化解对方心理上的隔阂,让他对你的好感默然而生,激情昂扬、滔滔不绝。这样,他必然会洗耳恭听你的观点,自然而然地接受你的意见,令你无往不胜!

◎ 给老板画圈,而不是让老板填空 ◎

老板聘请员工,是请你来解决问题的,而不是请你来提问题的。对工作问题进行沟通时,你要尽量给老板提供全面的解决方案,让老板从中选择,而不是要老板自己想解决方案。

在工作中,需要我们沟通的问题总是无穷无尽的,如产品不优秀是问题,产品上市时间是问题,铺货渠道是问题,上班时间是问题,办公室没有个人空间是问题,经费不够是问题……

发现工作中存在的各种问题时,我们该怎么做?

那些优秀员工的成功经验告诉我们:选择带着方案与老板进行沟通,尽量给老板画圈,而不是让老板填空的员工往往会被委以重任。所谓让老板画圈,即提供解决方案,让老板从中选择;让老板填空,就是提出问题,要老板自己想解决方案。

老板聘请员工,是请你来解决问题的,而不是请你来提问题的。可以说,解决问题是员工的职责所在。如果你空口发表自己的见解,喋喋不休地说上半天却无解决方案,于事无补,老板聘用你的前提就没有了,也就是说你失职了。

要想老板之所想,急老板之所急,机会自然会垂青你。当问题出现时,让老板画圈而不是填空,就是在节约老板的时间,让他把时间多花在更重要的事情上面。只有这样,老板才会将更大的职责交给你。

试想,如果你是老板,一个员工对你说:"老板,现在遇到了问题,我有一种解决方案,您看是否可行?"另一个员工则直接上来就说:"老板,我遇到了问题,您看该怎么办?"你会认可和赏识哪一位员工呢?很显然,你选择前者。

因此,当问题出现的时候,不要在旁边空发议论,而要不怕麻烦,应该拿出实际的解决方案。这不但能赢得同事的尊重,更能得到老板的认可和赏识,有时候甚至还会让老板对你心存感激:"多亏了你的暗中帮忙。"

事实上,给老板提供画圈机会的过程,不仅是一种尽职尽责的工作态度,也是自我成长的过程。因为在这个过程中,你需要去调查了解实际情况,把握各方面的信息,对各种可能性做出判断,对各种可行性进行梳理。如此一来,你就有可能找到可行的解决办法,提炼出最有效的解决路径。当下一次遇到同样问题的时候,就不再是问题了,你就有机会解决更高层次的其他问题。

《笑着离开惠普》的作者高建华曾在此书中讲过一个故事。

加入惠普之后不久,高建华就在工作上遇到了问题,他不知道怎么做,便去找自己的上司请教,要求上司给自己提供一个解决办法。没想到上司直截了当地说:"我不会给你提供解决办法,你自己再想想吧。"高建华当时很不高兴,心想这上司也太不照顾下属了,但是现在,他却对上司非常感激。

为什么呢?因为上司不给他解决问题,他就必须自己想办法解决问题。深思熟虑几天后,高建华带着自己的解决方案再去找上司沟通时,他已经对这个问题有了全面的了解,也有了解决问题的把握。这次,上司也对高建华的表现很满意,并欣然对他的方案提出了一些修改意见。

我们可以得出这样一个结论,当老板代替你解决问题时,短期内看来他们是在帮助你,但长期看来,他们是在损害你,因为他代替你思考,剥夺了你成长的机会,你就无法向着更高的层面发展。

需要注意的是,给老板提问题是表现自己优点的机会,你一定要比别人站得高些,看得远些,想得深些,多花一些时间做充分准备,提供的方案一定要完备,既可以使老板一目了然,也便于老板作出决策。不然,你只会给大家留下浮躁、好高骛远的印象。

当然,你必须想到一点:只要老板接受了解决方案,你自己很可能就是方案

的执行责任人。所以,在带着方案去提问题时,一定要确保方案的可行性,而且要对方案的执行有足够的把握,做了就要做到最好,让老板眼前一亮,这样才更容易受到重用。

◎ 既要能说,更要懂得倾听 ◎

与人沟通不仅需要会说,更需要会听,两者在沟通中所发挥的作用同等重要。如果你希望成为一个善于谈话的人,就要做一个注意倾听的人。会说是一种能力,听懂则是一种智慧,需要我们细心琢磨。

职场沟通既包括如何发表自己的观点,也包括怎样倾听他人的意见。据资料显示,沟通体现在说、听、读、写四个方面,其中说占 30%,听占 45%,阅读占 16%,写占 9%。在沟通所有的内容中,聆听占到了 45%,几乎占了一半的比例,比说的比例还要大。

然而,在实际的工作中,很多人一提到沟通就认为是要善于说话。在工作中,他们经常是急于发表自己的意见和见解,不肯给别人说话的机会,那么他一定不会招人喜欢,也将注定无法积累更多的人脉。

事实上,与人沟通不仅需要会说,更需要会听。会说是一种能力,听懂则是一种智慧。听懂对方,在沟通中所发挥的作用与如何表达同等重要。正如一句话所说:"人长着两只耳朵却只有一张嘴巴,就是为了少说多听"。

戴尔·卡耐基就曾说过:"如果你希望成为一个善于谈话的人,就要做一个注意倾听的人。"优秀的员工之所以能够取得成功,往往在于善于倾听。职场新人一般对所处的工作环境还不十分了解,在这种情况下,更应该注意少说多听。

当然,倾听并不是保持沉默,用耳朵来接收文字,这样的倾听是不能有效达到沟通目的的。真正的倾听不仅要用耳朵,而且要用心;不仅听到对方说的内容,而且了解对方的感受和情绪,还要从中捕捉到有用的信息。

人人都有表现自己、表达自己的欲望,你的倾听给对方了一个满足自我的机会,对方自然会感激你、喜欢你,如此你们彼此之间的距离就拉近了,更有利于开展合作。更为重要的是,有的人还借机取得了成功。

改革开放以来,刘某一直涉足于商界。但很长一段时间他都与失败为伴,不是跟错了市场,就是瞄错了趋势。一次,为了争取一个项目,他去拜访某部一位部长,得知部长感冒了。

刘某问道:"部长,您怎么会突然感冒了呢?"

部长苦笑道:"唉……昨晚天气比较冷,看电视时为了暖和,我就躺进了被窝里,不时钻出来调换频道,如此几个来回,就感冒了。要是躺在被窝里也能调台多好,这样既方便又舒适。"

刘某听了一愣,瞬间,他觉得一个极具市场潜力的商机就在眼前,因为当时中国还没有遥控器。刘某有些激动地说:"部长,我要马上回去着手研发、生产电视机遥控器。"对于这一想法,部长给予了赞许和大力支持。

很快,刘某成功研究出中国自己的电视机遥控器,获得了巨大商机。遥控产品源源不断地涌来利润,刘某又开始向彩色电视机、影碟机领域进军。最后,他不仅还清了以前所有的亏欠,而且成为了一名著名的企业家。

有效倾听他人说话至少有这样几个好处:减少同事间误会,避免无意义的冲突;增加信息和经验,成为消息灵通人士;加深与他人的关系,使他们也愿意听你说话,增加实现个人愿望的机会。

有效倾听别人,这并不是难以掌握的。以下是倾听的基本技巧,你不妨借鉴。

1.良好的精神状态

良好的精神状态是倾听质量的重要前提。如果你在沟通中若有所失、委靡不振,

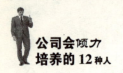

这表明你对对方漠不关心,会直接打消对方沟通的兴趣,是不会取得良好的倾听效果的,它只能使沟通质量大打折扣。因此,你要努力维持大脑的警觉,集中注意力,聚精会神,保持良好的精神状态,表现出自己乐意倾听而且有兴趣与对方沟通。

2.及时给予呼应

在倾听的过程中,你要善于运用自己的姿态、表情、插入语和感叹词以及动作等,及时给予对方呼应。如微笑、点头、适时适度地提出问题,如"请接着说下去""这件事你觉得怎么样?""还有其他事情吗""你说的和我想的一样"等。另外,在对方谈到关键的问题或语句时,你有必要简明扼要地再重复一下或解释一下,如:"你是说……""你的意思是……"等,这是一种肯定、信任、关心乃至鼓励的信息,会让说话者感到你理解他所说的话,会使气氛更加融洽,有助于进一步的沟通。

3.耐心倾听别人

当对方说话内容很多,或者由于情绪激动等原因,语言表达有些零散甚至混乱时,你更应该耐心地听完他的叙述。即使有些内容是你不想听的,也要耐心听完。千万不要直接打断对方,或者迫不及待地插话,更不要急于下结论,否则你会被对方认为是一个没有教养或不礼貌的人。

了解了以上倾听的技巧后,只要你在日常的工作中,在与上级、同事的交流沟通中善于体味琢磨,恰当运用,你就一定会成为一个出色的倾听者,你会处处受到欢迎,并获得意想不到的收获。

◎ 善疏则通，能导则安 ◎

解决矛盾的最好方法不是回避和压制，而是找到矛盾的根源并对症下药，化解矛盾。善疏则通，能导则安，就像建筑物上端的避雷针起到了疏导作用一样，如此就能及时排除隐患。

在一个公司工作，同事之间产生矛盾是很平常的、很普遍的，有的是因工作意见不同而产生争执，有的是因利益竞争而产生纷争，有的是因感情问题而产生矛盾等，此时你是如何处理的呢？

有些人出于趋利避害的本性会选择回避，但是"千里之堤毁于蚁穴"，矛盾如果不能得到及时处理，同事的心理得不到及时疏导，堆积久了，就会对个人工作、公司的正常发展造成巨大的压力。

那些优秀的员工不会逃避冲突，他们总是积极主动地从中进行沟通、调解工作，尽量维护大家的团结和睦，创造良好的工作氛围，这是一种对公司有责任心，有大局意识的表现，是公司所提倡、所欣赏的。

在这里，我们需要提及一个"避雷针效应"。众所周知，对于高耸的建筑物来说，雷雨天常常遭遇雷击的危险，怎么避雷呢？此时，只要使云层所带的电与地下的电中和，就可以了。这一现象应用于我们的实际工作中，便是做人要善疏能导。

善疏能导的人，往往能化解一场无意义的冲突，从而使冲突双方皆大欢喜，也给自己铺下一条更宽阔的道路。

陈树在一家建筑工司做工程师，同事小白和小苏素来关系不合。有一天，公司派

三人一起去做一个海架桥项目。谈到江面宽窄问题，小白说是五里三分，小苏却故意说是七里三分，双方争执不下，谁也不肯让步。

陈树知道他们是借题发挥，虽然他对这两个人的争论很不满，但是为了保证工作的顺利进行，出面给两人打起了圆场。他从容不迫地拱拱手，言辞谦虚地说："江面在水涨的时候就宽到七里三分，而落潮时便是五里三分。你们两人说的都没有错，这有何怀疑的呢？"

小白和小苏二人本来是信口胡说，由于争辩为了保全面子才不肯认输，听了陈树的这个有趣的圆场，自然无话可说了，争论便不了了之。而二人对陈树都心存感激，积极配合其工作。本次工作顺利完成，陈树随后也被老板提拔为工程部主管。

可见，善疏能导，就好比雷电天里的"避雷针"，能及时消除工作上的各种隐患。出现矛盾并不可怕，只要我们能够面对现实，积极采取措施去化解矛盾，同事之间仍会和好如初，使气氛变得轻松愉快。

作为"第三者"，你主动积极，而又充分地进行调解，的确能起到缓和冲突和消除冲突的作用，但在调解中注意方式方法是首要前提，否则调解的结果就会适得其反。一般来说，你应当注意以下几点。

首先，以开导为主，与人为善，态度谦虚，语言谨慎，话语委婉，留有余地，帮助对方分析矛盾的成因，并指出他在其过程中存在的不当之处，善意而直言不讳地告诉对方你的良苦用心。

其次，同事之间自然存在亲疏之分，但你千万不能带着私人感情和个人恩怨去调解，要保持自己的"超脱"或"中立"的地位和立场，就事论事，要切中要害，要有自己鲜明的立场，不能当没有原则的"和事佬"。

当你做出以上的努力以后，基本可以化解同事之间的矛盾。如果遇上一些顽固不化的人，在你做出诸多努力后，他们仍然不愿意和解，此时你只管放心地去工作，别理会这类人就是了，用不了多久他必将被老板弃用或开除。

第八种人

团 队

职场不是个人秀,团队赢才是真的赢

公司里没有一个完全独立的工作,各个岗位之间也都是相互依存的。职场中需要的不是单打独斗的"英雄",而是善于团结合作的人才。哪怕你再有能力、再能创造绩效,但一旦你过多关注自我、伤害到公司的团队利益,任何老板都会毫不犹豫地将你弃之不用。

◎ 从"能干的人"到"团队伙伴" ◎

能力再强的人，单打独斗、单枪匹马最终只能是一无所得。没有人可以完全脱离别人而单独完成一项工作，任何人成功都需要别人的协助与配合。及时融入到团队中，这是做好工作的前提，也是公司对每一个员工的最基本要求。

从前，有两个饥饿的人得到了上帝的恩赐：他们一个人得到了一篓鱼，另一个人则得到了一根渔竿。他们需要用得到的东西来养活自己，否则就只能饿死。于是，带着上帝的恩赐，他们分开了。

得到鱼的人还没走几步就又觉得饿了，于是他便用干树枝点起篝火开始烤鱼。也许是饿得太久了，他狼吞虎咽，一口气就吃掉了三条鱼。又过了两个星期，他再也没有得到新的食物，最终饿死在空鱼篓的旁边。

选择了鱼竿的另一个人深知要是不想饿死，就一定要赶紧捕鱼，他一步步地向海边走去，准备钓鱼解饥。可是他本来就很饿，走得非常缓慢，不等见到大海，他就带着无尽的遗憾撒手人寰了。

这则寓言启示我们这样一个道理，能力再强的人，单打独斗、单枪匹马最终只能是一无所得。如果他们先共享手中的鱼，并一同用鱼杆钓鱼，就不会落得如此下场了。没有人可以完全脱离别人而单独完成一项工作，任何一个成功者都需要别人的协助与配合工作。

相传，佛教创始人释迦牟尼曾问他的弟子："一滴水怎样才能不干涸？"弟子们面面相觑，无法回答。释迦牟尼说："把它放到大海里去。"个人再完美，也就是一滴水；

一个优秀的团队就是大海。

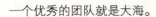

"众人拾柴火焰高""一个篱笆三个桩,一个英雄三个帮"……这些耳熟能详的俗语都在告诉我们:唯有依靠团队的力量,依靠他人的智慧,才能成就自己,才能使自己立于不败之地。

在工作中更是如此,没有一个员工能够离开团队独自完成一项工作,即便是能力再强的员工,也离不开他人的帮助。尤其是在当前社会中,随着科技的发展,职场分工越来越细,作为相对具体、更加清晰的运营计划,更是要分解到各个部门。一个人无论是处于什么样的位置,无论拥有多大的能力,都必须依靠团队的协作。

员工是否具有团队精神,直接关系到公司业绩。一些大公司招聘人才时,十分注重个人的团队精神。他们认为一个人能否与人和谐相处并相互协作,要比他个人的能力重要得多,甚至一些公司将之当成了考察员工的最重要的价值观与理念。

为了发展业务,一家公司要招聘两个职员。参加应聘的人有很多很多,经过筛选之后只剩下了甲乙两个人。这两个人的能力不相上下。但公司只能留一位,人事部经理亲自进行面试。

"我给你们出一道选择题,"经理说,"假如你们两个人一起去沙漠探险,在返回的半途中,车子抛锚了。这时,你们只能选择四样东西随身带着。你会选什么?这些东西是镜子、刀、帐篷、水、火柴、绳子、指南针。其中帐篷只能住一个人,水也只有一瓶矿泉水,你们可以想想再做回答。"

一会儿,甲站了出来说:"我选好了,我选帐篷、水、火柴和刀子。"

经理问道:"为什么你要选个刀子呢?说说你有什么样的理由。"

甲说:"害人之心不可有,防人之心不可无。这帐篷只够一个人睡,水只有一瓶,万一有人为了争夺生存机会想害我呢?我有了刀子在手上,他是不敢轻举妄动的。"

经理笑了笑,没有说话。

一会儿,乙给出了他的答案:"水,火柴、帐篷和绳子。"

经理问道:"为什么你要选这些东西呢?说说你有什么样的理由。"

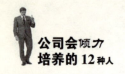

乙说："水是必需品，虽然只够一个人喝，但可以省着点，相信也能够保证两个人一起坚持到最后；火柴也是路上必不可少的；帐篷虽然只能容纳一个人睡，但是可以轮换着来休息。"

经理点点头说，问道："你为什么要选绳子呢？"

乙说："绳子可以用来把两个人绑在一起，这样在风沙很大目不见物的时候，就不会失散了队伍。这样就能减少危险的程度。"

经理点了点头，把甲淘汰出局了，把乙留了下来。

通过这个事例，我们可以了解到，如果一个员工没有积极的团队合作精神，不仅不利于自己实现自身价值，甚至还会破坏公司内部的团结。因此，他便是不受公司欢迎的人，自然就无法拥有更多的职场发展。

对此，微软中国研发中心总经理张湘辉博士曾这样说过："如果一个人是天才，但其团队精神比较差，这样的人我们不会要。中国 IT 业有很多年轻聪明的天才，但团队精神不够，所以每个简单的程序都能编得很好，但编大型程序就不行了。"

我们知道，足球运动靠的是全队的配合，大牌球星虽然能帮助球队扭转时局，但是球场上的常胜将军仍然是配合最好的球队。职场就像球场上的对决一般，单凭几个"英雄"无法赢取整场战争的胜利，只有团结才有可能立于不败之地。

高级技术人才梁炜和苏旭同在一家著名机械公司上班，同为主管候选人。为了确定谁做主管，公司给他们布置了一个艰巨的研发任务——降低压力机的能耗。如何降低压力机的能耗，这是近几年业界都在研究的难题，要在短短两个月的时间里做到几乎是不可能的事情。但是为了尽力争取到主管的位置，两人谁都毫不犹豫地接下了任务。

为了争取尽快做好工作，梁炜整天把自己关在办公室里，大量地阅读技术文件，制作图纸，根据自己多年工作经验的积累，来寻找各类可能降低能耗的方法。而苏旭每天除了上午看资料，画图表以外，经常到车间现场去和工人们了解公司的能耗、设备的具体情况等。当同事遇到技术上的问题时，他也会热情地利用自己的经验来帮其解决或共同探讨。

两个月后,梁炜和苏旭都提出了自己的设计方案。

从技术上讲,两人的方案都有缺陷,但苏旭却提出了后续实施的具体方案,并且还提到车间工人们和自己设计互补的情况。鉴于此,领导一致认为虽然梁炜的研发精神值得提倡,但善于合作的苏旭做主管更为合适。

事例中的梁炜尽管很能干,但是难免有一些"英雄主义"的倾向。技术研发是一项需要方方面面知识、设计多个工作环节的工作,单凭他自己,再怎么努力也不可能考虑周全、顾及全面,这就是公司不愿意提拔他的主要原因。

一盘散沙,尽管他们粒粒金黄发亮,仍然没有太大的作用。但是如果建筑工人把它掺在水泥中,就能成为建造高楼大厦的水泥板和水泥墩柱;如果化工厂的工人把它烧结冷却,它就变成晶莹透明的玻璃。

因此,作为团队中的一员,在工作中,我们要时刻想到,我们是一个整体,是一个团队,学会及时地从"能干的人"到"团队伙伴"。这是做好工作的前提,也是公司对每一个员工的最基本要求。

◎ 没有完美的个人,只有完美的团队 ◎

在一个团队中,每一个成员都有自己独特的一面,都是优缺点并存的。你要想在团队中有所作为,就应该努力寻找团队成员正面的品质,并且欣赏它、学习它,这是团队精神的基石。

有些人感慨自己怀才不遇,不愿意与别人合作,不能主动地融入团队甚至频频跳槽。不是他们不知道团队的重要性,而是他们自我感觉良好,总是认为团队中的成

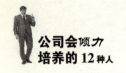
员有这样或那样的缺点,很难调和。

事实上,在一个团队中,每个成员的优缺点都不尽相同,我们不能因为别人的缺点而拒绝团队。没有完美的个人,只有完美的团队。一个人如果感到自己很难融入到团队里,可能是他自身存在一些问题。

下面这个寓言故事能给我们一些启示。

一只乌鸦在觅食时看见一只猫头鹰飞了过来。

大白天见到猫头鹰真是一件怪事,于是乌鸦便问道:"猫头鹰老弟,你怎么这么匆忙,要去哪里呀?"

猫头鹰说:"我呀,正在搬家呢!我要搬到西边的树林里去。"

乌鸦感到不理解,便问:"好好的搬什么家呀?"

猫头鹰回答说:"你哪里知道我的苦衷啊。我喜欢在夜里唱歌,东边的动物都讨厌我。它们嫌我不睡觉,还说我的歌声难听,吵得它们不能安心睡觉。我不跟它们一般见识,所以就主动往西边的树林里搬。"

乌鸦一听明白了,于是对猫头鹰说:"你就是搬到西边的树林里,不久还会再一次被赶出来。说起来咱俩的遭遇还真有点相似。我以前也爱唱歌,虽说不像你那样在夜里,但也同样得罪了不少动物。后来我想明白了,这不怪它们,错全在我自己。"

见猫头鹰不明白,乌鸦解释道:"就拿你来说吧,你要真想一展歌喉,那就尽量唱一些轻柔好听的歌。如果尝试过后觉得不行,你就白天唱歌,晚上则和其他动物一样睡觉。这样你就会受到欢迎,根本用不着到处搬家。"

在一个团队中,每个成员的优缺点都不尽相同。你要想很好地融入到团队中,得到团队的认可和欢迎,就要学会时常反省一下自己,从自己身上找原因。比如,你对人是不是太冷漠,或者是言辞犀利等,这些缺点在单兵作战时可能还能被人忍受,但在团队合作中会成为你进一步成长的障碍。如果你意识到了自己的缺点,就要注意改正。

团队的形成基础是设置不同的岗位、选拔不同的人才。每个组织成员都很优秀,都有自己独特的一面,你应该努力寻找团队成员正面的品质,并且欣赏它、学习它,这是团队精神的基石。

我们再来看一个故事。

米克尔是某著名大学计算机专业的高才生,进入一家计算机技术开发公司半年后,他就被选拔加入了一个重要的研发小组。组长告诉米克尔,他非常欣赏米克尔的计算机应用能力。米克尔不禁沾沾自喜,甚至骄傲起来。

进入小组后,米克尔认识了其中一位成员约桑。约桑貌不惊人,而且毕业于一所很普通的大学,计算机应用能力不如米克尔强。因此,米克尔很是瞧不起约桑,工作中故意不跟他配合。

由于米克尔的不配合,小组工作开展得很缓慢。当组长得知原因后,只严厉地问了一句:"只有优秀的人才能进入我们这个团队,包括约桑。米克尔,你以为你比约桑优秀吗?你错了!"

挨了批评后,米克尔才放下架子,工作中主动与约桑配合。很快,他发现约桑虽然计算机应用能力不如自己强,但是具有丰富的研发经验和卓越的研发能力,不由得钦佩起对方来。

而约桑是一个很有团结意识的人,他将自己从实践中摸索出来的经验毫不犹豫地传授给米克尔,两个人的能力都有了长进。在大家的彼此协作和共同努力下,项目提前圆满完成了,米克尔和约桑得到了公司的表扬。

就算同事真的没有你优秀,那么你抱怨他也是无济于事的。相反,互相抱怨反而加剧了同事之间的隔阂、团队之间的对立,不但工作压力更大,而且工作中遇到或明或暗的阻力更大,对个人成长和团队协作造成更不利的影响。

团队讲的是协作和合力,没有完美的个人,只有完美的团队。唯有学会欣赏其他团队成员的优点,充分利用别人的优点,才能创造和谐的工作环境,你才能充分发挥自己的能力,进而立于不败之地。

有一次,联想运动队和惠普运动队进行一次攀岩比赛,这场比赛似乎一开始就预示了结局。惠普队的队员个个都是身强力壮的男士,而且身高均在1.75cm左右;而联想队有男有女,身材有胖有瘦,身高有高有矮。

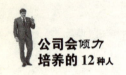

比赛开始前，惠普队在外形来看明显已经占上风，他们志在成功，反复强调一定要注意安全，齐心协力，快速完成任务。联想队没有做太多的士气鼓动，而是聚在一旁，一直在低声合计着什么。

比赛开始了，惠普队在全过程中几处碰到险情，尽管大家齐心协力，排除险情完成了任务，但因时间过长最后输给了联想队。联想队成功的秘诀是什么呢？这就是团队协作和合力的力量！

原来比赛前，联想队把队员个人的优势和劣势进行了精心的组合：第一个是动作机灵的小个子队员，第二个是一位高个子队员，女士和身体庞大的队员放在中间，垫后的当然是最具有独立攀岩实力的队员。于是，他们几乎没有任何险情地迅速地完成了任务。

没有完美的个人，只有完美的团队，明白了这些后，你还在等什么呢！

◎ 团队合作的力量：1+1＞2 ◎

每一个人的智慧和才能都是有限的，调动整个团队所拥有的能力、智慧等资源，使之产生协同效应，就会形成一种势如卷席的强大力量，既能保证团队的利益，又能最大化我们的自身利益。

有这样一则古老的寓言故事。

在非洲的草原上如果看到羚羊在奔逃，那一定是狮子来了；如果见到狮子在躲避，那就是象群发怒了；如果见到成群的狮子和大象集体逃命的壮观景象，那是什么来了——蚂蚁军团！

蚂蚁是何等的渺小微弱,用大拇指和食指就可以把它捏死,为什么连兽中之王也要退避三舍呢?这是因为,蚂蚁虽然个体很弱小,但它们是最有团队精神的动物,它们成员之间通过协作,形成一种势如卷席的强大力量。

这就是团队合作的力量!

在工作上,团队和个人的关系就好像是水和鱼的关系。我们每个人都是鱼,而我们的团队就是水。任何一个人的成功,绝对离不开他所身处的那个团队;任何一个团队的成功,也都有赖于员工们亲密无间的团结协作。

我们知道,每一个人的智慧和才能都是有限的,但只要在团队中取长补短、广采博集,就能够调动整个团队所拥有的能力、智慧等资源,这无疑大于两个成员之间的能力总和,这就是"1+1>2"的团队力量。

我们可以看一个生动的例子。

几年前,著名的沃尔玛公司面向全美招聘高级管理人才。此消息一出,响应者云集。沃尔玛公司经过4轮考试,从上千名优秀的应聘者中选出了9名最优秀的候选人,由公司负责人事方面的主管亲自进行复试。

人事主管在看过这9个人的详细资料和初试成绩后,相当满意。他们无一不是年轻有为,聪明绝顶的社会精英。然而,此次招聘只能录取3个人,所以,人事主管给大家出了最后一道题。他先是把这9个人随机分成甲、乙、丙三组,指定甲组的3个人去调查本市婴儿用品市场,乙组的3个人调查妇女用品市场,丙组的3个人调查老年人用品市场。限期一周,每人上交一份详尽的市场调查报告,然后人事主管就会宣布最终的招聘结果。

人事主管对这次考试的解释是:"我们录取的人是用来开发市场的,所以,你们必须对市场有敏锐的洞察力。让大家调查这些行业,是想看看大家对一个新行业的适应能力。每个小组的成员务必全力以赴!"临走的时候,人事主管补充道,"为避免大家感到无从下手进而盲目开展调查,我已经叫秘书准备了一份相关行业的资料,走的时候请你们到秘书那里去取!"

一周之后,9个人都把自己的市场分析报告送到了人事主管那里。出乎所有人

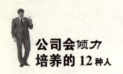

预料的是，人事主管只是粗略地浏览了一下他们的调查报告就站起身来，走向丙组的 3 个人，分别与之握手，并祝贺道："恭喜 3 位加入沃尔玛，从现在起，我们已经是同事了！"面对剩下 6 个人困惑的表情，人事主管呵呵一笑，说："请你们打开我叫秘书给你们的资料，互相看看。"

原来，问题就出在他们从秘书那里拿到的资料上。这 9 个人每个人得到的资料都不一样，甲组的 3 个人得到的分别是本市婴儿用品市场过去、现在和将来的分析，其他两组也是一样。人事主管说："丙组的 3 个人很聪明，互相借用了对方的资料，补全了自己的分析报告。而甲、乙两组的 6 个人却分别行事，将自己的队友视作竞争对手，然后各做各的。你们都很优秀，所以我出的这道题目的目的其实根本不是想考察你们的市场分析能力，而是想看看大家的团队合作意识。甲、乙两组失败的原因在于，他们不懂得借用团队的智慧，他们把队友看做竞争对手！要知道，团队合作精神才是现代企业同时也是你们自己成功的最大保障！"

团队精神的最高境界是全体成员的向心力、凝聚力，这是从松散的个人集合走向团队最重要的标志。无论我们从事怎样的工作，其实都是处在一个团队当中。只有每个人融入团队，各司其职，发挥每个人的特长，使之产生协同效应，团队的利益才能得到保证，这也是公司对每一个员工的基本要求。

微软原总裁比尔·盖茨也认为："在社会上做事情，如果只是单枪匹马地战斗，不靠集体或团队的力量，是不可能获得真正成功的。这毕竟是一个竞争的时代，如果我们懂得用大家的能力和知识的会合来面对任何一项工作，我们将无往不胜。"

一个团队、一个集体的每一个成员，对实现团队目标的影响都十分巨大。只有那些善于借用团队智慧、善于协作共享的人才能轻易地在竞争中脱颖而出，既可以给团队带来帮助，又能发挥自己的才华，将自己的各种能力转化成利润。

索尼公司的副总裁井深大刚就是一个成功典型。

井深大刚加入索尼时，索尼老板盛田昭夫将他安排在最重要的岗位上，全权负责新产品的研发。虽然井深大刚对自己的能力充满信心，但他深知这项工作绝不是靠一个人的力量就能做好的。

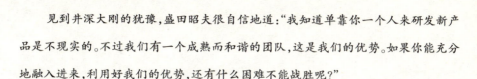

见到井深大刚的犹豫，盛田昭夫很自信地道："我知道单靠你一个人来研发新产品是不现实的。不过我们有一个成熟而和谐的团队，这是我们的优势。如果你能充分地融入进来，利用好我们的优势，还有什么困难不能战胜呢？"

听了盛田昭夫的这番话，井深大刚一下子豁然开朗："对呀，我怎么光想自己？不是还有二十多个员工吗，为什么不融入这个集体，虚心向他们求教，为了公司和自己的前途跟他们一起奋斗呢？"

随后，井深大刚找到销售部的同事，请教公司产品销路不畅的原因。同事告诉他："我们的磁带录音机之所以不好销，一是太笨重，二是价钱太贵。所以，新产品最好轻便、价格低廉。"井深大刚点头称是。

紧接着，井深大刚又来到技术部，同事告诉他："目前美国已经开始采用先进的晶体管技术作为生产收音机的核心技术。这种新技术不仅可以极大地降低成本，而且可以让产品非常轻便而且耐用。我们建议您在这方面下工夫。"听到这里，井深大刚大喜。

在研制新产品的过程中，井深大刚又和生产工人团结起来，精诚合作，终于一同攻克了一道道难关，试制成功日本最早的晶体管收音机，并一举成功！而井深大刚本人也被任命为索尼公司的副总裁。

作为员工，你要想获得团队的信任和认可，要想获得公司的倾力支持，就一定要时刻铭记自己的职责和使命，学会在团队中锻炼自己，并时刻记得借用团队的智慧来提高自己，让工作变得愉快，让工作更有效率。

需要注意的是，团队精神除了团队成员自觉的内心动力之外，这里还有一个统一目标。比如，每一个公司都要有自己的年度计划，今年需要实现多少产值，需要完成多少销售，需要回收多少利润，等等。

你需要时刻铭记团队统一的目标，才能与公司其他人行为一致。否则，你出力不小，也成效甚微，对公司没一点用处。这正如两个人拉车一样，都使出了浑身的力气，但是方向是相反的，车又怎么会前行呢？

◎ 当配角的人同样是赢家 ◎

要想得到公司的信任和扶持,就要树立大局意识,把公司的利益放在个人
利益之上,必要时要牺牲个人利益保全公司整体利益。顾全大局,甘当配角,从表
面上看自己是遭受损失了,但是从更深层次来看,当配角的人同样也是赢家。

一项战略计划最终是要靠公司这样一个团队来实现的,而不是仅仅靠一两个人
的力量。公司的每一位员工既是一个相对独立的个体,执行计划时必须对自己的工作
负责,又是公司团队的一员,至少属于由几个人组成的项目团队,又应该对团队负责。

然而,有的员工认为,要照顾公司的利益,自己的工作就要受到影响,也就是说,
对公司负责就是牺牲自己的利益。在这种思想的支配下,他们在执行任务时各行其
是,拒绝协作,一副我行我素的样子。

但是,仔细观察那些能够被公司倾力扶持的员工,你会发现,他们总是坚持对团
队负责,积极配合公司的每一次行动。当团队需要主角时,他会毫不犹豫地站出来承
担;当团队需要他当配角时,他又会无怨无悔地"趴下去",而不是推辞或逃避。

某公司经理决定选拔一位保安部队长,他一提出这一决议,公司6名保安均自
告奋勇,向经理自荐。由于6个人都有强烈想当队长的愿望,经理便决定通过比赛的
形式,胜者为"王"。

经理把6个人分成A、B两组,每组3人,让他们在3分钟之内徒手翻过一堵3
米高的墙。如果哪一个组先上去,那一组就成为赢家,然后那一组的3名成员再进入
下一轮的决赛,最终胜出者就是队长。

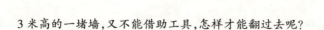

3米高的一堵墙,又不能借助工具,怎样才能翻过去呢?

A队的3名队员径直来到墙根下,其中一名叫朱志的小伙子迅速蹲在地上,对另两个人说:"快,你们踩着我的肩膀爬上墙头,然后再拉我上去。"

"这……"

"还犹豫什么?快上……"

于是,另外两人踩着朱志的肩膀,迅速爬上了墙头,然后分别伸出一只手,拉住朱志,把他拉上了墙头。然后3个人一齐跳到了对面的垫子上。

经理满意地点了一下头,A组3个人整个翻墙过程只用了2分40秒。

再看看B组。B组的那3名成员还在争论着,且声音越来越大。3个人中身材最高大的小涛大声抗议道:"什么?让我当梯子,你们踩着我的肩膀上?不行!我又不是木头,你们踩在我肩上多痛呀!再说,谁能保证你们俩上去后,还会伸手拉我呢?"

"你不当梯子,我也不可能,我感冒了,我身体还虚着呢。"小个子李波说。

"你感冒了?骗人吧。我这几天拉肚子,浑身没力气,这你们俩都是知道的呀!"另外一个人说。

就在3个人还在争论不休的时候,经理走了过来,他严肃地说:"别争了,你们已超过了规定的时间,你们谁也不用当梯子了。还有,你们的队长已经选出来了,就是A组自愿当梯子的罗文。"

在这里,A队之所以能顺利地进入下一轮比赛,与他们团结一致、齐心协力有关,更与罗文顾全大局、甘当"梯子"有关。假如A队的3名成员也像B队的3个人那样,自私自利,谁也不愿当"梯子",那么谁也别想翻过墙头,进入下一轮比赛。

我们每个人都有自己的独立人格和个人利益,但在融入一个公司之后,我们就必须要把公司的利益摆在首位,为了大局而牺牲小我,自觉站到配角的位置上去。因为只有这样,这个公司才会更牢固,才能获得最大限度的成功。所以,对团队负责就是对自己负责,两者是相辅相成的关系。

试想,如果你完成一项工作后,对于公司整个计划起不到促进作用,甚至因为你而影响到组织执行力的发挥,那你称得上是对自己的工作负责吗?显然不是,这应该

是失职,严重点就是渎职。

当然,把公司的利益摆在首位,并不意味着放弃个人利益,而是反映一种协同合作的统一关系,并进而保证公司组织的高效率运转。我们知道,个人依赖于公司,那么公司的利益保住了,你又何尝不是受益者呢?当配角的人同样是赢家!

提到迈克尔·乔丹,几乎没有人不知道他曾是 NBA 最伟大的球员。而乔丹之所以伟大,不仅仅是因为他有全面的打球技术,能成为篮球场上的领军人物,更为重要的是,在赛场上,他为了团队的胜利,能自愿做配角。

在短短90分钟的篮球赛场上,几乎所有的球员都会想着怎样争取更多上场的时间,怎样得分,怎样的动作才能吸引观众的注意并成为媒体的焦点,因为这一切都事关他们在俱乐部的薪酬和地位。

但乔丹不一样,在赛场上,他并非只求个人的突出表现,而是能时常放下巨人的架子、最伟大球员的尊严,去助攻,去帮助队友防守,使队友获得更多出彩的机会,自己则甘当他们的"配角"。

乔丹这种为了大局而甘当配角的风格深深感染了队友。因此,罗德曼能毫无怨言地做"苦工",不再闹对立情绪;哈帕、库科奇也能放下"架子",主动帮助队友。正是因为这种团结精神,芝加哥公牛队所向披靡,成为 NBA 最伟大的一支篮球队伍。

顾全大局,甘当配角,从表面上看自己是遭受损失了,但是从更深层次来看,当配角的人同样是赢家。试想,如果乔丹不顾大局,在球场上只顾表现自己,那么,芝加哥公牛队还会成为 NBA 最伟大的篮球队吗?不能!乔丹还能成为最伟大的球员吗?也不能!

由此可见,如果你想得到老板的重视和重用,想取得一定的工作成就,你就要学会在公司中甘当配角。只有你甘愿当配角,那么别人也会如此"回报"你,你想当"主角"的机会也就不远了。

俗话说"红花还得绿叶配",一朵娇艳的红花,只有在绿叶的衬托下,才会变得更美丽。所以,为了公司的整体利益,为了工作的圆满完成,我们应当努力去培养"甘当配角"的职业化团队意识。

◎ 步伐一致，不当公司"最短板" ◎

在一个公司里，决定这个公司战斗力强弱的不是那个能力最强、表现最好的人，而恰恰是那个能力最弱、表现最差的落后者。对于落后者，任何老板都会毫不犹豫地把他排斥在自己的重用名单之外。

在这里，我们先了解一下水桶效应。

水桶效应，是指一只水桶想盛满水，必须每块木板都一样平齐且无破损，如果这只桶的木板中有一块不齐或者某块木板下面有破洞，这只桶就无法盛满水。这是说一只水桶能盛多少水，并不取决于最长的那块木板，而是取决于最短的那块木板，也可称为短板效应。一个水桶无论有多高，它盛水的高度取决于其中最低的那块木板。

倘若把一个公司比作一只木桶，那么这个公司的成员就是组成这只木桶的木板。在一个公司里，决定这个公司战斗力强弱的不是那个能力最强、表现最好的人，而恰恰是那个能力最弱、表现最差的落后者。

回顾一下平时的工作，你是否是你所在的公司里的"最短板"呢？

一个员工，一旦沦为公司的"最短板"，他不仅会因为自己的平庸而得不到公司的任何奖励，还会影响所在公司的成绩。那么对这种类型的人，任何老板都会毫不犹豫地把他排斥在自己的重用名单之外。

因此，你要想取得不俗的工作成就，要想成为公司里受欢迎的人，要想获得公司倾力扶持的机会，那就要时时主动积极地表现自己，充分发挥自己的能力，坚决不做公司的"最短板"，与公司步伐一致。

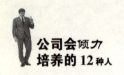

　　能够做好自己的工作，是每个职员要恪守的准则。在公司的工作中，你要认真负责地担负起自己那份工作，尽职尽责地完成，保证自己不影响整个公司的工作进程。只要你肯努力，就没有不可以完成的工作。

　　如果你不幸正好成了那块"最短板"，也不要自暴自弃，而要及时主动地"修补"自己，不断地完善自己，努力与公司做到步伐一致，甚至使自己变得不可替代，这样你的地位就会大大提高。

　　泰利是某文化公司的实习摄影师。刚到公司一个星期，她就代表公司参加了一次生态摄影比赛，摄影地点在城市郊外的森林。当时参加者大多是一些身强体壮的小伙子，身材柔弱的泰利混在其中很是显眼。

　　由于森林环境比较危险，正式开摄时，公司有人提出了异议，他们不愿意跟泰利一组。很显然，他们是怕泰利拖了大家的后腿，影响整体的成绩，但经理坚持要给泰利一个机会。

　　公司四处选择拍摄点，后来有人发现远处有一棵非常优美的大树，但要走过去，需要穿越一条湍急的河流，河流上只有一条半米多宽、摇摇晃晃的木板。公司大部分员工都放弃了。

　　大家以为泰利肯定也不敢，确实，这时候泰利已经脸色发白了。但是出乎大家的意料，泰利闭上眼睛吸了口气，踏上了那块木板，咬牙走了过去。见此，其他的员工也开始陆陆续续过岸了。

　　等人们到了这边，都开始为泰利的勇气鼓掌。泰利虽然满头大汗，但微笑着说："我只是不想辜负大家的信任，不想拖大家的后腿。"

　　在这次比赛中，泰利所在的公司因取点特殊获得了第一名，泰利则被公司选为"最佳表现者"。很自然地，泰利凭借着这种团队至上的精神，由公司实习生成功转为正式员工。

　　要想不做公司中的最"短板"，除了努力做好本职工作外，你还要不断地追求进步，充分发挥自己的潜能。当你为整个公司带来的收益愈大时，你自身的价值也愈大，说不定你还会成为公司欣赏的"长板"呢！

◎ 学会分享，共赢才是真赢 ◎

学会分享的公司才是最有竞争力的团队，学会分享的公司才是一个可持续发展的团队。那些优秀员工乐于与同事分享技术、经验等，进而促进了公司的发展，他们也必定是公司倾力扶持的人选。

天使带着一个人去考察天堂和地狱。地狱里的人围着一个大圆桌，桌上摆着丰盛的食物。但他们一个个面黄肌瘦、痛苦不堪。原来勺柄太长，尽管勺里装满食物，他们却无法送到自己嘴里。天堂的人也是同样地围在圆桌前，拿着勺柄很长的勺子，但他们个个红光满面，精神十足。原来，他们都用自己手上的勺子喂给对面的人，互相喂饱。

由此可见，分享才能实现共赢，独享会造成两败俱伤。

叔本华说："单个的人是软弱无力的；只有同别人在一起，他才能完成许多事业。"分享是团队团结和信任的纽带，只有与他人共享资源和机会，才能在团结互助的氛围下合作共赢。

在这里，我们还要列举世界篮球巨星迈克尔·乔丹的事例。

在结束自己的篮球生涯时，迈克尔·乔丹说："在别人看来，我站在篮球世界的顶端，但是我明白自己所取得的任何成绩都是和队友们以及教练一起努力的结果，还有赞助商和每一个支持、鼓励我们的球迷们。荣誉属于你们每一个人，我只是幸运地作为代表，一次次地领取奖杯。"

乔丹在每一场比赛时都和队友团结一致，争取胜利，和大家一起分享胜利的喜

悦。他的打球技术是超强的，几乎每一个人都想知道他的练习方法。对于此，乔丹从来不曾对队友们故意隐瞒，他发现某种方法确实有效时就会拿出来与大家一起分享，互相切磋球技。

正是乔丹这种无私的分享精神，使得皮蓬、罗德曼等一大批 NBA 巨星的球技日渐提高。他们紧紧地团结在乔丹周围，为公牛队取得了一个又一个冠军。乔丹则毫无争议地成为公牛队的进攻核心和精神领袖。

这个事例告诉我们：任何成功都是群体团结劳动的结果，只有分享才能避免劳而无功，只有分享才能共赢。

遗憾的是，在目前竞争激励的公司中，有不少员工以保护个人利益为基本出发点，当技术上取得突破，当工作上体悟到心得时，总是不愿意与同事分享，生怕"教会徒弟，饿死师傅"，结果使同事之间关系紧张，公司无竞争力而言，个人又谈何发展呢？

那些优秀员工之所以优秀，与他们乐于与同事一起分享的好习惯不无关系。他们知道，只有分享才能促进团队的团结，才能促进公司的发展，也才能成就自己辉煌的事业，他们也必定是公司倾力扶持的人选。

孔祥瑞，现任天津港股份有限公司煤码头分公司的操作队队长，他是全国劳动模范、全国五一劳动奖章获得者，被誉为"蓝领专家"。孔祥瑞的成功，很大程度上就源自于他懂得与团队分享。

17 岁时，孔祥瑞走进港口，成为天津港第一代大型门吊司机。在不断地学习和摸索中，十几年来，他对自己掌控的多种设备从工作原理到技术参数都已烂熟于心，还拥有 150 多项大大小小的发明和创新成果，为公司创造了 8000 多万元效益。

孔祥瑞有一流的专业技术、丰富的实战经验，更难能可贵的是他的团队意识。他在技术上取得的每一个突破，在工作上体悟的每一点心得，总要传达给团队，使之变成大家共同的知识，共同的本领。

有人问："你这样不保守自己的技术和经验，不担心别人超过你吗？"孔祥瑞回答："我把自己发现积累的经验、发明和革新的技术让队里所有人都掌握，就可以为公司创造更高的效益，这是好事。"

鉴于孔祥瑞为公司做出的巨大贡献,天津港将之提拔为党支部书记、并确定为"港口工人的坐标",号召大家向他学习。如今,孔祥瑞已经获得国家级"高级技能人员全国知识型职工标兵"称号。

单赢不是赢,只有共赢才是真正的赢。有一句话是这样说的:"你手上有一个苹果,我手上也有一个苹果,两个苹果交换后每人还是一个苹果。如果你有一种能力,我也有一种能力,两种能力交换后就不再是一种能力了。"

事实上,当你把好的思想、方法、经验拿出来的时候,其他人也会"投桃报李",将自己的所得所想分享给你,每个员工就等于拥有了无数个好的东西。因此学会分享你不会损失什么,终究还是受益者。

总之,学会分享的公司才是最有竞争力的团队,学会分享的公司才是一个可持续发展的团队。当"分享"来敲门时,尽早敞开你的心扉吧,相信你将战无不胜、攻无不克,到时高薪高职不找自来。

◎ 认同!遵守!铁一般的纪律 ◎

纪律是胜利的保证,只有做到令行禁止,团队才会战无不胜。你要想做出工作成绩,让同事尊重,让上司赏识,赢得被公司倾力支持的机会,就一定要做一个具有强烈纪律观念的人,认同纪律、遵守纪律。

在当今的社会里,一个人再优秀、再杰出,如果仅凭自己的力量也难以取得事业上的成功。凡是能够顺利完成工作的人,必定要具有团队精神;而只有能够坚守团队纪律,才是团队中合格的一员。

对于公司而言，纪律就是公司的各种规章制度。如今几乎每个公司都有自己的员工手册，里面对上下班时间、着装、请假及报销制度等做出了明确的规定，这些是对一个员工的基本要求，也是公司生存的根本。

正如"没有规矩不成方圆"所说，一个公司如果没有了纪律作为保障，员工无章可依、无规可循，随心所欲，该上班时不上班，该工作时不工作，公司的生存、发展又该从何谈起呢？

而作为一名员工，如果不遵循企业的规章、制度和流程，工作就容易产生混乱。比如，公司规定早上 9 点上班，你 10 点才去，不仅你自身会手忙脚乱，严重的还会影响到整个部门的正常运转，带来的只能是失败。

在联邦公司曾经有这样一件令人惋惜的事情。

克洛伊是一位敢想敢做、办事利索又有能力的销售员，他到联邦公司不到半年就从一线队伍中脱颖而出，取得了非常不错的业绩。但是，他却因为没能遵守联邦公司的纪律，而遗憾地离开了公司。

克洛伊不喜欢参加各种会议，特别讨厌填写各式"申请"、"报表"，厌恶公司提倡的"数据分析"、"流程表"等；对上司安排的事情，或不做或忘记；公司要他回复，须打电话才有回音。他认为，销售业绩决定一切，客户第一，自己第二，公司排第三。

员工重视工作效率并没有什么错，但是联邦偏偏是一家有着近百年历史的"军工出身"的企业，强调纪律，注重流程，强调汇报，作风严谨得近乎死板，希望每一个部分都是可控的，包括员工。

很明显，克洛伊轻视公司规则、不服从公司纪律的种种行为与联邦的管理制度大相径庭，这在联邦上级眼中无疑是一种失职。结果，克洛伊尽管业绩非常突出，但还是被联邦开除了。

在许多公司中，像克洛伊这种类型的员工有很多。当然，可以肯定的是没有一个老板情愿提拔一个有令不行、有章不循、按个人意愿行事的人；没有一个老板愿意提拔一个自己管理不好的员工。

因此，你要想做出工作成绩，让同事尊重，让上司赏识，赢得被公司倾力支持的机会，就一定要做一个具有强烈纪律观念的人，从学习公司规则、遵守公司制度、严要求自己做起，并依此逐步规范自己的行为。

当你具有强烈的纪律意识，在不允许妥协的地方绝不妥协，在不需要找借口时绝不找任何借口，如质量问题、工作态度等，你会猛然发现，自己的工作情绪会很高昂，也理应会受到表扬和提升。

美国 IBM 公司工厂门口的警卫们一直是公司比较尊重的员工，他们似乎比公司其他人员更认同公司的各项规则，对已经形成的纪律严格执行，毫不含糊，即使是对董事长沃森都不能例外。

有一天，沃森带着一个国家的王储参观工厂，走到厂门口时，被两名警卫拦住："对不起，先生，您不能进去。我们 IBM 的厂区胸牌是浅蓝色的，行政大楼工作人员的胸牌是粉红色的。你们佩戴着粉红色胸牌是不能进入厂区的。"

"嗨，"沃森的助理彼特赶紧走上前，对警卫叫道，"这是 IBM 的董事长沃森，我是董事长助理彼特，我们经常来工厂视察工作，难道你们不认识吗？现在我们要陪重要客人参观工厂，请放行吧！"

但是，警卫坚决不放行，他们回答道："是的，我们当然认识沃森董事长和您，但是公司要求我们只认胸牌不认人，所以必须按照规定办事。如果你们非要进入工厂的话，请先换上浅蓝色胸牌。"

彼特以为董事长会很生气地辞退这些"不讲理"的警卫，但是事实上，沃森看到这样遵守纪律的员工非常高兴，他非但没有责怪这些警卫，而且给予了表扬，并安排彼特赶快更换了胸牌。

对于公司而言，纪律是最重要的事情，是其维护正常工作秩序，确保有效开展工作的基本前提。如果团队中每一个成员都严格遵守公司的各项纪律要求，公司这个团队就有可能取得成功。

美国著名的联邦快递公司是一个非常重视纪律的团队，它的创建者弗雷德·史密斯是出身于美国海军陆战队的越战老兵，他将军人铁的纪律融入了公司管理中，缔造了"联邦快递，使命必达"的口号。

从那一天起，"联帮快递，使命必达"就成为了每一个联邦快递人的坚定信念。如果有人问联邦快递的员工："你能按时送达货物吗?"他们会毫不迟疑地回答你"使命必达"，当然他们也是这样做的。

40年来，联邦快递的员工们人人严格遵循公司"使命必达"的纪律，不断提升着自己的服务质量，以提供"第二天交货"的优质服务。因此，联邦成为世界500强公司之一，稳居全球物流业第一把交椅。

纪律是胜利的保证，只有做到令行禁止，团队才会战无不胜。你要想成为公司倾力扶持的优秀员工，就绝对不能轻视纪律的力量，要严格按照公司的各项规定做事，并把纪律变成一种习惯，如此便能"随心所欲不逾矩"，充分发挥自己的才能，在激烈的职场竞争中稳居一席之地。

第九种人

进取

只要不给自己设限，每天都能进步1%

这个世界没有一劳永逸的成功者，无论是职场还是市场，无论是个人还是企业，停下脚步，就意味着出局。唯有积极进取，不断充实和完善自己，让自己的工作随时保持在巅峰状态，你才能永远跟上公司的步伐，也才能成为老板眼中最具价值的员工。

◎ 革新自己,不要扼杀进取精神 ◎

不要以为功成名就就满足现状,不再积极进取。资历不是能力,我们不能靠资历吃饭。如今是一个凭实力说话的年代,能者上庸者下。唯有不断学习新思想、新观念、新方法,革新自己我们才能立于不败之地。

经过数十年的努力,翟军终于从一名普通的财务人员爬到了公司财务部门总监的位子,享受着优厚的薪水和福利待遇。"多年媳妇熬成婆",翟军自恃资历老、功劳大,养成了他自以为是、目中无人的习惯。

随着公司发展步伐的加快,公司陆陆续续引进了一批新人,财务部也引进了一个名牌财经大学的毕业生小王。身为财务部的负责人,翟军为了让小王尽快适应工作岗位,在工作上尽量帮助小王。

但是很快,翟军发现小王工作能力极强,除了懂财务,还懂营销、懂外语、懂电脑,可谓是才华出众。相比之下,翟军除了资历以外似乎处处不如人,这让他感到了一种前所未有的压力和恐惧。

经过暗中观察,翟军发现小王年纪轻轻,性格柔弱内向,于是他开始设置各种工作障碍,排挤小王,如给他布置高难度的工作任务,尽量不让他接触核心业务,甚至连电脑也不让他碰。

可这也没有难倒小王,他忍辱负重,一支笔、一把算盘把账目做得漂漂亮亮、无可挑剔,工作上一丝不苟,精益求精,想抹杀都抹杀不了。倒是翟军因为不能全身心地投入工作,自己做的一些项目频频出错,屡次挨上司批评,总监位子摇摇欲坠。

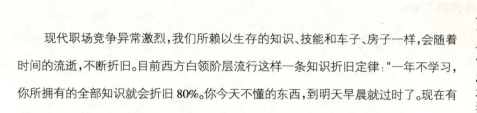

现代职场竞争异常激烈,我们所赖以生存的知识、技能和车子、房子一样,会随着时间的流逝,不断折旧。目前西方白领阶层流行这样一条知识折旧定律:"一年不学习,你所拥有的全部知识就会折旧80%。你今天不懂的东西,到明天早晨就过时了。现在有关这个世界的绝大多数观念,也许在不到两年时间里,将成为永远的过去。"

每一天我们都处在不断折旧的过程中,如果你感到恐慌、焦虑、担忧,那么,最好的解决办法便是始终保持积极进取的态度,不断学习新的知识、技能,革新自己,用新思想、新观念、新方法来适应新的工作环境。

也唯有如此,你才能保持自己的竞争优势,在竞争激烈的现代职场上站住脚,并且成为职场中永远的佼佼者,永远跟上公司发展的步伐,得到老板的认可和重视,获得公司倾力扶持的机会。

孔利明是上海宝钢股份有限公司运输部高级技师,1997年度上海市劳动模范,2000年度全国劳动模范,全国"五一"劳动奖章获得者,2004年度中央企业劳动模范,他正是不断积极进取的典范。

1984年,大专毕业的孔利明从上海运输一厂调到宝钢工作。原以为干老本行驾轻就熟,但是宝钢工作设备比较先进,现代科技发达,都是电脑和电子集成电路等技术,这让孔利明感到底气不足,但他并没有被吓退。

不会使用电脑显然已经落后了,为此孔利明在工作之余,先拜儿子为师,从基本的打字开始。为了掌握电脑软件、硬件的设置、调试和修理,他干脆买了一台电脑开始"研究",拆了装,装了拆,直到弄明白为止。现在电脑已经成了他离不开的工具。

为了掌握最先进的科技,孔利明买来了各种电气、机械的书籍、文件,他起早贪黑放弃各种娱乐活动和家务,挤出时间如饥似渴地学习,完成了电气自动化的大专学业,又继续攻读了本科;为了延续在厂内的技术创新实验,他还把客厅辟为实验室;他还常常去宝钢的教育培训中心取经……

凭借不断学习和钻研的精神,孔利明为宝钢解决了各类设备的疑难杂症340个,拥有专利55项,连续4年摘取中国专利新技术、新产品博览会金奖,创造经济效益1400余万元,被提拔为高级技师。

不论是在职业生涯的哪个阶段,学习的脚步都不能稍有停歇。一旦你停止了学习,就犹如水在涨,而你就站在原地不动,你没有学会游泳,结果只能被淹死。唯有不断学习,不断地自我更新,不断为自己"充电",你才能跑得更远、更快。

试着不停地给自己"充电"吧!通过业余学习、培训和脱产进修等途径都是可以的,让自己永远都是全新的、跟得上公司步伐的。如果你能够做到这一点,你将会变得越来越强,并步步为营。

◎ 超越现状,在工作中不断提升自我 ◎

工作中每天都有新情况、新挑战,每天都要面对新事物,每一个工作岗位都是一个学习的良好机会。时时刻刻做一个有心人,在学中干、干中学,这是充实自我、提升自我的最佳方法。

你是不是会抱怨自己除了工作以外根本没有多余的时间去学习?你要是这么想就错了,其实工作是学习的最好机会。工作中每天都有新情况、新挑战,每天都要面对新事物。我们应学习与工作相伴,工作就是学习。

社会上许多知名的企业家、优秀的职场精英,他们一开始没有多么得天独厚的条件,却得到了所在公司的倾力支持,做出了非凡的成就。原因何在?在于他们善于在工作中学习,在工作过程中不断地自我提升。

卡莉·菲奥莉娜从秘书成长为"全球第一女 CEO"、AT&T(惠普)公司董事长兼首席执行官,并最终从男性主宰的权力世界中脱颖而出的重要原因之一就是不断在工作中学习,不断地自我升值。

菲奥莉娜大学期间修读中世纪历史和哲学,毕业后她进入 AT&T 从事不起眼的秘书工作。由于这是一家以技术创新而领先的公司,为了胜任工作,菲奥莉娜总是非常关注技术行业,并注意经验的积累。

后来,菲奥莉娜投身 AT&T 的销售电话服务。由于有着多年的工作经历,她拓展了公司的国际业务,并于 1995 年成功促成了 AT&T 分拆朗讯科技,升为朗讯科技的全球服务供应业务部行政总监;2001 年,她又促使惠普与康柏公司达成一项总值高达 250 亿美元的并购交易,成功出任新惠普公司首席执行官。她是道琼斯工业指数成分股企业中唯一的女性总裁。

对于自己的成功,她说:"不断学习是一个 CEO 成功的最基本要素。这里说的不断学习,是在工作中不断总结过去的经验,不断适应新的环境和新的变化,不断体会更好的工作方法和效率。

不只是费奥莉纳,整个惠普公司都善于在工作中学习。每过一段时间,他们就会坐在一起,相互交流工作经验或者工作体会,了解其他同事和整个公司的动态,以保证自己的步伐紧跟公司的步伐。

在工作中学习,这不仅是提升自己的最好机会,而且是最佳方法。因为只有在工作中,我们才能真正明白自己的不足,意识到自己的缺陷,才能帮助我们更加明确自己应该从哪些方面的学习入手,这样,久而久之便得以提升。

每一个工作岗位都是一个学习的良好机会,美国戴尔公司创始人、董事会主席兼 CEO 麦克·戴尔就曾经说过:"无论我在公司处于什么位置,无论我自己身处何处,我都会对自己说,你是永远的学生。"

当然,要想在工作中有所学、有所得,需要你不是盲目地完成工作,而是要多问、多想、多总结。无论你处在什么职位以及哪个职业阶段,只要用心,就会发现工作中需要学习、值得学习的地方有很多。

大专毕业后,杨帆应聘到北京一家中药养生机构工作。他在大学学的是计算机专业,和医学一点都没关系。但杨帆对养生很有兴趣,他意识到养生是一个朝阳性质的行业,便半路"出家"了。

　　进入工作岗位以后，杨帆跟着师傅认真地学习。师傅帮顾客推拿，他就在旁边认真地默记推拿手法；休息的时候，他就用心地背诵人体的穴位图；有时候师傅忙不过来，他就给顾客先做做放松，还不忘询问顾客自己的手法怎么样。

　　努力好学的他，不仅深受师傅的喜欢，进步也是神速。一年以后，杨帆已经能够独立接待顾客了，他也成了同时进入公司中最早正式上岗的一个。他给自己指定了接下来的目标，那就是赶上师傅。

　　毫无医学知识的杨帆，凭借一腔热情在工作中刻苦学习、认真钻研，终于慢慢变成了行家，得到了公司的认可。由此可见，工作岗位就是一个学习的平台，在工作中学习，就能一步步靠近成功。

　　因此，你要想赢得上司的称赞、同事的尊敬，实现个人的人生价值，就要立足本职工作，时时刻刻做一个有心人，做一个善于学习的人，学会在学中干、干中学。只要你肯学，你就可以随时随地在工作中学习到新知识、新方法，并且不断地产生新思路，不断充实自我、提升自我。

◎ 发展自己的"比较优势" ◎

　　通向成功的道路有许多条，在不同领域、不同行业，人们取得成功所需要的才能和智慧是不一样的。许多成功者的成功秘诀也正是集中精力发挥自己的特长。想想你自己，你发现自己的特长了吗？

　　为了应对自然界的种种挑战，动物们策划创办一所超级技能学校，以便让所有动物都精通奔跑、爬树、游泳和飞行等生存技能。第一批学员是鸭子、兔子、松鼠以及泥鳅，他们需要学习所有的科目。

鸭子的游泳顶呱呱，甚至超过了老师的水平，飞行成绩也不错，只有跑步最差，因此，鸭子每天不得不放弃心爱的游泳项目，腾出时间练习跑步。可鸭子的脚蹼不堪粗糙地面的摩擦，严重受伤，游泳成绩大受影响。

兔子善跑，在刚开学时是班里跑得最快的，但是对游泳这门科目，它感到非常吃力。由于在游泳科目上有太多的作业要做，它不得不整天泡在水里，在无数次补考游泳之后，终于精神失常。

松鼠的爬树成绩一向是班里最出色的，但对飞行科目感到非常沮丧。可是，飞行老师却非要让它反复练习从地面飞到树上。高强度的练习害得松鼠腿部筋肉受伤，结果爬树也成了问题。

学期结束时公布成绩，普普通通的泥鳅同学，由于游泳还马马虎虎，跑、跳、爬成绩一般，还能勉强飞一点，因此，他的总成绩在班里最高。毕业典礼那天，作为全校学员的唯一毕业生，它在大会上发了言。

这就是美国教育家里维斯博士所写的寓言故事《动物学校》。看到鸭子学跑步、兔子习游泳、松鼠练飞翔……你是不是会觉得很滑稽，哑然大笑？但是，你想过吗？在工作中你可能就是它们其中的一员。

比如，或许你是一个技术型的员工，不懂管理，但你却忽略了自身优势的发挥，一心向往行政职务上的升迁，那么即使你在这方面再努力，进步也是非常慢的，很难得到公司提拔。即使你真的有幸被提拔为管理人员，你的能力也很难适应新岗位，做不出理想的业绩，迟早还会退下来。

由此可见，积极进取是一件好事，但一定要注意结合自身的能力，最重要的是避短扬长。凭借优势，你更容易获得成功。试想，鸭子专注游泳，兔子专注跑步，松鼠专注爬树，它们都将成为一流的学生，不是吗？

一位著名的教授指出，通向成功的道路有许多条，在不同领域、不同行业，人们取得成功所需要的才能和智慧是不一样的。许多成功者的成功秘诀也正是充分发展自己的"比较优势"。

以奥运会金牌得主、著名的美国跳水运动员格里格·洛加尼斯为例。

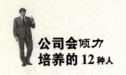

格里格·洛加尼斯小时候是一个非常害羞的男孩,又有点口吃,他在阅读与讲话方面不尽如人意,还曾被归入学习最差学生的行列。为此,他经常受到同伴的嘲笑和作弄,这令他心里很不愉快。

不过,洛加尼斯是一个聪明的人,他知道自己的天赋在运动方面,而不是学习。认清这点后,他决心集中精力到自己的特长上,展现自己的运动天分,赢得老师和同学的尊重。由于自身的天赋和努力,洛力加斯果然开始在各种体育比赛中崭露头角。

后来,在一位前奥运会跳水冠军的指点下,洛加尼斯接受了跳水专业训练。经过长期的努力,他终于在跳水方面取得骄人的成就:16岁成为美国奥运会代表团成员,28岁时已获得6个世界冠军、3枚奥运会奖牌、3个世界杯和许多其他奖项;1987年作为世界最佳运动员获得欧文斯奖,达到了一个运动员荣誉的顶峰。

一个人要实现自己的人生价值,就要扬长避短,集中精力发挥自己的特长。作为一名员工,你要想得到老板的认可和重视,获得公司倾力扶持的机会,也是如此。想想你自己,你发现自己的特长了吗?

事实上,一个人就算没有学历,没有工作经验,但只要有一项特长,一处与众不同的地方,他就能像一支聚光的手电筒,照亮脚下的某一片土地,得到公司的承认,拥有其他人不能获得的东西。

发展自己的"比较优势",走差异化的竞争路线,当你为之努力时,你总会在一个领域和空间找到自信的感觉,做出令人瞩目的成就,相信你会顺利地走进老板的心里,职场道路越走越宽阔。

◎ 解除自我设限的"紧箍咒"：成功永无上限 ◎

你之所以不能成功，是因为你不敢去追求成功，在心里面进行了自我设限。要想改变命运，走上成功之路，你就必须要不断地挑战自己，展现一个全新的自己，迈向一个更好的自己，而成功永无上限。

也许，你的工作现在走进了一个"死胡同"，再奋斗老板也看不见，高薪高职的机会也不会靠近。你感叹自己没有机遇，好运从不曾降临。这时，你应该问问自己，你是否提前给自己带上了自我设限的"紧箍咒"。

有人曾经做过这样一个实验：

往一个玻璃杯里放进一只跳蚤，跳蚤立即轻易地跳了出来，再重复几遍，结果还是一样。根据测试，跳蚤跳的高度一般可达它身体的 400 倍左右。接下来，实验者再次把这只跳蚤放进杯子里，不过这次的杯上加了一个玻璃盖。"嘭"的一声，跳蚤重重地撞在玻璃盖上。一次次被撞后，跳蚤会继续跳，但是不再跳到足以撞到盖子的高度。几天后，实验者把这个盖子轻轻拿掉了。这只可怜的跳蚤虽然还在这个玻璃杯里不停地跳着，但是它已经无法跳出这个玻璃杯了。

仔细想一下，实验中的那只跳蚤难道真的不能跳出这个杯子吗？绝对不是，而是它早已经被撞怕了，在心里面已经默认了这个杯子的高度是自己无法逾越的，所以就真的再也跳不出来了。有些时候就是这样，之所以不能成功，是因为你不敢去追求成功，在心里面默认了一个自己的"高度"，进行了自我设限。

要不要跳？能不能跳过这个高度？到底能有多大的成功？这一切问题的答案，并

不需要等到事实结果的出现，而只要看看一开始每个人对这些问题是如何思考的，就完全可以预知答案了。

社会在不断地发展进步，一时的成功不是真正的成功，真正的成功是持续的成功。你必须知道自己前面还有更远的路要走，而目前的成功只是一个过程，是你成功路上的里程碑，并不代表你就是一劳永逸的成功者。

作为一名员工，只有不断地挑战自己、提高自己、完善自己，才能不断力争上游，才能脱颖而出，得到老板的青睐。而那些自我设限、安于现状的员工，无疑是对自己的潜能画地为牢，只能使自己原本无限的潜能化为有限的成就，这样永远也不要奢望能够一直得到老板的垂青。

明白了这个道理后，你要想改变目前的工作现状，就需要整理一下自己，战胜自己，即解除自我设限的"紧箍咒"，跳出自己或者他人设下的条条框框，不断地挑战自己，展现一个全新的自己，迈向一个更好的自己。

当然，对自身的局限进行突破，这一突破非常重要，同时也有相当的难度，因为它所要突破的是隐存于自己内心里的自我围墙，要想在自我与环境中摸索出突破的方向，不做出一番努力是无法达到的。

起初，只有自考专科毕业的她只不过是IBM公司的"行政专员"，这种工作与每天打杂无异，什么都干。她不但要负责打扫办公室卫生，而且还要负责给人端茶倒水。几乎没有人注意她、在意她。

一次，因为没有佩戴工作证，公司的保安把她挡在了门外，不让她进去。而其他没有佩戴工作证的人却可以自如地进出。她质问保安："别人也没有佩戴工作证，你为什么让他们进去？"得到的回答却是："他们都是公司白领，你和人家不一样！"

她感觉自己的自尊心被人当众踩在脚下。她看着自己寒酸的衣装、老土的打扮，再看看那些衣着整洁、气质不凡的白领们，她在心里发誓："我真的只能做端茶倒水的工作吗？不行，我要努力缩小与这些人的差距。今天我以IBM为荣，我要通过自己的努力，让IBM也以我为荣！"

此后，她利用所有的闲暇时间充实自己。由于什么都要从头学起，她每天都是第一个来公司,最后一个离开,还常常熬夜到两三点,有几次居然晕倒在办公室。很快她成为了一名业务代表,而后通过几年的认真学习和实践锻炼,她的工作能力越来越突出,被任命为 IBM 公司的中国区总经理,被人誉为"打工皇后",她就是吴士宏。

吴士宏虽然学历低、经验少,但她没有安于现状,而是不断挑战自己,努力克服自身的弱项和不足,克服自己能力上的薄弱环节,从而依靠自己的力量突破自我,改变了命运,走上了成功之路。

在这个平等的社会中,没有人生来就拥有一切,也没有人注定不能够拥有一切。关键是你是否敢于挑战自己,完善自己,努力使自己能够达到更高的目标。相信那个时候,你就无须再愁得不到老板的认同了。

◎ 每天进步1%,让老板的眼球转向你 ◎

每天哪怕只有1%的进步,但今天进步一点点,明天也进步一点点,持之以恒,坚持不懈,你就能积累一种超凡的技巧与能力,从而进入卓越员工的行列,获得更多的资源和平台。

在快速发展变化的时代里,如果不懂得及时充电的重要性,不能够不断地学习,就会被公司所淘汰。所以,公司的每一位员工都应该随时随地保持一种求知若渴、虚心若愚的学习心态,哪怕每天进步一点点。

事实上,每一个老板都愿意帮助那些积极进取的员工,而不是消极懈怠者。因为在前者身上,他能够看到永不放弃的执著、自信自立的坚强、积极向上的气息,这会让他情不自禁地渴望亲近和了解。

一个人，如果每天都有哪怕是1%的进步，往往更容易从一个平庸无闻者变成职场中的焦点，也远比其他人更容易得到发展的机遇，获得更多的资源和平台。

黎萍身材瘦小，貌不惊人，而且只有高中文化水平，在一家较有名气的外资企业任文员，而且同时服务于两位不同国籍、有着不同文化背景的老板——一位德国籍老板，一位英国籍老板，工作难度简直不敢想象。

刚进公司那段日子是最难熬的。两位老板只把黎萍当成个只会干杂事的小职员，不停地派些零七八碎的事情让她做，从来没有表扬过她。黎萍自知自己学历低、经验少，她不断地学习，以此寻找着让老板认识自己的机会。

除了把工作做得周到细致外，黎萍把自己所能见到的各种文件全部都抢到自己的工作台上，只要有空闲就去认真翻阅琢磨，学习公司的业务。由于不熟悉德语、英语，黎萍就不厌其烦地去翻看她的那两本"无声老师"——德文字典、英文字典，她坚定地相信："只要每天记住10个单词，一年下来我就会3600多个单词了。"

就这样一年多后，黎萍对公司的业务可以说了如指掌，而且外语水平也在与日俱进，这为她进入通畅的良性工作循环状况做了坚实的准备，也让两位老板对她刮目相看，不久就提拔她做了秘书，负责公司的日常事务。

秘书工作需要协调各组的资源，帮助老板处理很多的问题，还有很多事情要学，这一切都是她之前没有接触过呢？怎么办呢？于是，黎萍又报考了职业培训班，每个周末都去参加培训，风雨不误。

不过可喜的是，黎萍现在的德语、英语都达到了专业水平，还熟练掌握了计算机操作。她积极向上，不断进步，不仅让两位老板承认了她，而且有时还愿意听从于她的"发号施令"。对于自己的成功秘诀，黎萍给出的答案是："没有什么，就是每天进步一点点呗。"

《礼记·大学》中有段话："苟日新，日日新，又日新。"每天进步一点点是简单的，但需要我们有足够的恒心和耐力。只要我们今天进步一点点，明天再进步一点点，持之以恒，坚持不懈，积少成多，其"水滴石穿"的力量便不能小觑。

二次世界大战之后，日本经济迅速衰败下去。政府想要复苏经济，振兴国家，就诚聘美国著名的管理学者戴明博士给企业家们讲课。当时参加课程的企业家有"松下电器"创始人松下幸之助、索尼公司老板盛田昭夫、本田汽车董事长本田中一郎。

戴明博士只讲了几个企业管理的概念。接下来，这些企业家都开始彻底执行戴明博士所提到的管理方法，结果后来呢，这些企业家都成为世界一流的人物，世界级的企业也随之诞生了。

戴明博士教了这些日本企业家什么呢?事实上，他就只有一个简单的管理概念，这个管理的概念就是要求每一个员工，每一个企业，每一个部门，每一个人，每天进步 1%。

作为员工，无论你身在什么职位，从事何种工作，你都应该牢记"每天进步 1%"的理念，每天问问自己："今天，我又学到了什么?""今天有没有进步和提高?""今天哪里可以做得更好?"

克林斯曼是德国足球队的主力前锋，他是一直深受广大观众喜欢的球星之一，被称为"金色轰炸机"。当记者采访他是如何能够保持状态并一直取得成功时，他很感慨地说："我不是天赋异禀的球员，论天赋我不如马拉多纳，论身体我不如贝利，不过这不重要。每次比赛后，我总会问自己还能踢得更好些吗?或是哪些地方是我的不足……"

相信一点:你能在现有的基础上做得更好。

坚持下去，不仅能彰显自己积极进取的美德，而且能积累一种超凡的技巧与能力，使自己具有更强大的生存力量，从而进入卓越员工的行列。到时候，老板的眼球自然会转向你，关注你、信赖你，从而给你更多的机会。

◎ 向老板看齐、向老板学习 ◎

一个胸怀大志的员工，必定善于观察和思考老板与众不同的地方，从他们身上学习自己尚不具备的品质。这是取得优秀业绩和长足进步的主要方式，也最容易受到老板的爱惜和重用。

不管在哪个公司里，也不管这个公司的老板多么杰出，总会有那么一些员工看不起老板。而且，员工们在一起，谈起老板的不足来，每一个人都可以列举一大堆堪称笑料的老板"轶闻"。

"老板不过就那样子！"

"如果我是老板，我肯定比他干得好！"

"老板太没文化！"

"简直就是一个暴发户，素质低！"

……

但是，为什么老板成功了，你没有？人无完人，老板也不例外，但老板之所以是老板，肯定有其过人之处，或雷厉风行，或赏罚分明，或平易近人，或认真负责等，千万不要死盯着老板的缺点不放。

对任何一位员工而言，工作的最大目的是为了谋生，拥有一份固定的收入可维持自己乃至于家庭的生活开支。除了这样无奈的理由之外，你要想跟上公司的步伐，获得公司的倾力支持，还要多向老板看齐，多向老板学习。

例如，沃尔玛的创始人山姆·沃尔顿本身是节俭的典型；松下电器的松下幸之助

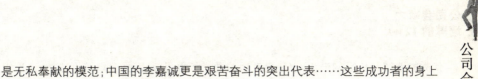

是无私奉献的模范;中国的李嘉诚更是艰苦奋斗的突出代表……这些成功者的身上的优秀品质,值得人们细细品味和认真学习。

作为员工,学习老板是适应公司文化的重要方面。公司是什么样子往往与老板的个性和能力有着密切的关系。比如,老板为人很低调,公司也往往会很保守低调;老板敢想敢干,公司也就富有冲击力。在前面的章节中,我们已经了解到,公司欣赏和重用那些能够与公司文化相容、步伐一致的员工,一旦哪个员工的行为作风与公司不协调,就会成为不受欢迎的"刺头"。当然,这些老板不会对员工讲太多,要你自己去悟。

一个胸怀大志的员工,必定善于观察和思考老板与众不同的地方,从他们身上学习自己尚不具备的品质。杭州奥普电器有限公司的董事长方杰当初就是一个善于向老板学习的人,而且他取得了巨大的成功。

在澳大利亚留学的时候,方杰成为澳大利亚最大的灯具公司 LIGHTUP 公司有史以来的第一位华裔员工。当时他还不懂商业谈判,他知道自己的缺陷,很希望学会谈判的本领,他知道他当时的老板是一个谈判高手。

于是,每当有机会与老板一起进行商业谈判的时候,方杰总是在口袋里偷偷揣一个微型录音机。他将老板与对方的谈判内容一句句地录了下来,然后再回家用心地倾听并揣摩老板是怎样分析问题的,又是怎样回答的,他为什么这句话说在前面,这句话说在后面。就这样几年以后,方杰成了一流商业谈判高手,促成了公司多次生意。

到 1996 年,老板退休时,将方杰推荐为 LIGHTUP 公司总经理。方杰成为了澳大利亚身价第一的职业经理人,后来他回国自己创业,一手打造了奥普浴霸。对于自己的成功,方杰如是说:"我并不是一个天生的生意人,我的成功是虚心向老板学习的结果。我看到他许多的优点,对他非常敬佩,我的一生和他都有关系。"

从一个名不见经传的打工仔,到澳大利亚 LIGHTUP 公司总经理,再到跨国企业的著名职业经理人,方杰成长的经历告诉我们:扎实工作,尤其是懂得向老板学习,那你一定可以不断地成长,并最终成为优秀的员工。

学会发现老板身上的优点,善于向老板看齐,向老板学习的员工,总是能够取得

优秀的业绩和长足的进步,也最受老板的爱惜和重用,从而更快地接近成功,这是优秀员工追求卓越的方式之一。

因此,你要时常抱着积极进取的态度,善于观察和思考老板与众不同的地方,从他们身上学习自己尚不具备的品质,经常自我省察地想一想:"如果是我碰到这样的问题,我会怎么做?""领导为什么能够处理得这么完美?""为什么他能够提升到这个位置,而我暂时还有哪些不足?"

◎ 关注行业动态,把握市场"风向标" ◎

时代在发展,社会在进步,每个行业都有其自身发展的规律。在不同的经济时期,公司要根据行业的发展趋势做出相应的调整,以求赶上时代的步伐。关注行业发展、把握市场"风向标",是每一个员工应该积极备好的功课。

据说,20 世纪二三十年代,英国乡村有一套牛奶配送系统,将牛奶送到顾客门口,不封口。这时候,附近的山雀与知更鸟常常毫不费力,便在顾客开门收取牛奶前,先一步享用。

后来,为了防止牛奶被鸟儿偷喝,牛奶公司把奶瓶瓶口用铝箔装起来,山雀和知更鸟便不再拥有这"免费早餐"。但到了 50 年代初期,当地的所有山雀居然都学会了啄开铝制瓶盖,继续喝它们喜爱的牛奶。反观知更鸟却没有学习啄开铝箔的本领,也就再也就没有喝到牛奶了。

动物的生存状况如此,公司的生存发展道理也是一样的。时代在发展,社会在进步,每个行业都有其自身发展的规律。在不同的经济时期,公司要根据行业的发展趋势做出相应的调整，以求赶上时代的步伐。

相反，如果一家公司像知更鸟一样，不注意观察周围的环境和自己的处境，环境已经变化了，而你没有根据行业发展变化动态，及时地调整自己，仍然故步自封、原地踏步，就只能等待被残酷的现实判出局。

国际商业机器公司 IBM 就是一个很有说服力的例子。

国际商业机器公司，简称 IBM，于 1911 年创立于美国，它一直以生产大型计算机而闻名，曾是全球八大电脑公司戴尔、苹果等中最大的公司。但是因为没有及时关注行业动态，IBM 不幸地从顶端滑落了下来。

随着计算机在社会中扮演的角色越来越重要，到 20 世纪 80 年代时，消费者渐渐趋向于体积小、便捷的个人计算机。此时，IBM 高层领导并没不理会这一变化，对此甚至置若罔闻，继续生产大型计算机。

直到戴尔、苹果等体积小、便捷的小型计算机纷纷在市场上掀起销售热潮时，IBM 才意识到当初生产方针的错误性。但是，这时候市场已经被戴尔、苹果等占据了。IBM 大势已去，只能望洋兴叹。

无视行业的发展态势，不思进取，打击将会是致命的；关注行业发展，积极进取，是公司的生存之道。因此，关注行业发展，把握市场"风向标"，是每一个员工应该积极备好的功课。

观察本行业的发展动态，并积极地为公司出谋划策，使公司能够及时抓住瞬间即逝的机遇，从而把握市场的风向标，才能使我们为公司赢得竞争优势，为自己赢得成功。

曾经有这样一项秘密计划——RL，在 RL 的文件上注明有"机密"的文字。文件平时锁在保险箱内，只在最秘密的会议上讨论，并由高级职员亲自传递。在 4 年的时间里，只有不到 50 个人知道。此计划的负责人雷奇先生说："我们运用了所有军事情报的技巧，和军事情报不同的是，我们的安全性更高，我们的规模更小。"

直到 1986 年，RL 的谜底终于揭开了。它不是什么新武器系统，而是美国最大的香烟制造厂——雷诺烟草公司集中全力发展成的一种香烟。雷诺烟草公司当时正计划

在6个月内，花4000万美元来推广一种名为 Real 的香烟。这种牌子的香烟，以有史以来最大的广告攻势进入市场。如此庞大的广告费，相当于那些止汗剂、清洁剂与汽水每年1500万元的广告经费的好几倍了。通过此次空前猛烈的火力，Real 香烟一下子成为畅销品，雷诺烟草公司在此后两年内将每年增加收入8000万到1亿多美元。

仅仅是因为广告宣传的作用吗？不是！Real 香烟是众多烟客所梦寐以求的。原来，在生产新香烟时，葛劳特坚持每月到市场进行调查研究，他得知烟客已经意识到"吸烟有害健康"的事实后，敏锐地意识到含焦油与尼古丁较少的安全香烟将成为主流趋势。所谓高度过滤香烟，是指每根烟含焦油在15毫克之内；而此前20年，最风行的香烟含焦油量竟多达38毫克。因此，4年前开始计划制造 Real 牌香烟之时，葛劳特重点不是放在含焦油量上，而是在"自然风味"上，它的原料大部分是纯天然茶叶，每根香烟含9毫克焦油与0.8毫克尼古丁，可以列入高度过滤的香烟品种内。

当时香烟市面上已有170种不同牌子的香烟，Real 香烟因为事先迎合了消费者准备抽吸安全香烟的市场趋势，成功地打开了销路。没过多久，该公司就控制了三分之一的香烟市场，而葛劳特自然也得到了一笔很大的奖金。

在激流奋争的市场竞争中，谁能关注行业动态，把握好市场"风向标"，谁就能赶上时代的步伐，进而有可能掌握成功的主动权。雷诺公司因此打开新的销售渠道，葛劳特也一举成名，成为被公司倾力扶持的人。

那么，向行业看什么、向市场学什么呢？这就是做好市场调查工作，了解本行业的发展趋势，找到主导市场的工作方向和工作方法；了解竞争对手的操作手法及表现习性，学习市场中你自己认为的比你做得好的竞争对手的优点，制定出及时有效的促销形式或打击对手，或限制对手的跟进。

无须多言，能否成功在于你一念之间。

◎ 反省才能进步，反省就是提升 ◎

自我反省是一次检阅自己的机会，是一次重新认识自己的机会，更是一次提升自己的机会，是自我修养的最高境界。是选择消极的逃避，还是积极的自省，将在很大程度上影响着一个人的前途和命运。

夏朝时期的大禹有个儿子叫伯启。一次，背叛的诸侯有扈氏率兵入侵夏朝，夏禹就派伯启作为统帅发兵抵抗。经过几轮残酷的作战后，伯启不幸战败了。他的部下非常不服气，一致要求负罪再战。

这时候，伯启说："不用再战了吧。我的地盘不比他们小，兵马也不比他们差，结果我竟然被打败了，这是怎么一回事呢？我想，这错一定在我身上，或许是我的品德不如敌方将领，或许是教导军队的方法有错误。从今天起，我得努力找出自身的问题所在，加以改正后再出兵不迟呀。"

从此以后，伯启立志奋发，努力工作，爱护百姓，尊重并任用有贤能的人才，从不讲究个人的衣食，他的城池和军队更是一天天强大起来。不过几年，有扈氏得知这个情况，非但不敢再来侵犯，还甘心地投降了伯启。

人如同一块天然矿石，需要不断地用刀去雕琢，铲去不必要的部分。虽然这个过程有些痛苦，但只有经过细心雕琢后的矿石才能更光彩照人、身价百倍。自我反省就是自我提升，没有反省就没有进步。

作为一名员工，你要严于律己，在日常工作中，要时刻进行自我反省，通过自我检查与审视，及时知道自己近期的得与失，制定出以后的工作策略。这样业绩才能提

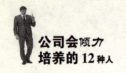

高,才能赢得公司倾力支持的机会,事业得以长远发展。

日本"保险行销之神"原一平每天晚上8点进行反省,并将之列入每天的计划,把反省当成每天的工作,最终摘取了日本保险史上"销售之王"的桂冠。谈及自己的成功,他这样总结道:"如果每个人都能把自我反省提前几十年,便有50%的人可能让自己成为一名了不起的人。"

华为集团总裁任正非就是一个很注重自我反省的人,正是因为受他的影响,华为集团也因此布满了自省意识和危机意识,最终在日益激烈的竞争中跟上时代的步伐,实现快速转型,获得机遇和成功。

华为集团是一家全球领先的电信解决方案供应商,在军人出身的任正非总裁的带领下,华为在业界演绎了一幕幕传奇,缔造出了一个个神话。2000年,正当企业如日中天的时候,任正非满怀忧患地写下了《华为的冬天》一文,文中说道:"十年来我天天思考的都是失败,对成功视而不见,也没有什么荣誉感、自豪感,而是考虑怎样才能活下去,也许才能存活得久一些。失败这一天是一定会到来,大家要准备迎接,这是我从不动摇的看法,这是历史规律。"

由此可见,唯有反省才能进步,一个人不管失去多少,只要还能够自我反省,就没有完全失败。我们不仅要在逆境中反省,还要在顺境时反省,只有这样,才能防患于未然,将危机消灭于无形。

需要注意的是,自省不仅是反面的,有时候正面的东西也需要加以总结巩固。正如邓小平同志指出:"过去的错误是我们的财富,过去的成功也是我们的财富。"概括为一句话就是,错则改之,对则勉之。

为此,我们不妨在每天结束工作时,先简单记录工作过程,然后着重从工作态度、做事方法、工作进程入手,好好问自己下面的这些问题:"我是否有偷懒的行为?是否尽了全力?有无浪费时间?""今天所做的事情,处理是否得当,哪些方面是下次可以改善的,怎么样做有可能会出现更好的结果?""我今天做了多少工作,有无进步?有无完成我既定的目标?今天我到底学到些什么?"如果能坚持这样做几回,你就会感到自己的工作能力有明显提高。

当然，反省不必拘泥于形式。下班路上，深夜独处时，晚上临睡前，无时无地皆可进行，并让其成为一种习惯，像晚上临睡前的祷告一样，对自己一天的行为做一个深层次的检查，不断发现和改正自己的缺点，认识和发扬自己的长处。

另外，反省还可以适当增加广度和深度。歌德曾说："知之尚需用之，思之犹应为之。"成本最低的财富是从他人的经验教训中得到启示，从别人的经验教训中学习，并将反省的思考全力以赴去付诸实践。

只要学会自我反省，你就会在不断的探索中获得进步，就会在不断的改过中得以提升，就会在不断的总结中得到指引，这样你就可以不断激励自己，超越自己，近趋完美。如此，也就再没有什么可以阻挡你得到圆满的成功了。

第 十 种 人

谦 逊

才高不必自傲,功高不能自得

　　在社会与职场中,要想保全自己,发展自己,就要放下你的架子,学会低调谦逊的姿态,时时给人留面子,让人三分利,不较一事之短长。这时,你就拥有了成功者所必须拥有的关系网,就能左右逢源,无往而不胜了。

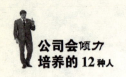
◎ 给别人一分尊重,免吃"闭门羹" ◎

"你希望别人怎样对待你,你就应该怎样对待别人。"不尊重别人的员工,在公司往往是"孤家寡人",没有人愿意跟他交往。而一个失去人脉基础、降低团队战斗力的人,上司自然也不会让他担当重任。

美国一家影片公司曾推出一部电影《维多利亚女王》,其中有这样一个片段。

有一天,维多利亚女王很晚才结束工作。当她走回卧房门前时,发现房门紧闭,于是抬手敲门。

卧房内,她的丈夫阿尔伯特公爵问道:"是谁?"

"我是女王!"维多利亚在外面生硬地回答。

阿尔贝托没有开门。女王悻悻地离开了,但她转念一想,又返回来,再去敲门。

里面又问:"谁?"

女王和气地说:"我是维多利亚。"

可是阿尔贝托还是不开门。女王生气了:"怎么还给我吃闭门羹?"于是愤愤地走开了。可是她想了一下,觉得这样不妥,于是又折回来了,重新敲门。

"谁?"阿尔伯特公爵依然冷静地问道。

这次,维多利亚女王委婉温和地回答道:"我是你的妻子,给我开门好吗,阿尔伯特?"

结果门开了。

有谁想得到,至高无上的女王也有吃闭门羹的时候?其实原因就在于无论是谁,都需要尊重。如果总以居高临下的态度待人,自然会让人产生疏远感;如果总以骄傲的姿态待人,也必将招致别人的反感。

在公司中,每个人都有受人尊重的愿望。不尊重别人的员工,在公司往往是"孤家寡人",没有人愿意跟他交往。而一个失去人脉基础、降低团队战斗力的人,老板自然也不会让他担当重任。

因此,无论我们担任什么职务,从事何种工作,取得何种成就,都是公司的一分子,都不应该以此去傲视别人,要学会尊重每一个人,这是做人的基本准则,也是优秀员工的必备条件之一。

《圣经·马太福音》有句话:"你希望别人怎样对待你,你就应该怎样对待别人。"莎士比亚也曾经告诉过我们:"如果你想到达你的目的地,你就必须用温和一点的态度向人家问路。"

我们要想得到别人的帮助,首先要尊敬别人。别人得到了你的尊重,就会感觉到他在你心目中的价值,于是就会更热心地帮助你,同时也会因为你是一个懂得尊敬他人的人而同样尊敬你。这不但有利于你在公司获得好口碑,也会给你营造一个良好的工作氛围,有利于你充分发挥自己的潜能使工作做得越好,你也就越容易受到老板的欣赏和青睐,不知哪天就会有晋升的机会。

鉴于尊重事关员工的工作表现、公司的整体氛围,因此每一个公司,每一个老板都很在意员工是否懂得尊重别人,甚至将尊重视为工作中待人接物的"黄金准则",视为一种可贵的公司文化。IBM 公司便是一个典型。

托马斯·沃森是闻名于世的 IBM 公司的创始人、总裁,在他的带领下,IBM 不仅从一个中型公司成长为世界最大的企业之一,而且还进入计算机领域,并且称霸一时,而托马斯的管理理念即尊重。

1914 年 IBM 公司建立伊始,托马斯·沃森鉴于很多企业内部风气不良,员工之间互不尊重,屡结仇怨,职工内部很不团结而造成生产损失的情况,为避免 IBM 公司重蹈覆辙,提出了"必须尊重每一个人"的宗旨。

托马斯认为,公司上下只有学会互相尊重,才能形成团结友爱的氛围。因此,他还叫人专门制定了工作礼节的自我检查手册,人手一册,随时对照检查。为检查职工是否

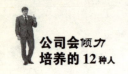

遵守必要的礼节,他在各个基层中,任命 1 名或 2 名任期为 1 年的"礼节委员"。

正是因为尊重营造了一种团结和谐的公司氛围,IBM 员工总是能积极地、充分地发挥自己的潜能,公司业绩开始迅速上升。1919 年,公司的销售额高达 1300 万美元,利润也上升至 210 万美元,可谓发展神速。

由此可见,要想营造和谐的人际关系,要想顺利地开展工作,要想获得公司的认同,你一定要学会尊重公司的每一个人,不管他的地位是否卑微。这不仅仅是一句口号,更重要的是需要你切实地去贯彻执行。

尊重别人的一个最重要原则,即双方处于平等的地位,以自己之心去体悟别人的合理要求,不违背别人的合理情意,节制自己,不执著于自己的意愿与利益,学会并更好地为别人的方方面面着想。

◎ 记住!使老板成为"焦点" ◎

老板会时刻注意维护自己的权威,员工能力再强脑子再聪明,再渴望在职场中得到晋升,也绝不能锋芒毕露,在关键问题上抢老板的风头,必要的时候还要主动贬抑自己,把荣耀的桂冠戴到老板头上去!

《圣经》里有这样一个故事:

将军大卫在前线立了大功,与国王扫罗一起班师回朝,欢呼的人群高喊"扫罗杀敌千千,大卫杀敌万万",大卫非常高兴,与人们载歌载舞,而扫罗却非常不高兴,他感到大卫已经威胁到了自己的王位,决定派人追杀大卫。

国王扫罗为何要追杀大功臣大卫呢?这是因为,领导者们会时刻注意维护自己的权威。下属能力比自己强，又丝毫不做掩饰，是对其职权的最具威胁性的挑战，自然会引起他们的警惕和反感。

渴望在职场中得到晋升，这本是人之常情，但如果为了晋升，锋芒毕露，总是在关键问题上抢老板的风头，那么就算你各方面都很优秀，老板也不会对你有好感，大部分的发展机会也就与你无缘了。

菲博特是一家家电公司的业务销售，他虽然刚参加工作，但踏实肯干，虚心好学，很快就掌握了销售方面的业务，并谈成了几笔生意。老板见他是棵好苗子，便打算好好培养他，于是每次洽谈重要业务都会带着他。

为了表现自己的优越性，菲博特每次都会打扮得精神抖擞，而且与老板接见客户时，他总是习惯性走在老板前面。客户往往会把菲博特当成老板，菲博特往往也不主动解释，而老板则很尴尬。

后来，老板对菲博特"另眼相待"了，再有业务外出也不要他陪同了。

被别人比下去是令人恼恨的事情，因此，你绝不能抢老板的风头，让你的老板感到不安，一定要让他知道你只不过是他手下的一个得力干将，必要的时候还要主动贬抑自己，把荣耀的桂冠戴到老板头上去！

那么，如何做才能让自己避免抢了老板的风头呢？

1.当你有机会向老板汇报工作时，要注意自己的身份，时刻以老板为主，不要抢老板的话头，除非老板要求你发言。对一些你不能支持老板的主张，但又是重要的事情，也不能轻易抛出，最好让老板自己去斟酌。

2.当你和老板一起参加酒会和其他公共活动时，要走在老板的后面，需要并肩行走时，可以站在他的左侧，这样，主次分明，可以突出老板的地位。按照老板的思路发言，对其发言可以补充，提供证据，但不要唱反调，要让他成为公众关注的中心，不要抢了他的风头。

3.即便你和老板的关系很不一般，也要注意与老板保持一定的距离，除非只有你和你的老板在一起时，不要显得与老板非常的密切，这样虽然可以提升你的位置，但可能会影响老板的权威。

◎ 把"风头"留给别人,把风采留给自己 ◎

把名和利让三分与人,把掌声和鲜花让给同事,认认真真做事,踏踏实实做
人,这样的低调谦逊行为,能使一个团队更牢固,也能使自己与他人的合作更愉
快,更容易获得升职加薪的机会。

生活中,有一些人在自己的工作岗位上作出一点成绩,就急着找上司邀功,出风
头。殊不知,这种方式不但达不到自己的目的,还会让老板觉得你过于浮躁而不能担
当重任,以致留下不好的印象。

苏小白在一家电脑公司工作,他工作认真,小事大事都抢着干,而且常常主动加
班,奋力打拼,他所在部门因为他的表现而在业绩上有很大进步。老板先是为他加薪,
之后又对他以及他所在的部门加以表彰。那段日子里,苏小白可算是出尽了风头。

可是没有半年的时间,苏小白就被炒了鱿鱼。事后,有人透露说,这都是由于他
太邀功了。有一次在部门的总结大会上,苏小白发言说:"我的成绩大家是有目共睹
的,成绩的取得就在于我凡事都不会只看表面现象,我喜欢走一步想三步,这是我的
最大优点,这就是我的性格。"

在前面的章节中我们已经提到过,任何一个人所取得的工作成就都离不开团队的
支持,如果为求得个人升职加薪的机会,时时标榜自己做了什么,整天把自己的功劳挂在
嘴边,抹杀自己团队的功劳,丢弃自己团队工作的荣誉感,是对别人的一种不尊重。

如果一个人真正有功劳,不用自己说,大家心里都很清楚,老板也不例外。老板
也不是瞎子,当你踏踏实实做好本职工作的时候,老板就已经看到了,并会主动在功
劳簿上为你增添光彩的一笔。

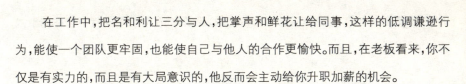

在工作中,把名和利让三分与人,把掌声和鲜花让给同事,这样的低调谦逊行为,能使一个团队更牢固,也能使自己与他人的合作更愉快。而且,在老板看来,你不仅是有实力的,而且是有大局意识的,他反而会主动给你升职加薪的机会。

因此,你要想在工作上有所作为,要想赢得被公司倾力扶持的好机会,就一定要保持低调谦逊的好品质,而且还要记住一句话:认认真真做事,踏踏实实做人,把"风头"留给别人,能把风采留给自己。

当然,值得一提的是,如果你真的有才能而老板因为种种原因又迟迟没有发现你,那么向老板展示自己的成绩是无可非议的,但是一定要讲究方法,讲究策略,依然要给老板留下低调谦逊的好印象。

莎拉是一家公司的会计,她兢兢业业干了好几年,苦于与老板接触的机会不多,没能给老板留下深刻的印象,薪水始终没见增长。莎拉满心委屈,她思来想去,决定适当地表现表现,以便使老板认识到自己的需要。

最后莎拉想出了一个办法:她总结了这几年自己的工作业绩,将之写在了一张纸条上,还附带着自己对本部门工作的一些建议,在交给老板的报表中,她装着无意地将这张纸条夹了进去。

老板在翻阅报表时,便条掉了出来,他捡起便条,仔细地看起来。

一会儿,莎拉去敲老板办公室的门,脸色通红地说:"对不起,我把自己的一件东西错放到文件中了。"

"我已经看过了,时间过得真快,你到公司四五年了吧,还有你的这些想法很好呀!"老板热情地和莎拉交谈起来。

莎拉是有备而来,必然说得头头是道,最后老板不仅给她加了薪,还决定升任她为某财务主管。

可见,邀功也要讲究恰当的方式。高明的邀功既能使老板充分地了解你在工作中起到的作用,又能让老板体会到自己对公司的敬意、对工作的尽职尽责,还会展现出一副不为功名所困的低调谦虚的姿态。

需要注意的是,向老板邀功时千万不能忘记所有的事情都是公司上下共同努力

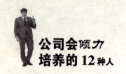

公司会倾力
培养的12种人

的结果,要把大家的功劳摆在自己前面,比如,要多用"在老板的支持下""在同事的帮助下"等此类的话语。

◎ 表现得谦恭一点,离成功就会更近 ◎

> 高看自己、小看别人的行为,不但不会抬高自己,反而会被人看不起,遭人厌恶,无形之中增加工作的难度。收起自己的妄自尊大,表现得谦恭一点吧,你会发现自己离成功更近。

在工作中与同事相处,懂得谦虚就是懂得人生无止境,事业无止境,知识无止境。千万不要一再地炫耀,更不能为了表现自己而把自己的长处挂在嘴边,在无形之中贬低别人抬高自己。

这是因为,这种高看自己,小看别人的行为不仅会让人生厌,还会被人看不起,更严重的是你可能会伤害到同事。在无形之中,你就使自己走向孤立无援的地步,为自己设置了许多障碍,增加了工作的难度。

雯雯就职于一家文化公司,她做事干脆利索,工作效率很高,但是她有一个毛病,那就是不懂得谦恭,不大顾及别人的意见。当别人的工作出现问题时,雯雯总会用夸张的语气说道:"不会吧,那么容易的事情也会出错?"当别人指出她的方案有问题时,她第一个反应是:"那也没办法呀!因为我提出的方案通常都是最好的嘛,何况你们提不出比我更好的办法。"渐渐地,同事们谁都不喜欢和雯雯一起工作了。

一段时间后,公司组织全体工作人员进行互相评价的活动,并决定提拔得分最高者为新主管。雯雯是最低分,毫无意外地与主管之位无缘。她心里很不平衡:"我能

230

力很出众,做事尽职尽责,可为什么他们对我的评价差得要命?"

例子中的雯雯就是高看自己、低看别人的最好体现,像这种人生活中还有很多。这种人不但没有抬高自己,反而被别人厌恶,难以在公司立足,真是"搬起石头砸了自己的脚",得不偿失。

事实上,在心理交往的世界里,谦恭的人总是很容易得到别人的认同,赢得别人的帮助与支持。而谦恭可以使人获得内心的喜悦,使心灵更加平和,使自己更加积极进取,这样离成功也就会更近。

德国青年罗纳尔松大学毕业时,他的父亲已经是德国很有名气的电器商人了。父亲并没有直接给罗纳尔松安排工作,而是让他到一家名不见经传的小厂上班,并说:"到了工厂,千万别摆什么架子,要谦恭地对待周围的人,如果你不想成为孤家寡人的话。"

罗纳尔松没有忘记父亲的谆谆教诲,他从最底层的零件打磨、组装做起,遇到什么问题都虚心地向工人们请教,就连看门的老头也成了他闲聊的伙伴。久而久之,工人们都不把他当做电器商的儿子,有什么问题总是喜欢和他共同探讨,罗纳尔松因此受益匪浅。

这样没过几年,罗纳尔松便对电器行业的人事、产品及其流通、销售等情况了如指掌,再加上广大员工们对他的热情拥戴,他的父亲终于决定将公司的经营权移交给他。之后罗纳尔松凭借工作经验和员工们的鼎力支持,将公司发展得非常好,他成为了德国电器行业举足轻重的人物。

不要以为自己比别人聪明,什么工作都能做好,这也知道,那也知道。收起自己的妄自尊大,表现得谦恭一点吧。唯有谦恭,我们才能不断地积极学习,才能获得别人的帮助和支持,进而不断提升自己的实力。

要知道,任何成功都是建立在实力基础上的。也就是说,如果你有实力,那么无论你到哪个公司,老板都会愿意给予你升职加薪的好机会。当你实力越来越强时,你离成功也就越来越近了。加油吧!

◎ 何必要处处压人一头呢 ◎

事事和别人争个第一,处处想压人一头,是一种非常不明智的做法。这就像下一盘象棋,只有那些阅历不深的年轻人才会连赢对方七八盘,眼见对方已涨红了脸、抬不起头来,还一个劲地喊杀。

你这样说,我偏偏那样说,有理要争理,没理也要争三分;你说事情应该这么做,我偏偏就要那么做,想方设法还要做成功;你签了一份大订单,我就要拿下一张更大的单子;你升职为部门经理,我就要当级别更高的 CEO……

这种暗中较劲的现象,在不少员工身上存在。这是一种争强好胜的心理,是一种要求自己强过他人,胜过对手的倾向。争强好胜来源于发展欲望,可以激励一个人不断奋进,但往往会给自己及同事带来压力。

我们知道,人们本能地回避竞争,也不喜欢和让自己显得弱的人在一起。如果事事要和别人争个第一,处处想压人一头,其锋芒常会刺伤周围的人,让人唯恐避之不及,有时还会成了众矢之的,惹得他人群起攻之,在竞争里首先将其开除出局。正如法国一位哲学家曾经说过的:"如果你想树立敌人,只要处处压过他、超越他就行了。但是,如果你想赢取别人,你就必须让朋友超越你。"

有一期《动物世界》,说的是海滩上的蓝甲蟹分为两种:一种很凶猛,生性好斗,跟谁都敢开战;另一种很温顺,遇上敌人便一味装死,一动不动。经过千百年的演变,强悍凶猛的蓝甲蟹在残杀中越来越少,濒临灭绝;而甘于示弱的蓝甲蟹因为善于保护自己,反而繁衍昌盛,不断壮大。

自然界中这种"适者生存"的现象说明：凡事争强好胜的，往往碰得头破血流；而学会适时示弱的，倒可以成为最后的赢家。历史上有许多这样脍炙人口的典故：韩信能忍胯下之辱，遂成一代名将；越王勾践卧薪尝胆，才能复兴家国；蔺相如处处忍让廉颇，才有将相和的千古美名……

因此，何必要处处压人一头呢？适当地示弱，给别人一个获胜的机会，可以赢得对方的好感和信赖，这也就是给自己机会。假如你在工作上胜人一筹，不妨在其他别的方面让人一把；假如你在工作的某个方面有绝对权威，不妨在其他方面多听听他人的意见；你还可以多夸赞别人，并有意以自己之短，托人之长……

大学毕业后，林岚幸运地走进一家报社工作。林岚本就是学中文出身，再加上她精力充沛，领导交代的任务，每一次她都能出色地完成。林岚很是骄傲，走到哪里都是一副坚强的面孔。尤其是部门做决策时，她总是处处一马当先，说话咄咄逼人，还极力强调自己的方案是最正确的，似乎什么事情都能独立地担当。

只是没想到麻烦也因此而至。先是有些老员工开始讥讽林岚："这刚来几天啊，她就开始在公司耍大牌，当是在自己家里呀，真是不知天高地厚。"后来领导又找林岚谈话，尽管语气很委婉，还是说得林岚心里不是滋味儿："你还年轻，有了成绩不能骄傲啊，否则就会犯大错……"

人际关系异常脆弱，工作上的配合度越来越差，如此复杂的办公室环境让林岚身心疲惫，但她知道自己绝不能就此消沉下去，一定要积极面对，寻找一条最佳的路子来摆脱自己的困境才是当务之急。怎么办呢？林岚开始有意识地收敛自己的锋芒，她遇到问题便主动地向同事们寻求帮助，当别人对她的决策提出异议时，她则会认真地点头，不忘补上一句"我承认我个人能力是非常有限的，我相信你们一定能找到更好的方法"，她还针对同事的某些优点真诚地给予一些赞美之词……

一来二去，林岚给别人留下虚心好学、平易近人的良好印象，大家对她的态度发生了变化，逐渐乐于接纳她，予以更好的合作。为自己赢得一个适合发展的好人缘、好环境后，林岚的工作能力得到了更加充分的发挥，再加上同事们的心服口服、一致好评，她不久便被老板提拔为部长。

由此可见，现实中的幸运和成功都易招人忌妒，这时与人生气、吵架都没有用，倒不如来个主动"示弱"，适当地掩饰自己的实力，化解对方的戒心，平和别人的忌妒心理，让其对你心存敬意，为自己赢得一个适合发展的好人缘好环境。

一个在工作中善于示弱的人，同时也是懂得为自己积蓄力量的人。面对一时的荣辱得失作低调处理，避免卷入那些人际是非里去，你才能把精力放在如何提高自己实力上面。而只有蓄积实力，你才能在激烈的职场竞争里处于不败之地。

示弱，不代表无原则地退让，也不代表你认输，而是以非常理智的心态，站在公正的立场上，让自己得以处于相对安全的境地；如果失去底线，经常性地或者时时处处都示弱，则可能会落入被人轻视、鄙视的情境中。

值得一提的是，处处想压人一头，把快乐建立在比别人强、出人头地的基础上，不断追求新的目标，当了科长又想当处长，当了处长又想当局长……这种人永远体会不到内心的平和。一个内心不平和的人又如何能做好工作？又如何能够取得周围人的尊敬、信赖？又如何能够赢得公司倾力扶持的机会呢？

事实上，每个人都有属于自己的路，我们都是和自己赛跑的人，根本没有必要去和别人争第一。每个人最大的敌人不是别人而是自己。只有勇于与自己比高下，不断与自己竞争，战胜自己，才能超越自己。

正如"打工皇帝"唐骏所说："论成功，如果与比尔·盖茨和陈天桥比，我可能永远比不上，但我和自己5年前、10年前比，我成功；论打球，我永远比不上姚明，但我今年就觉得比去年进步得多。"

把注意力集中在自己身上，回头看看从前的自己，依据自己的实际情况，脚踏实地地努力，每天进步一点，不断提升自己，不断优化自己，比从前的自己更出色，这会让你工作得更好，你的成功率也会更高！

不必处处压人一头，全心做好自己足矣！

第十一种人

节 约

创造的是有形资产，节约的是隐形利润

　　每位员工都可以为老板创造两份利润：一份是通过实际工作，直接创造出来的有形利润；另一份是在节约过程中挖掘出来的隐藏利润。你和老板之间是利益上的共同体，是互惠双赢的合作关系。把节约当做自己的事业，帮老板省钱，使其获得更多利润时，你也就有可能获得公司的倾力扶持。

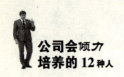

◎ 节约:公司、员工的共同选择 ◎

> 厉行节约、压缩成本实际上也是为公司赚钱。任何一位老板都喜欢为公司
> 省钱的员工。作为一名员工,你要想得到老板的信赖和重用,就必须站在老板的
> 角度,处处为公司着想,事事为老板省钱。

每一位公司经营者、管理者和普通员工都知道这样的一个公式:

利润=收入-成本

随着公司间的竞争日趋激烈,产品供大于求的现象日益突出,信息的进一步透明,技术的同质化倾向更加明显,大多数公司已经很难再利用自己的专有技术赚取高额利润,面临的形势也越来越严峻。

在这样的大背景下,有效地降低运营成本已经成为多数公司竞相追逐的目标。道理很简单,在利润空间日趋逼仄的情况下,谁的成本低谁就可以获得生存和发展,保住甚至扩大自己的市场份额。

有了节约,少了浪费,自然就可省出相当一部分的资源、能源,这实际上也就是在创造价值。因此,从公司到每个员工应该树立这样的观念:节约的都是利润,控制好成本,实际上就等于赚到了另一部分利润。

在当今时代,节约已经成为众多公司降低运营成本的重要手段。从小作坊到跨国公司,无一不注重"节俭"的经营理念,很多名人名企得以成功的背后也都是与"节约"分不开的。戴尔就是一个典范。

戴尔是世界著名的电脑公司,在全世界都拥有相当的市场占有率。2001年,戴尔计划在未来两年到两年半的时间里,通过压缩成本的方式减少30亿美元的支出。当时,总部给经理人的任务是打造"更高的利润指标,更低的运营成本"。

2002年,戴尔公司又制定了10亿美元削减成本计划,这次削减成本的重点方向是运营流程等方面。戴尔公司总部给旗下的中国客户中心下达了在外人看来根本不可能完成的任务,但是这样一来,削减成本的压力就被传递到了每个"戴尔人"的身上。

结果,戴尔总部发布的2004年财务报告显示,就其最新的一个季度而言,戴尔集团的运营收入达到了9.18亿美元,占总收入的8.5%;而运营支出却降到了公司历史最低点,仅占总收入的9.6%。

通过快速整合供应链,依靠节约来降低成本,戴尔在IT行业利润越来越稀薄的时候,交出了一份闪亮的成绩单,铸造出自己的辉煌。这也是"DELL"的笔记本和台式机在市场上越来越常见的原因之一。

有时候,哪怕只是节约下10%的成本,便可能使整个企业的利润率提高100%。在市场竞争日益激烈、利润空间日趋微薄的今天,节约已经不仅仅是一种美德,更是一种成功的资本,一种可贵的竞争力。

老板们当然明白这一点,所以厉行节约、控制成本成了他们的必然选择,他们不约而同地把节俭作为考察员工的一项重要指标,更喜欢聘用和重用那些精打细算、为公司省钱的"持家"型员工。

在很多人看来,查理和波特同时竞聘采购主管的结果是很容易判断的。因为查理毕业于某知名商学院,而波特则是一家民办高校的毕业生。然而结果却恰巧相反,留下来的是不被人看好的波特。为什么呢?

经过一番测试后,查理和波特在专业知识与经验上各有千秋,难分伯仲。随后总裁亲自面试,他提出了这样一个问题:"假定公司派你到某工厂采购999支0.8美元一支的钢笔,你需要从公司带多少钱?"

查理不愧是商学院的高才生,他想了不足一分钟就自信地回答道:"就按采购1000支1美元的钢笔计算吧,大概需要1000美元左右,再加上其他各项花费,大概

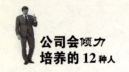

不会超过 100 美元,一共有 1100 美元就足够了。"

听完查理的答案,总裁没有表态,将目光直接转向波特。

波特看来还没有算清楚,他嘴里嘟嘟嗓嗓了一会,才给出自己的答案:"864.2 美元!"

总裁不觉有些惊异,立即问道:"你是如何得出这个数字的呢?"

波特回答道:"我是这样算的,钢笔每支 0.8 美元,999 支就是 799.2 美元。乘汽车来回路费 40 美元。午餐费 10 美元。从车站到咱们公司还有一公里距离,请人搬钢笔,需要 15 美元,因此最后总费用为 864.2 美元。"

总裁不禁鼓起掌来,当即录用了波特。

像波特这样具有高度节约意识,一心一意为公司着想的员工,自然也就是能为公司赚钱的员工,这也是老板最欣赏、最愿意接受的员工。就像这位总裁,他更看重的明显是自己要找的采购主管是否具有节约精神,他出这道题的真意也在于此。

节约实际上也是为公司赚钱,任何一位老板都喜欢为公司省钱的员工。所以,作为一名员工,要想得到老板的信赖和重用,就必须站在老板的角度,处处为公司着想,事事为老板省钱。

记住一句话:"只有节俭,公司才能生存。"注重节约是现代公司员工基本素养的标志所在,会为公司省钱的员工本身就是公司的一笔财富。这样的员工无论走到哪里,都会受到公司的青睐和老板的欢迎,获得更多的成功机会。

◎ 帮公司节约，就是在为自己谋利 ◎

一切的节俭行为都是在为自己谋利，而不是为老板。因为把节约当做自己的事业，使公司获得更大的价值和更多的利润时，你也就有可能从公司那里获得更高的回报和鼓励，越能得到公司的倾力扶持。

说起节约，一些员工总是错误地认为那是公司的事，是老板们的事，是职能部门的事；自己节约下来的一切也只是在替老板节约，只是给公司节约，对自己没有一点好处，因而事不关己，高高挂起。

这实在是一种错误的认识。虽然说你的工作与报酬是一种等价交换，但事实并没有这么简单。如果让这种想法控制你的思想，那么可以断言，在你的职业道路上也不会有什么好的发展。

一位叫伊斯坦的年轻人毕业后，幸运地进入一家公司。这里工作环境好，报酬也丰厚，升迁的机会也多。伊斯坦工作十分努力，很快就做出了成绩。年终被上司召见，伊斯坦心中不免充满对未来的憧憬。

岂料，上级说出了这样一番话："伊斯坦，你这一年的工作情况很好。不过，公司为控制成本，要紧缩人事，这是不得已的事，想必你可以谅解。按照规定，你可以领取三个月的失业金，相信你很快就能找到更好的工作。"

伊斯坦被这突如其来的打击惊呆了，有些不知所措，甚至怀疑是不是听错了，于是他壮着胆子问："你的意思是说我被解雇了？我到底犯了什么错？难道因为我工作不努力或者能力不够吗？"

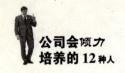

"请你不要激动，公司能从几百个应聘者中选中你，完全可以看出，你个人的能力是没有问题的，工作也非常努力，但是很遗憾的是，"上司拿出一份资料，"据我的观察和记录，你在一年中的出差成本比同类员工的成本高出30%。从你报销的单据可以看出，你从来没有乘坐过比出租车更为方便和快捷的地铁交通，也从来没有吃过旅馆为每位住宿客人提供的免费早餐。另外，你领用的办公用品也几乎是别人的两倍，而你拿给我的工作报告也都是打在崭新的打印纸上……"

按照一般人的想法来看，伊斯坦工作努力，又有能力，浪费点又有什么关系呢？但在老板看来，公司能连续多年实现赢利，其成功的秘诀就是控制成本，质优价廉，岂能容忍一个没有一点节约意识的员工存在呢？想想看，伊斯坦不懂节约的后果是什么呢？丢了自己的饭碗！

事实上，每位员工都可以为公司创造两份利润：一份是通过实际工作，直接创造出来的有形利润；另一份是在节约过程中，不知不觉地从流程中挖掘出来的隐藏利润。老板所做的一切：创立公司、组织管理、开发产品、开拓市场，全都是为了赚取利润；如果员工不能尽最大力量帮助公司增加赢利，长此以往他的结局是可想而知的。

不过，不知你有没有想过，老板提倡节约除了是为公司增加利润，为社会创造财富外，难道就没有其他原因了吗？事实上，他们也是在为员工创造更多的赚钱机会和更好的工作条件。

众所周知，微软公司的创始人比尔·盖茨是当今世界上最富有的人之一。他的个人净资产已经超过美国40%最穷人口的所有房产、退休金及投资的财富总值。然而，比尔·盖茨的节俭意识和节俭精神比他的财富更令人惊诧。

盖茨一年四季都很忙，有时一个星期要到好几个不同的国家召开十几次大大小小的会议。每次坐飞机，他通常都坐经济舱，没有特殊情况，他是绝不会坐头等舱的，而且他无论到哪里都会选择住快捷酒店的标准间。

有一次，盖茨到台湾去演讲，他一下飞机就让自己唯一的随行的人员去一家快捷酒店定了一个标准间。台湾记者得知此事后，在演讲会上当面提出了这个问题："您已是世界上最有钱的人了，为什么只住快捷酒店的标准间呢？我认为台湾最豪华的宾馆——远东国际大饭店顶楼的总统套房才符合您的身份。"

盖茨回答说:"虽然我明天才离开台湾,今天还要在宾馆里过夜,但我的约会已经排满了,真正能在宾馆的这间房间里所待的时间可能只有两个小时,我又何必浪费钱去订总统套房呢?"

在盖茨的带动下,微软公司的员工们也都有很强的节约意识,比如自倒垃圾,自付咖啡,就连开会用剩的铅笔也必须带回办公室继续使用,能省则省,哪怕是很少的几元钱也要让其发挥最大的效益。正是因为如此,微软公司才在激烈的市场竞争中游刃有余,脱颖而出。

盖茨真的是葛朗台式的吝啬鬼吗?非也,随着公司利润的增长,微软员工的待遇是相当优厚的,收入在同行业中几乎是最高的,该公司的一些高级经营管理者也早已是百万富翁……

的确,老板和员工之间是利益上的共同体,是一种互惠双赢的合作关系:员工为老板工作,为老板节俭,让老板获利的同时,老板也在为员工工作,让员工也获利。两者相辅相成,不可分割。

由此可见,员工的每一个节约举动,不仅是对公司负责,更是一种实现个人价值的方式,是对自身利益的负责。把节约当做自己的事业,使公司获得更大的价值和更多的利润时,也就有可能从公司那里获得更高的回报和鼓励,越能得到公司的倾力扶持。

孙淼淼是一家汽车制造厂的技术工人,他的工作是负责焊接车底盘的部件。整个车间是流水作业,车底盘由传送带自动输送。在他这里,传送带将会停留4分钟,他必须在4分钟内用6根焊条焊接完所有部件。

公司的这条生产流水线是从国外引进的世界领先产品,其最大的优点就是省时、省工、省料。然而孙淼淼一心想节省点成本,于是他每天观察生产流水线的工作方式,计算焊条的用量,并思考改进焊接的办法。

有一天,孙淼淼突然想到一个好主意:如果能将焊接点击次数减少,是不是能节省点成本?于是,他利用业余的时间认真研究,终于找到一种比原来少点击7次的焊

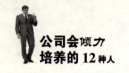

接方式。他将自己的想法告诉了车间主任,主任认为他的想法非常有价值,于是组织全车间进行试验。

每个底盘少点击7次,看上去微不足道,但一天下来仅他这一个岗位便可节约3根焊条,整个车间一天便可节约300根焊条,而且产品的质量并未下降,这可是帮助公司节约了一大笔生产开支。公司对孙淼淼的技术革新非常满意,不久破格提拔他为车间主管。

一切的节俭行为都是在为自己的事业节俭,是在为自己谋利,而不是为老板。因此,你要想获得好的薪资福利、好的培训、更大的发展空间,无论从事什么样的工作,都要树立节约意识,贯彻节约行为。

◎ 不要小聪明,处处占公司便宜 ◎

挥霍私有财产败的是"小家",这难免会落得一个"败家子"的恶名;而处处占公司便宜,挥霍公司财产败的是"大家",早晚会被老板当成团队里的害群之马,成为老板杀鸡儆猴的目标。

有些人一面在为公司工作,一面在打着个人的小算盘,习惯把公司的物品私自拿回家使用,小到一张复印纸、一瓶矿泉水,大到电脑、汽车,而且他们可能会觉得:"我为公司拼死拼活这么多年,拿点公司的东西又算得了什么?"一副理所当然的样子。

殊不知,一张纸或一支笔虽然不值钱,却既能反映出一个人是否具备为公司省钱的意识,又反映了其职业素养、职业操守和道德品质。许多人在职场打拼多年,得不到公司的倾力扶持,就是败在这一点上。

王梦天生就喜欢占小便宜,经常顺手把公司里的一些办公用品拿回家,给她正在上学的儿子用。由于她是老员工了，并且为公司的发展立下了不少功劳，所以老板也不好意思当面说她，只好睁一只眼闭一只眼。同事们见此情景也纷纷效仿。结果公司的人数没有增加，办公用品的消耗量却越来越多。

王梦孩子的老师的丈夫是某公司的部门经理，那家公司正在和王梦所在的公司洽谈一个合作项目。这个项目最终的决定权，就掌握在老师丈夫的手里。老师的丈夫经过考察，对王梦所在公司的情况基本满意。谁知，就在签合同前的一个晚上，他无意间看到了妻子所批改的作业本中，有一本是用王梦他们公司的办公用纸装订成的，上面赫然印着公司的名字和商标。这个发现令他改变了自己的看法：这个公司的员工丝毫不注重自己公司的利益，跟这样的公司合作恐怕很难保证产品的利润率。思来想去他还是拨通了王梦老板的电话，中止了双方的合作计划。

由于丧失了这个合作项目，王梦的公司损失惨重，在未来几个月内还要花费更多的精力去寻求另外的合作项目以弥补损失。王梦的老板经过多方调查，终于弄明白了那家公司在已经板上钉钉的情况下突然"变卦"的原因。因此，王梦的老板痛定思痛，决心彻底整顿公司里的不良风气。结果作为公司元老的王梦就这样失去了工作。

谁会想到计划的中断，竟然是由一打办公用纸造成的呢？不过，从表面上看，王梦是因为一打办公用纸被开除的，但只要细想一下我们就会明白她损人利己、爱占小便宜，不懂得为公司节俭的习惯才是罪魁祸首。

在老板眼里，爱占小便宜，习惯私用公司物品的员工，已经称得上不称职了；但更有甚者，抱着能挣一点是一点的想法，不顾公司的利益，利用自己工作上的一点点便利趁机大挣额外收入，来者不拒，这样的人，不用多说自然是为老板所唾弃的。

某公司的周浩便是这样的一个人。

周浩是公司成立时的第一个员工，学历高、水平高，人也灵活。老板很看重他，经常派周浩去采购一些办公用品。就是这个时候，周浩发现了工作中隐藏的为自己增加收入的机会，时不时还能拿点回扣，得点"好处"。

其中有一次，公司的宣传海报设计好后，老板很满意，吩咐周浩马上找印刷厂印

出来。和印刷厂的业务员讲好价后,周浩提出了一个要求,开票时多开了200元钱装入自己的口袋。

随着公司的业务不断发展,老板决定扩大公司的规模,租用了一幢楼房作为公司的办公场地。老板领着大家看楼时,边说着自己的计划边请大家当参谋,一旁的周浩喜不自禁,心想,如此大批量购置办公设备,那"好处"……

半个月后,周浩终于等到了老板召见的时刻,他一心以为老板这次肯定是安排自己去购置新办公楼设备。一想到自己又能打捞一笔了,他高兴得一步三跳地进了老板的办公室。

老板请他坐下后,微笑着说:"周浩,我记得你是第一个进入公司的,这两年公司发展到今天,你功不可没啊。"周浩谦虚地应着,老板继续说,"其实你是个很能干的人,老实说我还有点舍不得。"

周浩感觉不对路时,这时老板已经将一个装有结清工资的信封递给了他。

"为什么?"周浩大声责问。

当老板说出理由时,周浩无话可说了。老板说:"公司发展了,完善管理是必需的,对那些有贡献的员工也该升职加薪了。对你的去留,我充满矛盾,我本想给你个高位,但是客户反映你私拿好处费又让我很失望,所以……"

周浩面红耳赤,在公司最辉煌的时候居然被炒了,他后悔不已。

不要以为老板平日里忙得不可开交,对你所做的事情不知情无感觉,因为"若要人不知,除非己莫为",世上没有不透风的墙,总会有人注意到你的。到时一传十、十传百,总有一天会传到老板的耳朵里。

俗话说"小用看业绩,大用看品行",品行端正的人,上司往往才会委以重用。公私分明是每一个员工都应遵守的职业纪律和必备的职业道德,也是上司观察和评判下属的主要参考标准之一。

挥霍私有财产败的是"小家",这难免会落得一个"败家子"的恶名;而处处占公司便宜,挥霍公司财产败的是"大家",早晚会被老板当成团队里的害群之马,成为老板杀鸡儆猴的目标。因为蝇头小利,毁了名声、丢了工作,可谓是拾了芝麻丢了西瓜,实在是得不偿失的。

既然公司不是容我们奢侈、浪费和不负责任的收容所，而我们又深深地渴望能够实现自己的人生理想和事业目标，那我们就要从自身做起，从现在做起，不贪小利，努力将自己锻炼成为一个责任心强，懂得为公司节俭的员工。

公司的物品不是免费资源，如果你能公私分明，又能时刻把为公司节俭当做自己分内的事，能够把公司当成自己的家一样去关心和爱护，那么，公司一定会给予你相应的回报，你就是下一个倾力扶持的对象。

◎ 主动为公司节约每一分钱 ◎

"不因善小而不为，不因恶小而为之"，节约，应该从每一分钱开始。每一分钱都要用到刀刃上，不该浪费的一分绝不能浪费，这是一个人的成功秘诀，也是一个公司的成功秘诀。

不少人已经了解到了节约的重要性，但他们又认为公司那么大呢，我一个人节约能有什么用呢？一旦存在这种想法的人是很难得到公司扶持的，也永远不可能成为富翁，因为他们根本没把小钱放在眼里，也不懂得水滴石穿的道理。

俗话说"不因善小而不为，不因恶小而为之"，无论公司是大是小，是富是穷，每一个员工都要学会节约，都绝对不能铺张浪费，不该浪费的一分钱绝不能浪费。就像美国大富翁弗雷德所言："吝惜每一美分，用好每一美分，才是财富增值的源泉。"

我们大部分人都听说过这样一句话："世界上的钱大多数在美国人的口袋里，而美国人的钱大多数在美国犹太人的口袋里。"之所以会出现这种现象，正是犹太人"节约每一分钱"的实践结果。

美国传媒巨头 NBC 副总裁麦卡锡就是一个犹太人,我们来看看关于他的《珍惜每一美分》的故事。

在悉尼奥运会期间,曾有一个名为"世界传媒与奥运会报道"的新闻发布会。在那次发布会上,会集了许多来自世界各国的记者和知名的国际人士。就在新闻发布会接近尾声时,却出现了人们意想不到的一个小插曲。

坐在第一排的美国传媒巨头 NBC 副总裁麦卡锡突然钻到桌子底下去了。前排位置非常显眼,大家都注意到了,目瞪口呆,满脸疑惑,不知这位体面的绅士为何在大庭广众之下会做出如此不雅的举动。

正当大家迷惑不解、议论纷纷的时候,只见麦卡锡不慌不忙地从桌子底下钻了出来,对一脸疑惑的众人扬了扬手中的雪茄说:"对不起,我的雪茄掉了。我的母亲曾告诉我,要珍惜自己的每一美分,这正是我能够坐在今天这个位置的主要原因。"不知谁带头鼓掌,接着全场响起了热烈的掌声。

从麦卡锡身上,我们看到了节俭的思想,他之所以能展示出美的人格魅力,皆缘于此。不管是个人,还是公司,无论你多么富有,都要善于从微小处着手,从每一分钱抓起,这是世上所有财富的真正起始点。

古语曰:"合抱之木,生于毫末;九层之台,起于累土;千里之行,始于足下"。因此,你千万不要以为自己一个人节约对公司起不到任何作用,更不要看不起公司的每一分钱。节约,从每一分钱开始。

日本三菱集团创始人岩崎弥太郎强调节约、反对浪费的生动比喻是:"对于酒桶来说,在桶底破一个小洞比在别处破一个大洞更可怕。因为酒桶上如果有个大洞,很快就会被人们发现;但是,桶底的小洞却不太容易被注意到。而这个注意到的人就是与众不同的,是可以干大事的。"

日本的著名企业家,日本的"麦当劳之父"藤田田旗下现有 10000 多家麦当劳店,这些店铺一年的营业总额有 40 亿美元之多。而这么庞大的产业最初却是靠藤田田一分一分攒下来的。

1971 年,想要自主创业的藤田田决定把当时已经是全球性品牌的麦当劳引进日本。可是麦当劳采用的是特许连锁经营机制，要取得特许经营资格需要有75万美元现款和一家中等规模以上银行信用支持。而藤田田当时只是一个才出校门几年、毫无家庭资本支持的打工一族罢了。

但是藤田田决意要不惜一切代价在日本创立麦当劳事业，于是只有5万美元存款的他鼓起勇气走进了住友银行总裁办公室的大门，打算争取到住友银行的援助，但银行总裁委婉地拒绝了他。

藤田田听后，心里即刻掠过一丝失望，但马上镇定下来，恳切地对总裁说了一句："先生，不知你能否再多花几分钟时间听听我那5万美元存款的来历呢？"

总裁回答说："可以。"

"那是我6年来按月存款的收获，"藤田田说，"我曾在跨出大学门槛的那一天发过誓，要以10年为期，存够10万美元，然后用这些钱干一番事业。6年来，我每个月都会往银行里存700美元，雷打不动。这期间，我无数次面对过资金紧张或手痒难耐的尴尬局面，但是我始终不曾动用过一分钱，因为这是我创业的资金，创业之前我一分钱也不能挪用……"

总裁越听神情越严肃，送走藤田田后，他立即前往藤田田存钱的那家银行，亲自了解情况，最后得知藤田田果真6年来在每个月1日风雨无阻地准时来这家银行存钱，而且从来没在那个账户里取出过一分钱。

总裁立即找到藤田田，说住友银行支持他创业，而且毫无条件。总裁感慨万千地说道："六年来你始终不曾动用过账号里的一分钱，光凭这一点我就敢保证，你会很有出息的。年轻人，好好干吧！"

每一分钱都要用到刀刃上，不该浪费的一分也不能浪费，这就是一个人的成功秘诀，也是一个公司的成功秘诀。只要你做到主动为公司节约每一分钱，你就是对公司有贡献的人，你就有可能得到公司的扶持。

田明是一家家具厂的采购员。最近，公司计划进一步扩大生产规模，为了提高产品质量以增强市场竞争力，决定从东北地区引进一批优良木材，便派田明去东北与供货商签订购买合同，采购这批木材。

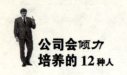

当时经理与供销商再三谈判，对方最终给出的报价是220元一斤，经理同意了。但是到了东北以后，田明并没有直接去找供货商，而是先到木材市场做了一番深入细致的调查，结果发现这批木材的最低市场价格是199元一斤。

了解情况后，田明才开始找供货商谈判。由于已经对市场作了调查，田明得到了供货商的价格底线，他坚持出价198元一斤，任凭供货商再三劝说也不松口，并最终成功签订了购买合同。

虽然一斤只是便宜了一元钱，但是这笔交易却帮助公司节省了好几百元。基于田明的对公司做出的贡献及主动为公司节约的态度，他很快受到了公司的重用，被任命为供应部门的主管经理。

节约一分钱，就相当于为公司赚进了一分钱，这是每一位老板都希望员工做到的。所以，你想要获得公司的倾力扶持，就必须从此时此刻开始，视节约为己任，主动为公司节约每一分钱，扩大自己对公司的贡献。

◎ 把节俭融入工作细节中 ◎

成本注注体现在工作中被我们视而不见的细枝末节之中。只有把节约意识融入工作细节中，节约每一张纸、每一度电、每一滴水，我们的最低成本目标才会真正实现，为公司"抠"出效益来。

不尽精微，无以致广大。杜绝浪费、控制成本，就是在为公司创造效益。而那些触目惊心的成本，其实就体现在我们常常视而不见的细枝末节之中。如今一些大公司提倡把节俭融入工作细节中。

1998年5月，已名扬华夏的海尔集团为一些内部"琐事"而"小题大做"，以下是

《海尔人》报上登的批评文章。

一张白纸写几个字就扔掉；拿宣传单页铺在浴室的衣橱内；大小会议、开业志庆，即便是对集团内部部门，动辄也以精美的请柬相邀，尽管打个电话也完全可以达到请人的目的。再说发传真，问一位驻外营销人员每天收发多少张传真，答曰："不论张，要论'米'。"可有谁研究过没有，这几米的传真，有几张是有用的？还有广告单页，印时脑子就没有预算，一印就是几十万张，一旦过时或不符合市场思路，便都成了废纸。可面对废了的印刷品，有几个上级对此追究过谁有责任呢？责任人应该承担百分之几的经济赔偿呢？至今没有因印刷品作废而受到经济处罚的事。

……

你也许认为这过于大惊小怪了。不过，我们可以算这样一笔账：中午休息一小时，如果不关闭电脑主机和显示器，一台电脑耗电费用为金额 0.4 元。一家企业共有100 台电脑，每天中午将浪费 40 元，一个月按 30 天算将浪费 1200 元，那么全年 365天浪费的电费就是 43800 元。

作为一名员工，我们每做一项工作都要思考如何为公司节约每一分钱，而只有把这种节约意识融入工作细节中，节约每一张纸、每一度电、每一滴水、每一滴水、每一滴油、每一块煤、每一克料等，我们的最低成本目标才会真正实现，为公司"抠"出效益来。

荣珊珊大学毕业后在一家广告公司担任文员工作。刚进公司时，同事们对她都挺热情的，但没过多久大家发现，荣珊珊常会"随手"关掉办公室里用不着的电灯，中午用餐时还会把电脑关掉；她经常尽量在电脑上修改文书，以减少重复打印的次数，而且拿用过一面的纸打印，还总是提醒同事也要这样做……同事们认为没有必要，但荣珊珊依然我行我素。

有一次，公司要参加一个大型的广告博览会，老板叫来荣珊珊，请她尽快去联系印刷厂印制一批在展会上散发的传单。荣珊珊想起上次展会还有许多宣传单，拿出来一核对，绝大部分内容都一样，只有一个电话号码变了，便立即向老板请示："重印不仅要花费一大笔钱，还要花费很多时间，我们不妨就用旧的宣传单吧！"

"不行，不行，"老板当即否定，"电话都错了怎么能用。"

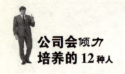

荣珊珊笑了笑,说道:"您放心,交给我吧。"两个小时后,她把整理好的材料给老板过目。原先那个电话号码上是一条不干胶,上面公公正正地写着新的电话号码,看起来一点也没有不协调的感觉。

老板对荣珊珊刮目相看,与公司其他人员了解情况后,他把荣珊珊的那些原本被同事们看成"毛病"的行为写入了公司制度,要求每位员工身体力行。在会上,老板说:"荣珊珊在工作中很有节约意识,这对公司非常有益,希望大家都能向她学习,那么公司今后的利润一定会有大幅的提高!还有,她以后就是我的助理了!"

荣珊珊做的虽然只是微不足道的小事,省的虽然只是微不足道的小钱,但她重视节约,在工作的每一个细节中处处打算,尽量在电脑上修改文书,对使用过的宣传页回收再利用等,想方设法为公司赢得利润,公司自然不会亏待这样的员工。

世界著名的汽车制造商日本丰田公司是业界出了名的"抠门"企业,正因为此他们走出了一条"经济型"的发展道路。让我们来看看丰田的员工是怎样把节俭融入工作细节中,这些都是广为流传的故事。

丰田的一位设计师在设计汽车门把手的时候发现,汽车门把手零件太多,这样就会增加采购成本。于是他就对门把手进行了重新改造,将零件从34个减少到了5个。这样一来,采购成本就减少了2/5,安装时间也节省了3/4,不但为企业节省了成本,还大大地提高了产品的竞争力。

几乎每个公司都会有很多内部往来信件,丰田也不例外,但他们从不用市场流通的信封,而是用崭新的白纸自制信封。照常理说,这就够"抠门"的了,可是秘书科的一位员工更"抠门",他建议用已经用过的废纸代替崭新的白纸来做信封,仅这一项建议一年就为公司节约了10万日元的开支。

丰田公司专管卫生的一个员工,在仔细地观察了公司所有卫生间的抽水马桶后,得出了这样一个鲜为人知的结论:抽水马桶用水太浪费。他在每一个抽水马桶的储水箱里放进三块砖头,出奇制胜地减少了出水量,节省了用水支出。

每年丰田公司都会举办盛大的体育比赛,若雇人来画跑道白线则要花费170万日元。为了省掉这项不必要的开销,员工们主动承担起一年一度运动会跑道画线的任务,将170万日元节省了下来。

……

因此,你要想获得公司的倾力扶持,就要把节俭融入到工作细节中,在工作中尽职尽责,视节约为己任,节约每一分钱、每一分钟、每一张纸、每一度电等,日积月累,你就会对它们产生的巨大效果而感到惊讶。当然,当你为公司创造的效益越高时,你得到的回报也就越大!

◎ 不该花的坚决不花,该花的一定要花 ◎

> 如果你增加5%的投入,却能够换来10%的回报,那么这样的"浪费"就是值得的;相反,如果你砍掉了5%的成本,却造成了10%的损失,那么这样的"节约"就是极为不明智的。

谈到这里,不少员工又常常会陷入一个误区,认为节约就是不花钱、少花钱。如果我们把节约仅仅理解在这一层面上,便显得太肤浅了,这也是一种错误的想法,甚至是比铺张浪费更加致命的错误。

我们倡导的节俭并不是吝啬,不是老葛朗台的金钱观。吝啬的意思是当用的不用,不当省的也省;而节俭的真正意义是当用则用,当省则省,也就是要用得适当,两者有着本质意义上的区别。

因此,无论是公司的管理者还是普通员工,你要想真正地把老板的钱当作钱,在节约的同时,一定要先把握"节约"与"吝啬"的界限,建立"该花的钱就一定要花,不该花的钱坚决不花"的节约理念。

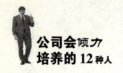

在日常生活中,每个人都知道"便宜没好货"这个道理。一个人买东西时判断值不值,并不是单纯地看它的售价,而是看它的性价比。同样,公司在进行生产经营活动时要判断这笔钱该不该花,就要看它的投入与产出所形成的比例关系。如果你增加 5% 的投入,却能够换来 10% 的回报,那么这样的"浪费"就是值得的;相反,如果你砍掉了 5% 的成本,却造成了 10% 的损失,那么这样的"节约"就是吝啬,是极为不明智的。

阿里巴巴集团的创始人之一,当代中国的著名企业家马云在做客央视的时候曾谈及一家节约不当的公司:马云去参观那家公司时正好赶上大中午,只见公司二楼研发部里所有的灯和电脑都关了,整个楼层一片阴暗。马云进去一问才知道,原来公司最近提倡节约,所以研发部的经理要求大家中午都关掉电器,并美其名曰让大家中午休息一下。如果有人中午不休息,还会遭到严厉的批评与处罚。马云满腹狐疑地问那个研发部经理:"你到底是想省电,还是真的想让大家中午休息一下?"那位经理倒也实在,实话实说,一是为了省电,二则是为了响应老板的号召厉行节约。听到这话。马云心里忍不住咯噔一下,暗叫不好:"你要省电就直说嘛,犯不着这么拐弯抹角的,大家也能理解你的好意。可是你找这么一个借口,还强制推广下去,电钱没省下多少,却失去了员工们的信任。这样下去,研发部的工作效率肯定要降低,真是得不偿失!"

这位经理之所以没有做好节约工作,就是不了解节约的真谛,没有真正区分好节约和吝啬。当然,他也有可能是只想摆出一副节约的姿态来给老板看,让老板满意。但无论如何,他的做法并不明智,甚至还起到了反作用,极有可能遭到老板的批评。

节约精神是让我们节省下应该节省和可以节省的,包括杜绝铺张浪费、减少额外支出、降低生产成本,而不是叫我们尽量省下一切东西。有些成本哪怕再大,只要它是必需的,那也是值得付出的,比如,研发资金的投入、广告宣传的费用。

当年,福建晋江还只是一个拥有耐克、阿迪达斯等众多国际名牌运动鞋的生产加工基地,没有自己的品牌。1985 年,耐克的生产线出现了一批次品,耐克在美国的总部命令他们把这批次品统一销毁。有些工人觉得这么做太浪费了,也不忍看到自己的心血就这样被毁灭,于是便把这些鞋偷偷地运出来,自行销售,而且把赚来的钱交给了公司。这些工人们确实是好心,但是他们这种看似节俭的行为严重地伤害了耐克的品牌和声誉,耐克一气之下把工厂搬到了福建的莆田、仙游一带。

不得已,晋江的制鞋工人只得自建生产线,继续从事运动鞋的加工生产。不过吃一堑,长一智,他们也从中悟出了一个道理:有些成本省不得,如果任由残次品流入市场,那它只会给产品的形象造成巨大的损害,最终结果就成了丢了西瓜捡芝麻。领悟了这个道理之后,晋江人的思路变得更加开阔了:"以前,我们觉得给别人贴牌生产,可以不用考虑原料和销路的问题,还省了一大笔广告费用,但这样一来却只能赚取其中最微薄的辛苦钱。从长远来看,公司根本没有继续发展壮大的空间,只能永远给人家做苦力。要是我们增加投入,创立自己的品牌,会不会赚到更多的钱呢?"

想明白这个问题之后,敢打敢拼的晋江人走上了一条自创品牌的再生之路。国际上最先进的生产线很贵,但没关系,该花的钱,再贵也要花;请明星做广告花费不菲,但只要值得,该花的钱还是要花;上央视做广告费用惊人,但只要能取得相应的回报,哪怕是上亿的成本也得跟着投入……晋江人不再像过去那样畏首畏尾,而是大胆投资,因为在他们看来,只要这笔投资是值得的,那么再大的投入也不是浪费。

在正确的投资理念的引导下,晋江短短几年间就彻底摆脱了耐克、阿迪达斯等国际大牌公司离开带来的阴影,并且还诞生了一大批闻名国内外的运动鞋品牌:安踏、鸿星尔克、德尔惠、361度、特步、乔丹、喜得龙、舒华……自此,这里成了中国运动产品市场真正的"排头兵"。

这是一个非常好的事例。之前晋江制鞋人不忍回收和销毁残次品,通过各种途径自行销售,这种行为从短期来看是节约了成本,但从长远来看,势必会影响到公司的质量品牌,失去消费者的信任;之后,晋江制鞋人吸取教训,该花的钱就一定要花,大胆投资,引进新科技,致力广告宣传,最后打造出了质量一流的鞋子,成功地在市场上开辟一席之地。

这样一来,你就会明白,节约可不光是简单的少花钱,仅仅为公司"省"出利润。只要权衡好投资跟回报部分所形成的比例关系,节约还可以是一种更加高明的投资,为公司"赚"取大笔的利润来。

既然你为公司赚取了利润,还用愁得不到公司的回报吗?

第十二种人

感　恩

感恩是做人美德,感恩是向上之力

你再有才,也需要公司给你一个施展自己的平台;你再能干,也不可能包揽下所有工作,离不开同事的帮助和支持;你再优秀,也同样需要磨砺、提升的机会……做一个心怀感恩的员工吧,感谢那些给予你这些机会的人。你会发现,工作得更愉快、更出色,加薪升职更容易发生在你身上。

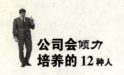
◎ 对工作怀有感恩之情吧 ◎

工作是我们施展个人才华的平台，是成就与提升自我的支点。对工作怀有感恩之情，报答工作所赐予的一切，你会发现自己充满活力和激情，你将能更好地表现自己，机会总会与你不期而遇，命运之神也会特别关照你。

一个又老又脏的老乞丐偶然遇到了上帝，他请求上帝满足他三个愿望。上帝是仁慈的，马上就答应了老乞丐的要求。

老乞丐对上帝说自己的第一个愿望是要做有钱人。上帝自然是有求必应，马上就答应了，让乞丐成了有钱人。乞丐又对上帝说希望自己只有 20 岁。上帝挥了挥手，乞丐就变成了一个 20 岁的小伙子。

老乞丐高兴极了，接着说出了自己的第三个愿望："我希望一辈子都不用工作……"，结果，老乞丐又变回了又老又脏的形象，他大惑不解，急忙问上帝："这是为什么？我怎么又一无所有了？"

"如果你不工作，整天无所事事，那该多么可怕啊！"上帝很诚恳地说，"工作是我所能给你的最大祝福。一个人只有工作，生命才有活力。现在，你把我给你的最大恩赐都扔了，自然就一无所有了！"

看完上面的这则故事，我们不难领悟到工作对于一个人的价值和意义。"工作不是一种惩罚，也不是人们经过思考后想干的事。工作是上天神圣的安排，是造物主用快乐和有意义的活动填补人类生命的一种方式。"美国作家比尔·海贝斯的这句话或许就是对工作最好的阐释。

感恩工作应基于这样一种深刻的认识：工作并不单单是一种与公司的简单雇佣关系，而是我们施展个人才华的平台，成就和提升自己的支点，并让我们在不同程度上获得归属感、成就感和荣誉感。所以，我们应该心存感激，好好工作，接受工作的全部，回报公司的"厚爱"。

如果你不懂得感恩工作，总认为工作是一件费心费力、承受压力的苦差事，对待工作缺乏热情，干活的时候敷衍了事，做一天和尚撞一天钟，似乎不懂得工作需要付出，如此工作，必然享受不到工作带来的快乐，更无法得到升职加薪的机会。

因此，你若想争取到被公司倾力扶持的机会，就应该对工作怀有感恩之情，去报答工作所赐予你的一切。你会发现工作充满活力和激情，你将能更好地表现自己，机会总会与你不期而遇，命运之神也会特别关照你。

赵冬和宁彭是大学的同班同学，两个人大学毕业后开始找工作。当时的就业形式非常紧张，普通的工作都十分难找，想找到适合自己的工作就更难了。于是，他们便降低了要求，到一家工厂去应聘。

这家工厂正在招聘的岗位是清洁工，问他们愿不愿意干。赵冬略加思索后决定留下来，他认识到这份工作来之不易，要感谢这次学习机会。宁彭对这份工作是十分不屑一顾的，但是因为找不到更好的工作，并且可以和赵冬在一起工作，他也决定留下来了。

宁彭留下来不是出于自愿，因此他工作时就没有什么积极性，上班时懒懒散散，每天打扫卫生时敷衍了事。这种情况被老板发现了几次，刚开始老板认为他刚从学校毕业，缺乏锻炼，再加上这个工作确实辛苦，就原谅了他。但是宁彭并没有领老板的情，他仍然是每天应付工作。

与宁彭正好相反，赵冬在工作中，抛弃了大学生身份给自己带来的压力，完全把自己当做一名打扫卫生的清洁工，在自己的岗位上踏踏实实地工作，每天把办公室、车间都打扫得干干净净。赵冬的勤勤恳恳、任劳任怨的表现给老板留下了很好的印象。半年后，老板就安排他给一位高级技工当学徒。

由于赵冬有大学知识基础，加上他的勤奋好学，一年后，他就成为一名技工。赵

冬在技工的岗位上仍然保持一贯的工作作风。就这样过了一年,赵冬又成了老板的助理,而此时的宁彭依然做着清洁工。

赵冬之所以取得了成功,在于他怀抱着一颗感恩的心去工作,无论是做清洁工,还是做技工,还是做老板的助理,他都会力争把当前岗位上的工作做好。当他尽心尽力地完成属于自己的职责后,新的机会和新的岗位自然就向他走来。

美国总统林肯出身贫寒,有人问他为什么能当上总统,林肯说:"每一次获得一次工作的机会,我都会怀着感恩的心情加倍去工作。我能干好每一个我干过的职位,所以我也能干好总统这个职位。"

由此可见,也许每一份工作都无法完全符合你的心意,但每一份工作中都存有许多宝贵的经验和资源。能不能从中获益,并非取决于你是否喜欢你的工作,就在于你是否对工作怀有一颗感恩的心。

有位清洁工在世界著名的希尔顿饭店工作了将近20年,一直在洗手间做保洁工作。他总是将洗手间打扫得干干净净,甚至自己破费在洗手间放上一瓶高级香水。客人进来都能闻到一股芳香的味道,对他的良好服务交口称赞。

曾有朋友劝他换份工作,他却骄傲地说:"我为什么要换工作呢?看到客人们对我工作的认可,这就是我最大的幸福了。而且我每天都能认识不同的人,有机会学习不同国家的语言,现在我的朋友遍布五湖四海。"后来,不少客人冲着他专门入住希尔顿,他也因此被提拔为后勤主管。

这位清洁员不仅把清洁洗手间的工作做到很棒,还对这份别人看来很卑微的工作充满热情。由此可见,在这个世界上,没有卑微的工作,任何工作都有它存在的价值。只要我们用一种感恩的眼光去看待工作,总会发现这是启迪智慧的场所,历练能力的机遇。

珍惜工作,对工作怀抱以持之以恒的感恩之情,积极地去营造自己的工作,去报答工作所赐予自己的一切,如此,你的工作必然会更愉快,更有效率!你还用愁不能有所作为,不被公司扶持吗?

◎ 感谢对手，让竞争督促自己进步 ◎

不要急于排斥你工作上的竞争对手，而是要善待他们、感谢他们。因为从某种意义上来说，正是他们的存在，推动了你的前进；正是他们的存在，催化了你的成功！

激烈的竞争在现代职场中随处可见，每一个人都难免会遇到对自己构成威胁的对手。工作上你追我赶，利益、荣誉面前你争我抢，此时大多数人内心会对对手产生怨恨、设防、畏惧心理，这是一种狭隘的思维方式。

我们先来看一个这样的故事。

一位动物学家对生活在非洲大草原奥兰治河两岸的羚羊群进行过研究。他发现东岸羚羊的繁殖能力比西岸的强，奔跑速度也不一样，平均每一分钟东岸的羚羊要比西岸的羚羊快 15 米。几经努力，动物学家才明白，东岸的羚羊之所以强健，是因为在它们附近生活着一个狼群；西岸的羚羊之所以弱小，正是因为缺少这么一群天敌。

大自然的法则就是"物竞天择，适者生存"，这个法则同样适用于职场。一个人如果没有对手，自己又缺乏上进心，那么他就会甘于平庸，养成惰性，最终庸碌无为。一个公司如果没有了对手，就会丧失竞争的意志，就会因为安于现状而逐步走向衰亡。

没有竞争，就没有发展；没有对手，自己就不会强大。工作上的竞争对手并不是我们的"势不两立"的敌人。别再急于排斥、诅咒他们，应该感谢他们，正是他们的存在，才推动了你的前进；正是他们的存在，才催化了你的成功！

我们知道，林肯是美国历史上最有影响力、最完美的统治者，他能够取得如此伟大的成功，除了自身卓越的管理能力之外，与他重视、欣赏萨蒙·蔡斯这个有力的竞

争者也有很大的关系。

1860年林肯当选为总统之后，决定任命参议员萨蒙·蔡斯为财政部长。当他把这一想法告诉参议员们时，引起一片哗然，许多人都表示了强烈的反对。林肯疑惑地问："萨蒙·蔡斯是一个非常优秀的人，你们为什么反对他成为我们之中的一员呢？"

参议员们的回答是："萨蒙·蔡斯是一个狂妄自大的家伙，他狂热地追求最高上司权，一心想入主白宫。而且，私底下里他甚至认为自己要比你伟大得多。"

林肯笑着问道，"哦，那你们还知道有谁认为自己比我要伟大吗？"

这些人不知道林肯为什么要这样问。

林肯解释说："如果你们知道，有谁认为他比我伟大，你们要及时告诉我，因为我想把他们全都收入我的内阁。"

最后，林肯还是任命萨蒙·蔡斯为财政部部长。事实证明，蔡斯是一个大能人，在财政预算与宏观调控方面很有一套。但是，对权力的崇拜使他对林肯一直很不满，并时刻准备着把林肯"挤"下台。

林肯的朋友都劝说林肯免去蔡斯的职务，但林肯笑了笑，表示自己对蔡斯满怀感激之情，是不可能罢免他的。朋友们对这样的说法难以理解，林肯就讲了这样一个故事：

"有一次，我和我兄弟在肯塔基老家犁玉米地，我吆马，他扶犁。这匹马很懒，但有一段时间它却在地里跑得飞快，连我这双长腿都差点跟不上。到了地头，我发现有一只很大的马蝇叮在它身上，我随手就把马蝇打落了。我兄弟问我为什么要打落它，我说我不忍心看着这匹马那样被咬。我兄弟说正是这家伙才使马跑得快。"

然后，林肯意味深长地说："现在有一只叫'总统欲'的马蝇正叮着我，我会时刻提醒自己不能松懈，要不断地向前跑，努力做好自己的工作。否则，我就会被别人所替代！这也正是我能做好工作的主要原因。"

由此可见，对手所给予我们的，不仅仅是危机和斗争，同时还能激发我们求生和求胜之心的动力，犹如一剂强心针，一部推进器，一个加力挡。有人帮助我们进步和成长，当然要感恩他。

由于有强劲的竞争对手而催生的国际名牌不在少数。

奔驰与宝马均为德国汽车品牌。有一年，一个记者问宝马的老总："宝马车为什么能够持续取得进步呢?"宝马老总回答说："感谢奔驰，他们将我们撵得太紧了。"记者转问奔驰老总同一个问题，奔驰老总回答说："因为宝马跑得太快了，感谢宝马。"奔驰与宝马的竞争结果是，两家公司都成为一流名牌，风靡世界。

美国的情况也是这样，比如百事可乐诞生以后，可口可乐的销售量不但没有下降，反而大幅度增长，这是由于这种竞争逼使它们不断发展，并最终共同走出美国、走向世界，成为风靡世界的饮料品牌。

无论是德国奔驰和宝马，还是美国的百事可乐和可口可乐，这些公司的老板和员工均没有急于排斥对手，而是善待对手、感谢对手。正是因为此，他们自身不断成长和强大，赢得了好口碑。

需要注意的是，当你以正面竞争的态度迎接竞争对手的挑战时，既要有赢的信心，也要有输的准备。职场成败是很正常的事，不必气馁。承认并能够承受别人比你强，继而发愤图强，不断提高和完善自己，这才是一个成熟负责的职业人所应该具备的素质。

◎ 即使明天离职，也需感激老板 ◎

当你怀着感恩之心，多替老板着想时，这对老板来说是一种认同和支持，同时也是一种激励，他会以具体的方式来表达他的感激，也许是更多的工资，也许是更多的信任，或者是更高的职位。

很多人认为，员工与老板之间只是一种纯粹的商业交换关系，我们给老板工作，老板给我们工资，以及种种帮助和支持，这一切都是理所当然的，没有必要，也没有理由感恩于老板。于是，在现实中我们常常看到这样的现象：员工抱怨老板不近人情、

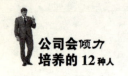

太过苛刻,总是对自己有这样那样的不满意和不理解,对老板牢骚满腹、指责不止。

殊不知,感恩或是不感恩老板,对员工能否对自己的工作尽职尽责有着非常重要的影响。时时懂得对老板心存感恩的人,总是能够在老板那里获得更多的信任、更多的工资,或者是更高的职位。

要想懂得如何感恩老板,就必须正确看待你和老板之间的关系。诚然,从商业的角度来说,老板和员工之间的雇佣和被雇佣是一种契约,即商业交换关系,但在这种契约关系背后,是一种合作共赢关系。

虽然老板靠你的工作使公司正常运转经营,赚取利润,但是静下心来想想,老板给你提供了工作机会,不仅付给你薪水,而且还给你提供了学习、发展的平台和机会,使你学会了很多在知识和技能……除了父母之外,没有人能够拿钱让你去学习,难道你不应该感恩老板吗?

我们知道,公司是以获得利润为经营目标的,老板出于对公司发展的考虑,会督促员工们充分地发挥自己的聪明才智,并且全力以赴地对公司做贡献。换做你是老板也不例外,如此你就不难理解老板所谓的"不近人情"和"苛刻"。正如一位当了老板的员工在回忆时所说的:"过去我曾经为他人工作,现在则为自己工作。以前总是认为老板太苛刻,现在却觉得员工太懒惰,太缺乏主动性。其实,什么都没有改变,只是自己的立场改变了罢了。"

学会感恩老板吧,感谢他给你工作,感谢他的培养,感谢他的提拔。

当你怀着感恩之心,多替老板着想时,你身上就会散发出一种善意,影响和感染到老板,这对老板来说是一种认同和支持,同时也是一种激励,他会以具体的方式来表达他的感激,也许是更多的工资,也许是更多的信任,或者是更高的职位。

苏菲和莉娜是一家公司的销售员,两人每天都在外面忙着找客户,别说吃饭,有时连水都喝不上。为此,苏菲常常愤愤不平地抱怨:"老板每天都坐在办公室里,既舒服又安逸,每月挣那么多钱。咱们每天累死累活的,他才给那么几个钱,这真不公平。"

"其实,老板也和我们一样在工作,而且他更不容易。"莉娜平静地说,"你想啊,现在竞争这么激烈,老板要想着公司的未来规划,要想着怎么和其他公司谈判,怎么安排员工,他比咱们压力大多了。"

苏菲不以为然地说:"你真是傻,只会为老板想,不知道为自己想一想。"

"不,我们不只要为老板想,还要感恩老板。"莉娜认真地说道,"不说别的,就这他给了我们工作,我们就应该感恩他。"

不久,公司遭遇了一场突如其来的经济危机。一向对老板不满的苏菲不想和老板一起"死",便趁机离开了公司。懂得感恩的莉娜则留了下来,工作比以前还努力,并最终与老板一起渡过了难关。

几个月后,这家公司走出了危机。莉娜立即得到了老板的重用,成为了销售部经理,薪水比以前翻了好几倍。而总是把老板放在自己对立面、不懂感恩的苏菲仍然辗转于各招聘会和面试之间。

有些人之所以不感恩老板,甚至刻意地疏远老板,是惧怕他人的流言飞语。其实,没有这种担心的必要。感恩不是溜须拍马和阿谀奉承,而是发自内心的感激,尽职尽责地对待工作,充分地发挥聪明才智,将工作做到尽善尽美,为公司的兴旺发达贡献自己的力量,这是清白最好的证明。

值得一提的是,当你的努力和感恩并没有得到相应的回报,当你受到了老板不公平的待遇,当你准备辞职调换一份工作时,同样也要对老板心怀感激之心。因为从事过的工作已经给了你许多宝贵的经验与教训。

露茜是一家广告公司的新策划,年轻漂亮,活泼开朗,做起工作来又积极认真,不幸的是她遇到了一个小肚鸡肠的老板。上次过生日露茜请同事们吃饭,没有叫老板,老板不高兴了,于是总是处处刁难她。

就说这一次吧,老板让露茜写出一份广告策划来,却什么客户资料也没有提供。露茜已经感觉到这是老板对自己的一种刁难,非常恼火,甚至想到了放弃这份工作。不过,很快她又想:"这个工作任务很难,我要感谢老板给了我锻炼自己的机会。"想到这里,露茜开始马不停蹄地搜集整理、调查分析客户产品的详细资料,认真地请教有经验的同事们等。苦战了整整两天后,露茜终于写好了策划方案。先得到了组长的肯定后,露茜才向老板上交了任务。

老板审阅完策划后，惊诧露茜与众不同的创意、缜密的思维，可仍旧东涂西抹，不留情面，并严厉地要求露茜要再认真修改一遍。露茜虽有些委屈，但没说什么，依然很谦虚地感谢老板的指点。这前前后后一共修改了三遍，老板自己也过意不去了，这才罢休。

一段时间后，露茜想辞职了，因为有一家大型公司很赏识自己，而且有更大的发展空间。露茜按照公司规矩办妥交接手续后，特意感谢老板对自己的知遇之恩和提携之情，并谦虚地承认自己跳槽给公司造成的影响，请求老板的原谅。

老板知道露茜去意已决，很后悔自己以前的行径，他主动为露茜写了一封推荐书，送她出门时特意叮嘱说："以后有什么需要尽管来找我。"新公司人才辈出，竞争压力很大，露茜说："当我遭遇工作上的'瓶颈'时，是我之前服务过的老板伸了援手帮我渡过了难关。"现在，露茜已经是公司策划部经理，工作如鱼得水。

要知道，老板不是尽善尽美的，他也是普通人，有自己的喜怒哀乐，有自己的缺陷。就算老板批评、刁难你，你也不必抱怨，说自己什么都没有得到。同样心怀感激之情吧！感谢他给予你学习经验、提高能力的好机会。

总之，得到了晋升，你要感谢老板的独具慧眼，感谢他的赏识；遭遇了不公正待遇，你不妨对老板给了你一次锻炼的机会而心存感激。如果你能始终抱着这样一颗感恩的心去面对老板，你无穷的智慧将被源源不断地挖掘出来。最终你会发现，这种知恩图报的回报大大超出了你的想象。

◎ 请经常对同事说"谢谢" ◎

同事之间是合作共赢的关系，我们所开展的每一项工作都离不开同事。当同事提供帮助和支持时，请不要吝啬一句简单的"谢谢"，真心诚意地表达对同事的感激之情。如此工作气氛就会浪融洽，你也会从中得到更多的快乐和成长。

在工作中,不少人常常为陌路人的点滴帮助而感激不尽,却无视朝夕相处同事们的种种恩惠,把同事们对自己的支持与付出视为理所当然,不仅不知道说"谢谢",甚至有时还满腹牢骚,抱怨不止,埋怨同事们支持自己的力度不够。

说到底,这是因为同事之间存在一定的利益冲突。但是你想过没有,同事之间也是合作共赢的关系,我们所开展的每一项工作都离不开同事。假如没有他们,我们的工作就不能顺利开展,甚至会使我们在公司里陷入孤立状态,自然也不会在职场上走得更远。

在美丽的海岸线上,有几只螃蟹从海里游到了岸边。其中一只也许是想到岸上接触一下水族以外的世界,于是它努力地往堤岸上爬。可是,无论它怎样执著努力,也始终爬不到岸上。不是因为这只螃蟹选择的路线不对,也不是因为它行动迟缓,而是它的同伴们不希望它爬上去。每当那只螃蟹爬离水面,就要上岸的时候,其他的螃蟹就会劝说它并拖住它的后腿,让它重新回到海里。

这是发生在自然界的真实的现象,我们从中可以看出同伴对一个人职业生涯的深刻影响,不妨为戒。

一个心怀感恩的人,对同事一点一滴的帮助都会铭记在心,总会真心实意地说句"谢谢",及时地表达自己的感激之情。这对同事来说是一种认同和支持,同时也是一种激励。如此工作气氛就会很融洽,他也会从中得到更多的快乐和成长。

在工作中,当你得到来自同事的帮助和支持时,你说"谢谢"了吗?也许你会不以为然地说,说"谢谢"重要吗?但是不重要吗?我们不妨先来看一个小故事。

一只蚂蚁想要搬家,它想来想去,决定到小河对岸的一片草地上建立新的家庭。但是由于河上没有桥,蚂蚁不知道自己怎么才能到对岸。

正在为难之际,河边柳树上飘下一片干枯的柳树,刚好落在河水边,蚂蚁赶快爬了上去,随着柳叶到了河对岸。蚂蚁满怀感激地对柳叶说:"柳叶,谢谢你!"

在寻找新家的途中,由于粒米未进,蚂蚁感到又渴又饿。这时,一只小蜜蜂送给蚂蚁一滴蜂蜜。蚂蚁吃完蜂蜜后,真诚地对蜜蜂说了一声"谢谢"。

由于一时未找到理想的安身之地,夜晚来临时,这只蚂蚁被冻得瑟瑟发抖。这时,一条蚯蚓见了,忙热情地邀请蚂蚁到它的洞里过夜。蚂蚁欣然同意了,并真诚地向蚯

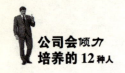

蚁表示了谢意。

两个过路的蚂蚁见了，纷纷感叹："这只蚂蚁的运气真好，处处都能得到帮助。"

"这只蚂蚁之所以走到哪里都能受到欢迎，并得到人们的真心帮助。不是因为它的运气好，而是因为它常把'谢谢'挂在嘴边。"飞过的一只小鸟说。

所以，我们每个员工都应该学会感恩自己的同事。虽然同事帮助你并不是为了得到"谢谢"这两个字，但若是你真心诚意地说出这两个字的话，对方还是很受用的。如果你连这两个最简单的字都不愿说出口，别人怎么会知道你的感激之情呢？

抛开合作共赢的关系，朝夕相处的同事之间也有一份亲情和友谊。每天24小时，除去睡眠，我们生命中的大多数时间都是和同事一起度过的。因此，我们更应该心怀感恩，感谢同事们的支持和帮助，用充满善意的心灵去对待周围的人。

晓彤从毕业参加工作到现在，短短几年之间已经从一个"卖花女"变成了"花女郎"，高居一家鲜花经销店的销售组长，因此不少人纷纷感叹："晓彤的运气真好。"不过，晓彤明白这不是运气，而是自己多说了几句"谢谢"。

初到北京的晓彤就进入了一家鲜花经销店，人生地不熟，对鲜花行业以前从未接触过，不会识别品种、不懂养护，更别说进货了，因此晓彤工作起来颇有些举步维艰，吃了很多的苦头。

为了尽快了解鲜花行业，晓彤经常请教同事们，每当对方耐心认真地提供帮助时，她总会微笑着说句"谢谢"，偶尔还送一些可口的小食品给对方，以表感激之情。渐渐地，大家都喜欢上这位亲切的小姑娘，更愿意尽其所能提供帮助，从如何识别花名，如何养护鲜花……晓彤学到了很多必须掌握的行业知识和技能，自己都能看到自己的进步。

现在，晓彤已经完全胜任了工作，并且游刃有余。在外工作没有亲人的陪伴，她与同事们成了最亲密的人。大家朝夕相处，一起工作一起休息一起进餐，虽然偶尔也会闹一些不愉快，但很快就会烟消云散。

在工作中，当我们遇到一些棘手的问题，同事的帮助和支持会像一滴甘露洒入我们的心间，让我们振奋起精神，勇敢迎接困难的挑战，从而使自己激发出更多的智慧和更大的力量，获得成长和进步。

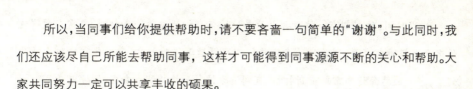

所以，当同事们给你提供帮助时，请不要吝啬一句简单的"谢谢"。与此同时，我们还应该尽自己所能去帮助同事，这样才可能得到同事源源不断的关心和帮助。大家共同努力一定可以共享丰收的硕果。

◎ 感恩吧，感恩客户的抱怨和选择 ◎

只有抱着一颗感恩之心，我们才乐于听取客户的抱怨和选择，进而发现工作中的问题，积极努力地完善自己的工作！如此坚持，就能构建出过硬的个人品牌，这样的人才自然会得到公司的倾力扶持。

人们常说，"顾客是上帝"、"顾客永远是对的"，这无一不说明客户对我们的重要性。在工作中，我们只有满足了客户的要求，客户才有可能选择我们的产品和服务，我们的薪水才有保障，我们也才会取得个人的发展和进步。

客户的支持和选择，昭示着我们已经获得了成功；客户的批评和抱怨，则表明他对公司和我们抱有一些关注，是帮你推翻自己，把工作做得更出色。因此，无论客户对我们做了什么，我们都有足够的理由去感谢他们。

美国独立公司联盟主席杰克·法里斯曾对人说起少年时的一段经历。

13岁起，杰克·弗雷斯开始在他父母的加油站工作。弗雷斯一心想学修车，但父亲却让他在前台接待顾客。每次有汽车开进来时，他必须在车子停稳前就站到司机门前，然后去检查油量、蓄电池、传动带、胶皮管和水箱。

刚开始，弗雷斯觉得这样的工作很没有意思。但他很快注意到，如果他干得好的话，顾客大多还会再来，于是他总是努力地想多干一些，帮助顾客擦去车身、挡风玻璃和车灯上的污渍。

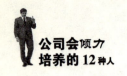

一段时间,每周都有一位老太太开着她的车来加油站清洗和打蜡,弗雷斯觉得这位老太太极难打交道,因为她的车内踏板凹陷得很深很难打扫。每次弗雷斯把车清洗好后,老太太总会让弗雷斯重新打扫,直到清除掉每一缕棉绒和灰尘,她才满意。

有一次,这位老太太又指着车内踏板的灰尘,指责弗雷斯工作不认真。弗雷斯忍无可忍,他实在是不愿意再侍候这样一个难缠的顾客了。但是,父亲告诫他说:"孩子,不管顾客说什么或做什么,你都要以应有的礼貌去对待他,并努力做好你的工作。要知道,一些难缠的顾客,往往是指引你不断进步的上帝。"

父亲的话让弗雷斯深受震动,多年以后弗雷斯成为了美国独立企业联盟主席。在就职演讲中,弗雷斯说:"多年来,我从来没有忘记过父亲的话,是他让我懂得了严格的职业道德和感激每一个顾客的道理。这些在我的职业生涯中起到了非常重要的作用。"

杰克·法里斯的故事告诉我们这样一个道理:客户的抱怨和选择就是帮助我们改进工作最好的建议。只有善于听取客户抱怨和选择,我们才有可能发现工作中存在的不足,进而有针对性地完善自己的工作,将自己打造成一个优秀的职业者!

因此,面对顾客的抱怨和选择时,你要站在客观的立场上,多问问自己:"我做得怎么样?"这不仅仅是一种对客户感恩的表现,同时也可以使我们自己得到不断的提高,构建出过硬的个人品牌,这样的人才自然会得到公司的倾力扶持。可见,感恩客户,这是一种双赢的策略。

懂得感恩,就要付诸实际行动。如果我们每天都能带着一颗感恩的心去面对客户,那么我们在工作时的心情也一定是积极而愉快的。带着这样的心情投入工作,以不断满足客户满意度为己任,最终我们一定会取得成功。

乔治·加林是一个印第安人,他一直在纽约郊外著名的卡瑞月湖度假村做着厨师工作。乔治·加林对顾客很热情,经常主动询问顾客是否对自己的手艺满意,是否有什么需要改进的地方。

1853年的一个周末,乔治·加林像平常一样忙碌着。这时,一名服务生端着一个盘子走进厨房,对乔治·加林说:"有位客人点了这道'油炸马铃薯',他抱怨您切得太厚,要求您重新再做一次。"

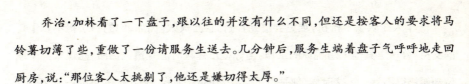
乔治·加林看了一下盘子,跟以往的并没有什么不同,但还是按客人的要求将马铃薯切薄了些,重做了一份请服务生送去。几分钟后,服务生端着盘子气呼呼地走回厨房,说:"那位客人太挑剔了,他还是嫌切得太厚。"

乔治·加林在忙碌的厨房中也很生气,从没见过这样的客人!但他还是忍住气,静下心来,耐着性子将马铃薯切成更薄的片状。没过多久,服务生仍是端着盘子走进厨房,但这回盘子里空无一物,他高兴地对乔治·加林说:"客人满意极了,赞不绝口,他甚至要再来几份。"

从此,这道薄薄的油炸马铃薯从此成了乔治·加林的招牌菜,并发展成各种口味,后来,经商人豪·文利推销后,如今已经是美国第一快餐食品、地球上各地域的人们都喜爱的休闲零食,这就是薯片。

乔治·加林的成功,关键在于他在面对顾客的批评甚至刁难时,不是满腹牢骚抱怨,而是能忍住怨气做好自己的工作,一次一次地改进,让顾客满意。这一点不仅满足了顾客,同时也成就了他的事业。

感恩吧,感恩客户的抱怨和选择!只要我们懂得对客户感恩,并且知道如何让客户满意和惊喜,如何赢得客户的信任与支持,那么无论我们从事什么样的行业,无论做什么样的工作,获得公司的倾力扶持,取得事业上的成功对我们来说都只是时间上的问题。

◎ 挫折:让你一次次完成自我蜕变 ◎

每一次的挫折都是一个很好的认识自我、完善自我、提高自我、展示自我的机会。只有学会感谢挫折,你才能真正挣脱工作的困境,完成一次次难得的自我蜕变,进而赢得更多的成功机会。

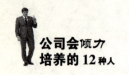

一个人在职场中打拼，难免会遭到挫折，甚至失败。比如，你的想法得不到上司的支持；公司里其他人阻挠你的工作；当你提出建议时总是遭到白眼；想谋求某个职位却屡屡得不到……这时候，你是不是会感到郁闷、烦躁、灰心丧气，甚至一蹶不振？

挫折虽然会让人产生痛苦心理，但是如果你想得到公司的扶持，想在事业上有所作为，那么请你千万不要有诸上各种情绪，而是要学会感谢出现的每一次的挫折，因为挫折能使人受到磨炼和考验，变得坚强起来。

正如法国文学家巴尔扎克所说的这句名言："世界上的事情永远不是绝对的，结果完全因人而异。苦难对于天才是一块垫脚石……对于能干的人是一笔财富，对弱者是一个万丈深渊。"

这里有一个小故事。

一天，农夫的一头驴掉进一口枯井里，农夫绞尽脑汁想救出驴。但几个小时过去了，驴子还在井里痛苦地哀嚎着。

最后，这位农夫决定放弃，他想这头驴子年纪大了，不值得大费周折去把它救出来，不过无论如何，这口井还是得填起来。于是农夫便请来左邻右舍帮忙一起将井中的驴埋了，以免除它的痛苦。农夫的邻居们人手一把铲子，开始将泥土铲进枯井中……

当这头驴子了解到自己的处境时，刚开始哭得很凄惨。但出人意料的是，一会儿之后这头驴子就安静下来了。农夫好奇地探头往井底一看，眼前的景象令他大吃一惊。当铲进井里的泥土落在驴子的背部时，驴子的反应令人称奇。它将泥土抖落在一旁，然后站到铲进的泥土堆上面。

农夫高兴极了，加快了填土速度。就这样，驴子将大家铲倒在它身上的泥土全数抖落在井底，然后再站上去。很快，这只驴子便得意地上升到井口，然后在众人惊讶的表情中快步地跑开了！

在工作中，有时我们会像故事中的驴子那样陷入"枯井"中，种种挫折像"泥沙"一样加诸在我们身上。此时痛苦地哀号并不管用，想要从这些"枯井"脱困的秘诀就是锲而不舍地将"泥沙"抖落掉，把它们当做垫脚石，然后站上去！即使是掉落到最深的井，我们也可安然脱困。

真正能检验一个人能力素质的便是挫折，看挫折能否唤起他更多的勇气；看挫折能否使他更加努力；看挫折能否使他发现新力量，挖掘潜力；看他挫折了以后是更加坚强还是就此心灰意冷。

一家大公司要招聘5名职员。经过一段时间的面试、笔试，公司从众多名应聘者中选出了5名佼佼者。发榜这天，一个青年见榜上没有自己的名字，悲恸欲绝，回到家中便要服药自尽，幸好亲人及时发现将他救下。

正当青年悲伤之时，突然又得知自己被那家公司录用了。原来，青年面试、笔试的成绩均名列前茅，只是由于那家公司的一台计算机出现了错误，使他的总分成绩减少了30分，才导致落选。

青年大喜过望，但是正当他欣喜地准备正式上班之时，公司又传来消息：他被公司除了名。原因很简单，公司的老板认为："如此小的挫折都经受不了，这样的人肯定在公司里干不成什么大事。"

的确，世界上没有一帆风顺的事情，工作也是一样，难免会出现各种不如意。一个害怕挫折的人，怎么能担当工作重任呢？又怎么能在职场上取得成功呢？得到公司的倾力扶持就更谈不上了。

因此，挫折来临时，郁闷、烦躁、灰心丧气、一蹶不振等统统都是没有用的；本着对工作负责的态度勇敢地承担起责任，这才是下一步积极对策的开始。而挫折恰恰正表明了你自身存在着专业水平、技能水平低于职业岗位要求的能力素质问题，这是很好的挑战自我、完善自我、提高自我的机会，你感谢都来不及，哪有什么理由痛苦呢？

在挫折中成长和改善，这是一种能力！许多成功人士都是抱着感恩的心态，积极面对一个又一个的挫折，不断地总结失败的教训，不断完善和提高自己，进而完成一次次难得的自我蜕变，最终才获得了成功的。现实生活中这样的例子不少，如杨澜。

人们都说杨澜是一个成功的女人，在享受事业成功的同时又有那么幸福而美满的家庭。她的成功并不是一开始就顺利完成的，而是以一场事业上的大挫折作为转折点的。让我们一起来看看她的故事吧。

1996年从美留学归来的杨澜相继和各大卫视合作，主持了《杨澜视线》、《杨澜访谈

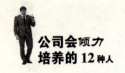

录》、《天下女人》等节目。从体制内到体制外，从主持人到独立电视制片人，从娱乐节目到高端访谈，再到探讨女性成长的大型脱口秀节目，她的每一次转型，都令人耳目一新。

2000 年，杨澜成立阳光文化网络电视有限公司，开辟了阳光卫视频道，跨入商界。但杨澜未能料到，阳光卫视竟成为了她事业上最大的挫折。短短 3 年间，阳光卫视累计亏损超过两亿港元，最后被一家传媒公司收购，杨澜自此退出了卫星电视的经营。

这对杨澜是个非常大的打击，但她没有抱怨、愤怒，而是开始了冷静的思考，思考自己到底适合做什么。经过反省之后，她把自己定位于一个懂得市场规律的文化人，一个懂得世界交流的文化人。

而后，杨澜开始了自己所熟悉擅长的文化传播和社会公益事业。她曾担任过国内各种大型慈善活动的形象大使，在"2005 年中国慈善家榜"上，她位列第四，被评为泛亚地区 20 位社会与文化领袖之一。

从杨澜的成功经历我们可以看到，挫折并不可怕，我们要感激失败的考验，不断提高自己的能力，才能真正挣脱工作的困境，进而才能真正地实现自我价值，才能获得公司和同事的尊重。

挫折没有什么大不了，不过是一次免费学习的机会。当遭遇挫折时，你要怀着一颗感恩之心，多问问自己"我还有哪些不足""我能够从这次挫折中学到什么""我应该如何做才能将损失降到最低"。

感谢挫折吧，运用自己的智慧和力量与之抗争，让它磨炼你的技巧，提高你的勇气，考验你的耐心，培养你的能力。相信你将完成一次次珍贵的自我蜕变，变得越来越优秀，承担起更多的责任，进而赢得更多的成功机会。